実例が
語る
前置詞

平沢慎也

Kurosio
くろしお出版

目　次

■ Part I

Part II

▌はじめに

1. 本書の内容

いきなりですが，Q1 の内容を英語で言おうとしてみてください。状況としては，仕事をして金を稼ぐことにあまりにも執着し，趣味や人間関係を大事にしようとしない相手に対して，咎めるように，またはお説教をするようにして発話するものとします。

Q1. 仕事と金ばかりが人生じゃないですよ。

どうでしょうか。「人生の中にあるのは仕事と金だけではない」ということで there is A in B を使うことを考えた人がいるかもしれません。それから，only を否定することでなんとか表現できないかな —— 特に not only X (but also Y) なんて絶対習ったし —— と思った人もいるかもしれません。確かに，こうした発想に基づいて There are other things in our lives than work and money，それから There are not only work and money but also other things in life や，Work and money are not the only things in your life などと訳すことは可能です。文法的に正しいですし，意味も十分伝わります。しかし，英語母語話者がこの内容を伝えようとするときに真っ先に思いつく言い方，実例として頻度が高い言い方は，A1 のようなものです。

A1. There's more <u>to</u> life than work and money.

more だけで済むことも意外かもしれませんが，何より前置詞が to になっていることに驚かれたのではないでしょうか。

これと似た驚きがあるかもしれない問題を他にもいくつか用意しましたので，チャレンジしてみてください。

Q2. ソフィーは誰に対してもそういう振る舞いをする。

Q3. ［状況説明］同じハロウィン・パーティーに参加することになっている友達に尋ねてみてください。

何の仮装して行く？

Q4. ［状況説明］幼稚園の先生が園児たちに言うセリフです。

みんなで拍手をしてミシェルちゃんにお礼をしましょう。

Q5. ［状況説明］小説の一節とします。語り手は落ち込んでいて布団（covers）から出ようとしません。そこで母親が部屋に入ってきて，語り手を励まそうとします。

母は布団の上から私の脚をぽんぽんと叩いた。

英語らしい表現の仕方にはたとえば以下のようなものがあります。

A2. **Sophie acts that way <u>with</u> everyone.**

A3. **What are you going <u>as</u>?**

A4. **Why don't we thank Michelle <u>by</u> clapping our hands?**

A5. **My mother patted my legs <u>through</u> the covers.**

実は A1–A5 の英文はすべて映画や小説で実際に使われている英文の一部，またはそれをちょっとだけ変えたものです。具体的な実例は A1 は第 16 章 (27) (→ p. 311)，A2–A5 はそれぞれ第 3 章 (5) (→ p. 71)，第 7 章 (5) (→ p. 145)，第 9 章 (11) (→ p. 178)，第 14 章 (14) (→ p. 273–274) をご覧ください。

　おそらく A1–A5 のような言い方を思いつくことができた人は多くないのではないかと思います。ここで重要なのは，単語と文法を一生懸命勉強して，ある程度の英語力に達していれば，これらの英文は見たり聞いたりしたら（完全にとまではいかないまでも）だいたい意味がわかったような感じがしてしまうということです。それなのに，自分ではこのように言おうとは思いつかない。インプットの際にわかった気になれることと自分で

アウトプットできることの間には実は大きな壁があるのです。

　もちろん，この壁を越える必要がある人ばかりではないでしょう。文法的に正しく意味がしっかり通じる英語を書いたり話したりできるようになればそれでよいということであれば，A1–A5 のような英文を思いつかなくても困ることはありません。たとえば，すでに述べたように，A1 のかわりに There are not only work and money but also other things in life と言ってもいいわけです。母語話者が真っ先に言いたくなるような英語ではなくても，正しく，通じる英語です。そのような英語を使えるようになること自体それなりに難しいことですが，中高 6 年間と大学 4 年間，適切な指導者のもとで単語と文法の学習，丁寧な英文解釈に取り組めば，十分に達成可能な目標です。そのレベルに達すれば十分という人も多いでしょう。

　しかし，「英語の前置詞を母語話者と同じように使えるようになる」というさらに高度な目標 —— これは日本語母語話者全員が持つべきであるとはとても思えない，尋常でないほど高度な目標です —— を持った場合には，先ほどの「壁」を越える必要が出てきます。つまり，A1–A5 のような前置詞の使い方 —— 英語母語話者が真っ先にしたくなるような表現 —— を日本語母語話者が思いつくには，「通常」の英語教育の範囲内では控えめに言ってもかなり難しいと思われます。それでは，英語学習の際に前置詞に対してどのような向き合い方をしたら，A1–A5 のような英語を使えるようになるのでしょうか。

　本書は，この問いに関して，私が実例を巧みに分析して導き出した答えを読者の皆さんに提供する，というものではありません。巧みなことなど何も必要ないのです。英語の前置詞の真実は，実例の側が私たちに語ってくれるからです。本書では，私自身が英語学習の中で出会い，書きとめてきた前置詞の実態を皆さんにそのままお見せします。その実態を見れば，英語母語話者と同じように前置詞を使えるようになるためには，その前置詞を含んだ実例に実際に触れて，その一つひとつを記憶する地道な学習が必要になるのだということを否が応でも理解していただけるはずです。

2. 対象読者

　本書は「難関大学受験レベルの語彙と文法をしっかりおさえているはず
なのに，前置詞を上手に使いこなせない」という悩みを抱えている中〜上
級レベルの英語学習者を主な対象読者としています。英語の前置詞の本と
いうと，豊富なイラストと端的な説明で理解させることを期待する人が多
いかもしれませんが，わかった気になるだけでなく英語母語話者と同じよ
うに使えるようになるという尋常でないほど高度な目標を持った場合，理
解するべき内容はそのような視覚的なイメージだけでは表しようがないほ
ど複雑であるのが実情です。そのため本書は，文章による説明をじっくり
読む習慣が身についている読者を想定しています。

3. 本書の例文

　本書はほぼすべての例文を映画，TV ドラマ，小説，ニュース記事，学
術文書など実際の使用例から取っています。その強みは，具体的な場面や
状況，文脈，話し手（書き手）と聞き手（読み手）のコミュニケーション
を明確に意識できることです。1 文ではなくある程度の長さを引用してい
る場合が多いのもそのような理由によります。ですから，本書の例文を読
むときには，太字や下線などで強調が施されている前置詞の近辺だけサッ
と見て終わりにするのではなく，引用されている箇所全体を（必要に応じ
て辞書などを引きながら）丁寧に読むようにしてください。

　当然ながら例文の前後で私が「この表現はこういう意味で，これこれの
場面で使います」と説明しているわけですが，それを読んで理解したこと
になるのはあくまでもその表現に関する私の説明であって，その表現自体
を理解したことにはなりません。その表現が実際に使われているところを
よく観察してはじめて，その表現自体を理解したことになるのです。これ
は，まったく知らない X さんという人に関して「X さんにはこういう趣
味があって，こういう仕事をしていて，こういう性格の人なんだよ」とい
うように知人から説明をされても──たとえその説明が正しいものである

場合でも——，実際にXさんに会って言動を間近で見てみたら，まった
く異なるレベルの理解になるのと同じことです（コラム「語を知っている
ことと人を知っていること」(→ pp. 335–337) 参照）。

　ですから，理想を言えば，本書が引用している映画や小説などをはじめ
から終わりまで見たり読んだりしていただくのが一番なのです。本書で
は，必要に応じて状況説明を加えるという方法を取っており，できるだけ
原典のシーンが目に浮かんだりニュアンスがわかったりするように工夫し
ていますが，それでも，正直に言うと，各原典が持っている言語化できな
い何かが削ぎ落とされてしまっている——結局Xさんの言動を間近で見
せられていない！——という感覚があり，もどかしい気持ちです。本書を
読み終えたあとは，ぜひご自分で実例の世界に飛び込み，場面や文脈の中
に身を置いて，英語を体験していただきたいと思います。

　なお，本書の例文を見るときには，英文を先に見て次に和訳を見るとい
う順番でもまったく構いませんが，どちらかと言うと，その逆の方が本書
の趣旨には合致しています。本書は「読んだらわかる」「聞いたら理解で
きる」を越えて「自分で言えるようになる」「書けるようになる」ことを
目標としている人向けの本ですので，例文も「英文を和訳できるか」とい
う観点で見るよりも，添えられた和訳を先に見て「この内容を自分なら英
語でどう言うか」と考えながら英文を眺めていただく方が良いでしょう。

4. 本書の「つまみ食い」的な性質について

　本書は，上記の対象読者に対して，悩みの解決の糸口となるかもしれな
い学習姿勢や言語事実などについて情報をつまみ食い的に提供するための
本です。各前置詞の全用法について「使えるようになる」記述を提示する
ような網羅的・大百科的な本ではありません。そのような本を書くには，
1つの前置詞につき少なくとも数百ページ必要です。2019年にbyについ
て250ページほどの本(→ p. 340②)を書きましたが，それでもbyの全貌を
記述するには程遠く，実際にそれを達成しようと思ったら最低でもその3

倍くらいの紙面が必要です。すべての前置詞の全用法を母語話者と同等に使えるようになるための情報を通常のページ分量の本におさめることなど不可能です。

　本書はいくつかの基準にしたがって，扱う前置詞，用法，実例を選定しています。その基準はおおむね以下の通りです。

- 実例での頻度が高いのに，日本語母語話者がアウトプットする英語では頻度が低い表現を扱う。
- インプットしたときはわかった気になってしまうのに，アウトプットしようとすると選択肢の1つに浮かんでこない表現を扱う。
- 使用場面，話し手（書き手）と聞き手（読み手）の姿が想像しやすい実例を扱う。

5. 構成と読み方

　本書の構成とおすすめする読み方を説明します。まず，この「はじめに」と次の「本書が推奨する学習姿勢」は全体に関わる内容ですので本論に入る前にお読みください。続いて本論の Part I では前置詞の学習の盲点になっているかもしれない情報や着眼点，発想法などを前置詞横断的に紹介します。Part II はいくつかの前置詞を選び，その前置詞ごとに議論します。Part I と Part II に含まれている章は，基本的には第1章から順にお読みいただくことを想定していますが，実際のところどのような順番で読まれても構いません。ところどころ，別の章の内容の理解を前提としている箇所がありますが，その場合にはそれを明示してありますので，指定された関連章を合わせてお読みください。

　それでは，引き続き英語母語話者の頭の中を覗き込みつつ，前置詞の学習姿勢について考えてみましょう。

▌本書が推奨する学習姿勢

1. 学習姿勢の全体像

　本書が推奨する学習姿勢は，次の [1]–[4] の 4 段階を踏むような学習です。

[1] 聞き取れるかはさておき，（英語字幕など）文字で見れば，文意・文脈・場面が 8 割ほど理解できる実例（映画やドラマ，小説など）に大量に触れる。　　　　　　　　[理解可能なインプットの重視]

[2] 明らかな共通点があると感じられる複数の具体的な言い回しから共通性抽出を行い，抽象化する。
　　　　　　　　　　　[記憶における抽象知識の重視（→ 2 節）]

[3] その抽象化の材料となった具体的な言い回しを文脈・場面とセットにして覚える。　[記憶における具体知識の重視（→ 2 節）]

[4] 英語を話したり書いたりする際には，できる限り具体的な知識を使うように心がける。言いたい内容を表すのにそのまま使えそうな言い回しが記憶の中に見つかる場合には，それをそのまま使う。もし見つからない場合には，ある程度抽象度の高い知識を使う。　　　[アウトプットにおける具体知識優先の原則（→ 3 節）]

少し言語学の専門的な話をすると，これは「使用基盤モデル」に沿った言語学習のあり方です。使用基盤モデルとは認知文法という言語理論で採用されている言語モデル（言語とはこういうものだろうという想定）のことです。この使用基盤モデルという仮説は，言語学者ロナルド・W・ラネカー（Ronald W. Langacker）によって 1980 年代に提案されました（1988 年）（→ p. 343 ㉑）。後にジョン・R・テイラー（John R. Taylor）という学者が実例のデータを証拠に（2012 年）（→ p. 342 ⑪），アデル・E・ゴールドバーグ

（Adele E. Goldberg）という学者が心理学的な実験の結果を証拠に（2019年）（→ p. 342 ⑮）その仮説を裏付けるなど，学問的な発展が続いてきました。かくいう私も 2019 年（→ p. 340 ②）に実例データの分析を元にして使用基盤モデルの妥当性を主張する本を出版しています。これらの著作については巻末の文献リストをご参照ください。

　使用基盤モデルは，本来，母語話者による無意識のレベルでの言語習得・使用についてのモデルなのですが，ある言語を外国語として学んでいる中〜上級の学習者が母語話者と同じように当該の言語を使えるようになりたいと本気で思った場合には，使用基盤モデルから学ぶべきことがたくさんあると思います。そのうち特に重要なものを抜き出したのが上の [1]–[4] です。[1]–[4] を英語の前置詞を相手に実践するとどうなるかは Part I と Part II をお読みいただくとして，ここでは，このままではややわかりにくいと思われる [2]–[4] について具体的に説明していこうと思います。

　ただ，その前に，この学習姿勢はどのレベルの学習者にも有効であるわけではないということをあらかじめ断っておきます。語彙や文法の基礎が固まっていない人がこのような学習姿勢を取るのはむしろ逆効果である危険性さえあります。英語学習のはじめのうちは，基本的な単語を文法ルールに乗せて内容を伝達する基本的な訓練や，センテンスの構造を把握する英文解釈的な訓練を積むべき —— それも徹底的に積むべき —— です。繰り返しになりますが，本書は「難関大学受験レベルの語彙と文法をしっかりおさえているはずなのに，前置詞を上手に使いこなせない」という悩みを抱えている中〜上級レベルの英語学習者を主な対象読者としていることにご注意ください。

2. 抽象知識と具体知識の両方の重視

　ここでは [2]「記憶における抽象知識の重視」と [3]「記憶における具体知識の重視」について説明します。たとえば日本語の「治安」という語を例に取りましょう。私たち日本語母語話者はこの語についてどのよう

な知識を持っていて，日本語を話したり書いたりするときにはどのような知識を利用しているでしょうか。

　日々日本語に触れて暮らす中で，私たちの目・耳には，「治安が良い」「治安が悪い」などの超高頻度表現，「治安を守る」のようなそれなりの高頻度表現，「治安の話はもううんざり」「治安にとって脅威だ」のような低頻度表現がインプットとして入ってきて，それらの記憶が脳内に保存されます。いずれにも「治安」という語が使われています。私たちは頭の中でこれらの言い回しから意味の共通性を抽出し，「『治安』とは特定の地域の安全性を表す」というような抽象知識を蓄えると考えられます。本書では，このように，「抽象（的）」という言葉を「共通性の抽出によって得られるような」の意味で用います（「わかりにくい」とか「図示できない」とかいった意味ではありません）。逆に「具体（的）」は「共通性抽出の母体として使われるような」の意味です（「わかりやすい」とか「図示できる」とかいった意味ではありません）。この用語法に基づけば，「治安が良い」や「治安を守る」といった表現の知識は「治安」という抽象知識の抽出に使われた具体知識だということになります。なお，この共通性抽出のプロセスは主に無意識のうちに起こるものです。本書では（もっと言うと言語学では）このように無意識に身に着けたものも「知識」と呼びます。

　さて，上の段落で示唆したように，インプットには頻度のグラデーションがあります。そして，当たり前かもしれませんが，頻度が高い表現ほど丸ごと記憶されやすいです。たとえば「治安が良い」という言い回しは丸ごと記憶している人が大半でしょう。

　上の2つの段落で述べたことを図示すると次のようになります。なお，四角の線の太さは頻度（ひいては丸ごと記憶されている度合い）を大まかに示すものです。

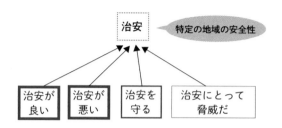

　ここで重要なことは，人間の頭は共通性を抽出した途端にその材料となった具体的な事例を忘れるようにはできていないということです。理科や数学などの分野では，抽象的な法則・公式さえ覚えていれば，出会った具体的な事例を一つひとつ覚えている必要はない（むしろそれを不要にするために法則・公式がある）ということが強調されるかもしれません。しかし，人間の心の働きとしては，具体的な事例も記憶したままにする方が自然なのです。たとえば，レストランで注文した３品目を食べて，３品とも卵料理だったことに気付いた瞬間にその３品が何だったかを忘れる，といったことは起こらないでしょう。言語もそれと同じです。「治安とはこういうもの」という抽象化ができたからといって，その材料となった「治安が良い」などの具体的な言い回しが瞬時に記憶から抹消されることはありません。特に，頻度が高い「治安が｛良い／悪い｝」は，抽象知識抽出後も引き続きインプットとして入ってくるわけですから，丸ごと覚えたままです。この具体知識はむしろ強化されていくでしょう。

　このようにして，記憶の中に，「治安＝特定の地域の安全性」という語彙レベルの抽象知識と「治安が良い」「治安が悪い」など言い回しレベルの具体知識が共存することになります。「車」など他のありとあらゆる語についても，私たちは，１語レベルの抽象知識と「車に乗る」「車に気をつける」「車を走らせる」「車の燃費」「小回りが利く車」のような具体的な言い回しレベルの知識の両方を持っているでしょう。

　ここで［2］の「明らかな共通点」という部分について重要な補足をしておきます。無理矢理こじつけないと見出せないような共通性は，人間の頭の中で抽出されないことが多いだろうということです。たとえば助詞「で」を例に取って考えてみましょう。日本語母語話者は「今日学校で面白いことがあったの」「さっき駅前で変な人見た」「これザンビアで買ったんだ」などの実例に触れたら「〈場所〉で（何かが起こる）」というパターンを抽出して抽象知識として蓄えるでしょう。また，「トンカチで叩く」「ペンで書く」「トングでつまむ」などに触れたら「〈道具〉で（何かをする）」というパターンを抽出して抽象知識として蓄えるでしょう。しかし，「〈場所〉で（何かが起こる）」と「〈道具〉で（何かをする）」の間の共通性を抽出してさらに抽象的な知識を蓄える人は多くないものと思われます。

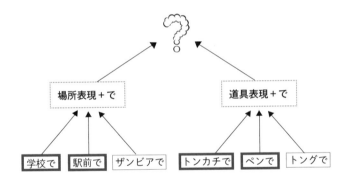

「〈場所〉で（何かが起こる）」と「〈道具〉で（何かをする）」の間の意味的な共通性はよほど頑張ってこじつけない限り見いだせません。日頃からその超抽象的な知識を利用して日本語を使っている話者などまずいないと言ってよいでしょう。

　最後に述べた点は英語の前置詞学習との関連で非常に重要です。たとえば，in a moment「ほんのちょっとしたら」，in a few minutes「今から数分後に」や in 13 weeks「13週間後に」，などの表現に触れた英語母語話者は，明らかな共通性を抽出して，［in ＋時間表現］で「今から…後に」を表す

という抽象知識を蓄えると考えるのが自然です。また，in his room「彼の部屋の中で」や in the tub「バスタブの中で」，in a playpen「ベビーサークルの中で」などの表現に触れたら，［in ＋場所表現］で「…の中で」を表すという抽象知識も蓄えるでしょう。しかし，この 2 つの抽象知識からさらに共通性を抽出してさらに抽象的な知識を蓄える人や，その超抽象知識を利用して英語を話したり書いたりしている人は皆無でしょう。

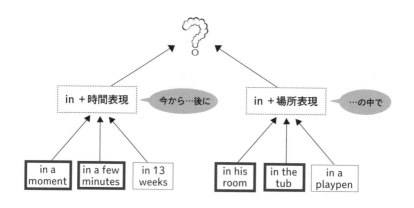

［in ＋時間表現］「今から…後に」と［in ＋場所表現］「…の中で」に共通性を見出すのは無理があります。［in ＋場所表現］「…の中で」から予測される［in ＋時間表現］の意味は「…以内に」ですが，「3 分以内に」の意味の自然な英語は within three minutes であって（第 12 章 2 節（→ pp. 232–234）参照），in three minutes ではありません。in three minutes が指すのは「3 分後に」ですから，3 分という時間幅の端っこの部分を指していることになります。逆に［in ＋時間表現］「今から…後に」から出発して［in ＋場所表現］の意味を予測しようとすると，「〈時間幅〉の端っこで」の場所バージョンを考えることになるので，「〈場所〉の端っこで」のような意味が予測されますが，当然これは間違いです。John was in the building は「ジョンはその建物の中にいた」であって，「ジョンは建物の端っこ——壁とか？——に貼り付いていた」という意味ではありません。この

ように，[in＋時間表現]「今から…後に」と［in＋場所表現］「…の中で」に共通する超抽象的な in の本質なるものを指摘しようと思ったところで破綻してしまうわけです。したがって，英語母語話者が in three minutes などと言うときにそのような超抽象的な知識を利用しているとは考えにくい，ということになります[1]。

　以上のことは，「で」を日本語母語話者と同じように使えるようになりたい，in を英語母語話者と同じように使えるようになりたいと思った場合に，「で」や in の全ての用法に共通する性質を突き止めようとしても——いわゆる「本質」を探求しても——目標の達成には直接寄与しないという，ことを示しています。もちろん，知的な探求は興奮をもたらし，もっと日本語・英語を勉強したいという気持ちにつながるといった効果は大いにあります。しかし「本質」それ自体が「で」や in の運用能力を高めてくれるわけではないのです。このことは次の節で述べることにつながっていきます。

3. アウトプットにおける具体知識優先の原則
——「本質」主義からの脱却——

　私が本書で最も強調したいのは，この「アウトプットにおける具体知識優先の原則」です。例として「治安」という語を使ってアウトプットするときのことを考えてみます。ある日本語話者が知人に「あの地域は安全だからオススメだよ。引っ越しちゃいなよ」とすすめるとき，「治安が良い」という言い回しを使ったとします（いかにも使いたくなりますね）。この話者はおそらく，「治安が良い」という言い回しレベルの具体知識を利用したのであって，「治安（＝特定の地域の安全性）」という単語1語レベルの抽象的な知識にまずはアクセスして次に「が」と「良い」を足し合わせる，という操作を行ったのではないでしょう。もしもそんなことを行っているのなら，「安全性が高い」と言うのと同じように「治安が高い」と言ってもよいはずです（「治安」は「安全性」の一種であるわけですから）が，

おそらくそんな風に言いたくなる人は少ないでしょうし，言っている人を見たら「意味はわかるけど変な言葉選びをする人だなあ」と思ってしまうでしょう。

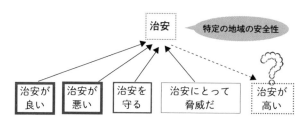

このことは，母語話者にとって脳内にしっかり定着している具体知識が存在する場合には，その具体知識自体を利用するのが自然であるということ（わざわざ一段上の抽象度の知識を利用するのは不自然であるということ）の証拠です。本書では，forの章やofの章でも，抽象度があまりに高い知識を利用して英文を作ると不自然な英文になってしまうことを示しています。母語話者にとっての具体知識優先の原則を裏付けるこうした言語事実は，英語に関してであれ，日本語に関してであれ，学問的にもたくさん集まっています。2節で見た「車に乗る」や「車に気をつける」，in a moment や in a few minutes などの高頻度な表現も丸ごと記憶されているだけでなく，発話の場で丸ごと利用されている可能性が高いです。

　ここで個人的な話をさせてください。受験勉強で語彙と文法を身につけたあとの私（当時大学生）に，一番足りていなかったのはこの発想でした。英語が大好きで，文法書を読みまくり，辞書をまるで読み物のようにしていたのに，書いた英文を母語話者に見せてチェックしてもらうと，決まって返ってくる答えが「文法的には完璧だし，意味も完全に通るけれども，普通こうは言わない，僕たちが使うような英語ではない」でした。言語学・英語学の専門的な文法書や論文をどんなに調べても，自分の英語が良くないものである理由や改善策を提示してくれるものはありませんでした。そんな中，何人かの英語の達人と一緒に長い時間を過ごしているうち

に，達人たちは例外なく極めて具体的な知識——ある語がどのような場面・文脈で他のどのような語と一緒に用いられやすいかという知識——を大量に持っているということ，そしてそれをそのまま再現するようにして英語を使っていることに気付きました。

　また，ちょうどこのことに気付き始めたタイミングで，ジョン・R・テイラーによって書かれた *The Mental Corpus: How Language is Represented in the Mind*（『メンタル・コーパス―母語話者の頭の中には何があるのか―』）(→ p. 342 ⑪) という，人生を変える本に出会いました。この本は，母語話者の脳内には具体知識が大量に保存されており，その具体知識が発話に利用されているということを主張するものです。この本に出会うまでの私は，英語を使う時に明らかに抽象知識を利用していました。極端に言えば最も抽象度が高い「本質」を活用することこそ理想と思っていたような気すらします。

　それからは，インプットの量を増やし，複数語からなる言い回しを覚える努力をしました。アウトプットも「自分が触れた実例で複数回使われていた表現やパターンのみを使う。それが見つからなかったら，抽象知識を使う」という姿勢に切り替えました。言わば，「本質」主義からの脱却です。それ以降，私の書いた英文を見る母語話者のリアクションは明らかに変わりましたし，何より，この発想では具体的な表現を1つ覚えた自分はその前の自分よりも英語ができるようになっていることになる（抽象知識が大事だという言語観ではこうはなりません）ので，「毎日成長できているぞ」という実感も得られ，ますます英語の勉強が楽しくやめられないものになっていきました。

　このように，高頻度の言い回しが存在する場合にはそれを丸ごと利用することが求められるわけですが，だからといって，抽象知識が不要だということにはなりません。抽象知識がなかったら，言いたい内容を表す高頻度表現が存在しない場合に困ってしまいます。たとえば特定の地域の安全性に関心を持っているということを伝達したい場合，「治安に関心を持つ」

というフレーズが丸ごと記憶されていることはないでしょうから（非常に頻度の低い表現なので），「治安（＝特定の地域の安全性）」という抽象知識と「に関心を持つ」を組み合わせる足し算的な処理が必要になります。

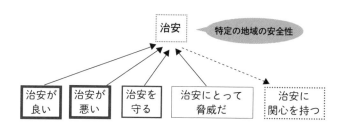

具体知識が重要だといっても，だからといって抽象知識が重要でないということにもならないのです。

　まとめると，抽象知識も具体知識も両方大事だということを前提として，その上で，英語を話したり書いたりする際には可能な限り具体性の高い知識（たとえば怪しげな「in の本質」よりも「in＋時間表現」や「in a few minutes」などの知識）を利用するように心がけましょう，ということです。ここで言う「**知識を利用する**」というのは，英語を母語としない私たちにとって，はじめのうちは意識的な行為です。たとえば英語を書きながら，「こういうことを表す英語のフレーズ，なんかあった気がするけど，なんだったかなあ」と数秒考える。場合によっては，もっとウンウン悩んで思い出そうとしたり，読んだ本や自分のノートを見返したり，パソコンで検索したりする。はじめはそれでいいのだと思います。たくさんの実例に触れながらそういう経験を何度も繰り返しているうちに，「知識を利用する」ことの感覚が変わってきます。つまり，フレーズレベルの知識が自動的にパッと，抽象度の高い知識よりも先に思い浮かぶようになってきます。このように，本書で言うところの「知識を利用する」プロセスは，学習の初期段階で行う意識的な行為も，学習が進んでくると起こる無意識的な知識の活性化も含む広い概念として捉えてください。

4. 熟語を覚えようと言っているのではない

さて，複数語レベルの具体的な言い回しの知識も，単語レベルの抽象的な知識もどちらも大事だと強調しましたが，前者について誤解しないでいただきたいのは，「熟語（idioms）をちゃんと覚えよう」という当たり前のことを言っているわけではないということです。普通，「熟語（idioms）」という言葉は，「この語とこの語をくっつけたらこんな意味になるの？びっくりだ！」と言いたくなるような，驚くべき予測不可能な意味を持ったフレーズに対して用いられる言葉です。日本語だと「首を長くして待つ」や「狐につままれる」，「羽を伸ばす」，英語だと kick the bucket「くたばる，死ぬ」や elbow grease「ものをゴシゴシ磨いたりする大変な仕事」などが該当します。熟語を丸ごと覚えなければいけないのは当然です（意味が予測不可能なのですから）。私が強調したい点はそこではありません。たとえば「治安が良い」はその意味での熟語ではないでしょう。「治安」の意味と「が」の意味と「良い」の意味から十分に予測できる意味しか持っていません。しかし，日本語の母語話者なら丸ごと覚えています。このように，びっくりするような意味を持っているわけではなくても，よく聞く言い回しなら丸ごと記憶されているものなのです。英語を勉強する際にも，熟語を覚えるのに加えて，熟語ではないけれども高頻度であるような表現は丸ごと覚えるように心がけようということが私の言いたいことです[2]。

たとえば，次の空欄をパッと思いついた日本語で埋めてみてください。

・そんなこと急に言われても _____
・言われてみれば _____

私の授業の受講者（1クラスあたり30–40人くらい）に聞いてみると，たいていのクラスで，1つ目であれば「困る」または「無理」に偏ります。「そんなこと急に言われても｛困る／無理｝」を丸ごと記憶しているのでしょう。そうでなかったら「びっくりしちゃうじゃないか」や「人には人の予定っ

てものがあるわけで」など様々なバリエーションが出てくるはずです。「言われてみれば」のあとは「そう」から始まるものに偏ります（90％を超える回答者がそのように答えます）。中でも特に多いのは「そうかも」です。「言われてみればそう（かも）」を丸ごと覚えているものと思われます。ここで重要なのは，「そんなこと急に言われても ｜困る／無理｜」も「言われてみればそう（かも）」も熟語ではないのに丸ごと覚えているということです。

　日本語と英語の両方でもっと例を出しましょう。おそらく次の言い回しは熟語ではないのに丸ごと覚えて使っている表現であると思われます。特に日本語の例は「確かに聞き覚えがある」という感じが明確にあるのではないかと思います。

熟語ではないけれども丸ごと利用される言い回しの例（日本語）

　話せば長くなる／逃げも隠れもしない／今となっては良い思い出／…してる暇があったら（ちょっとは～／少しは～）／黙って聞いてりゃ（いい気になりやがって）／（俺たち，私たち，etc. が）こうして…している間にも～／元交際相手の男／ピーッという発信音のあとに

熟語ではないけれども丸ごと利用される言い回しの例（英語）

have no way of knowing ...「…などそもそも知るすべがない，知りようがない」／How can you be so ...？「一体どうしてそんなに…なの」／it is worth noting that ...「ここで注意しておかねばならないのは…ということだ」／I [We] regret to inform you that ...「残念ながらお伝えしなければならないのですが…です」／find it hard to believe (that) ...「…だなんて信じがたい」／There's a telephone call for you「電話ですよ」／do whatever it takes to V「Vするためならなんだってする」／You need help「あなた1人ではもうどうにもならないわよ，誰かに相談しなよ」／I need to go to the bathroom「トイレ行きたいんですけど」

こうした言い回しは，語彙のレベルでも文法のレベルでも驚くようなことは何もなく，熟語とは言いがたいものですが，母語話者であれば丸ごと覚えて使っていることは間違いありません。

　頻度が高いため丸ごと記憶されている言い回しは，熟語的なものであれそうでないものであれ，「よくある言い回し」（conventional expressions）と呼ぶことができます。熟語はよくある言い回しの一種だということになります。図示すると次のようになります。

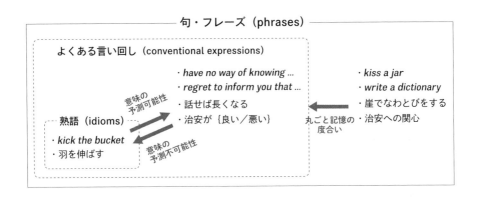

　一番大きな四角の中には句・フレーズ（phrases）と呼ぶ 2 語以上からなる表現があります。その中に「よくある言い回し（conventional expressions）」があります。頻度が高く，丸ごと記憶されている度合いが高い表現がここに分類されます。さらにこの中に「熟語（idioms）」があります。「意味の予測不可能性」が高いものがここに分類されます。逆に「意味の予測可能性」が高いものは「熟語」ではない「よくある言い回し」として分類されることになります。ただ，これらの分類は 0 か 100 かという明確なものではなく，程度問題です。

　まず，熟語と非熟語がはっきりと分けられるものではないということを確認します。たとえば「感極まる」という言葉について考えてみましょう。これまで気が付いていなかった人も多いのではないかと思いますが，実

は，この言葉はどんな「感」情が「極」限状態に達した場合でも使えるわけではありません。たとえば怒りという「感」情が「極」限状態に達した場合のことを「感極まる」とは言わないでしょう。恐怖の場合も「感極まる」とは言いにくいです。このように,「感」と「極まる」だけ知っていても「感極まる」の性質は完全には予測できないわけです。しかし,だからといって,「感極まる」の正しい意味である〈極度の感動〉が「感」情や「極」限状態とまったく無関係かといえば，もちろんそんなことはありません。このように「感極まる」の意味の予測（不）可能性は 0% とも 100% とも言えない中間的なものです。頻度が高く丸ごと記憶されているので「よくある言い回し」であるのは間違いないですが，熟語かというと，熟語であるともないとも言い切れません。上の図で「熟語」の四角が点線になっているのはこうした微妙な表現が存在することを考慮してのことです。

　次に,「よくある言い回し」なのかどうかをはっきり区別することもまたできないということを確認します。ある句・フレーズがよくある言い回しかどうかというのは，頻度が高く丸ごと記憶されているかどうかということです。これは明らかに程度問題であって，Yes と No できれいに二分できるものではありません。上の図で「よくある言い回し」の四角が点線になっているのはこうした微妙さを反映してのことです。

　本書では，熟語に目を向けることもありますが，主に，熟語的ではないため「丸ごと覚えよう」という発想にはいたらずつい見逃してしまうようなよくある言い回しに注目し，どんな風に使う表現なのかを（場合によっては発音の仕方まで含めて）丁寧に説明していきます[3]。

5. まとめ

　「本書が推奨する学習姿勢」では，使用基盤モデルという言語観に基づいた学習方法を紹介しました。使用基盤モデルでは,（i）母語話者は膨大な量の実例に触れながら実例間の共通性を発見・抽出していくことによっていわゆる語彙や文法を習得する，と考えます。さらに,（ii）母語話者

は記憶に定着している範囲内で，可能な限り具体性の高い知識を利用して言葉を話したり書いたりするものだと想定します。

　私の考えでは，英語母語話者に限らず，本書が対象読者としている一部の英語学習者にとっても，(i) と (ii) のようなプロセスを経ることは——特に (ii) を心がけることは——重要です。「本書が対象読者としている一部の英語学習者」とは，語彙と文法の基礎固めを徹底的に行った上で，母語話者が使うのと同じような英語を使えるようになりたいと本気で思っている学習者です。「母語話者が使うのと同じような英語」は，抽象知識だけ覚えていれば自分でパッと思いつくというたぐいのものではないのです。

　たとえば，前置詞 as 単体が「何かと何かがイコールである」の意を表すという抽象知識は（対象読者の皆さんであれば）すでに持っているでしょう。しかし，Q3 (→ p. 2) で「何の仮装して行く？」にあたる内容を英語で言おうとした際に，What are you going as? のように as を使おうと思いついたでしょうか？　おそらく思いつかなかった人が多いのではないかと思います。たしかに，as が使えるのだと知ったあとであれば（つまり「仮装の go as ...」という具体知識を得たあとであれば），いくらでも理屈はつけられます。たとえば，「ゴジラの仮装をして行くということは，一時的にゴジラとイコールな存在になって出かけるということだ。だから as が使えるのだ」というように。しかしこれは具体知識を知った後だから言えること——言わば後知恵——であって，抽象知識のみから母語話者のような具体知識を自分で導き出すことはほぼ不可能です。

　母語話者が使うのと同じような英語を使えるようになりたいと本気で思った場合には，結局のところ，表現丸ごとの具体知識を利用することが必要になるのです。本書の Part I と Part II では，様々な前置詞を例に取りながら，どのような具体知識を覚える必要があるかを述べていきます。もしも「抽象知識だけ覚えておけばあとは自分で導き出せる」と思われる箇所があった場合には，それは上の段落で見たような「後知恵」ではないか，慎重に自問していただきたいと思います。

以降の章は，「はじめに」でも述べた通り，第1章から順に読まれることを想定していますが，どの章からお読みいただいても問題はありません。興味ある前置詞や現象が扱われている章からでも（コラムからでも）構いません。それよりも各章の読み方が重要で，この本は実例が命ですから——なにせタイトルにあるように，語るのは私ではなく実例です——実例部分を丁寧にお読みいただければと思います。

用語と発想の整理

- 共通性抽出の前・後を「具体」・「抽象」と呼ぶ。
- 無意識的に蓄えたものも「知識」と呼ぶ。
- 「知識を利用する」というプロセスには，（ノートを見返すなどの）意識的な行為も，無意識に起こる知識の活性化も含める。
- 複数語からなる「句・フレーズ」の中でも，頻度が高く丸ごと記憶されているものを「よくある言い回し」と呼ぶ。
- 「よくある言い回し」の中でも，意味の予測可能性が特に低いものを「熟語」と呼ぶ。
- それなりに理解できる英文を目・耳から毎日大量にインプットする。
- 具体的な言い回し同士から共通性を抽出して，抽象知識を蓄える。
- その具体的な言い回し（複数）を丸ごと覚えて，具体知識を蓄える。
- アウトプットの際には可能な限り具体的な知識を利用する。

● 注

1 どうして「今から…後に」の意味で in を使うようになったのかは英語の歴史の問題であり，本書が扱う範囲を越えています。母語話者は歴史や語源を知らなかったり勘違いしたりしていたりするのに言語を使いこなせているということに注意してください（コラム「関連付けの自由」（→ p. 137–140) を参照）。

2 高頻度な表現を「覚える」というのは，自分の触れた実例でその表現がどのような状況・文脈で用いられていたかという情報まで含めての話です。表現を復習するときには実例の当該の場面丸ごとを思い出そうとしたり見返したりすることに

なります（「はじめに」3節（→ pp. 4–5）を
参照）。

34節のタイトルは「熟語を覚えようと
言っているのではない」でしたが，読者
の中にはひょっとすると「いわゆるコロ
ケーションを覚えようということかな」
と思われた方もいらっしゃるかもしれま
せん。ほぼ正しいのですが，1つ異なる
点があります。私の知る限り，「コロ
ケーション」を重視する立場とはすなわ
ち，まず単語単体の知識を思い起こし
て，次にその単語が他のどんな単語と一
緒に用いられやすいかの知識を利用する

という2段構えのプロセスを重視する
立場であるようです。私がここで提案し
ているのは——そして使用基盤モデル
（認知文法）が想定しているのは——
（可能な限り）真っ先によくある言い回
しの知識にアクセスするという姿勢で
す。単語があって次に組み合わせがある
のではなく，まずはじめに組み合わせが
あると考えるわけです。このように根本
的な言語観の違いがあるため，「コロ
ケーション重視ということでいいです
か」と言われると「はい」とは即答でき
ないわけです。

凡 例

略記

Cf. ラテン語の confer の略で「参照せよ」の意

e.g. ラテン語の exempli gratia の略で「たとえば」の意

sb somebody の略で「人」の意

sth something の略で「もの・こと」の意

s.v. ラテン語の sub voce の略で
「(辞書の) どの項目に載っているかというと」の意

SV Subject + Verb の略で「主語＋述語」の意

例文の不自然さの程度に関する表記

* 誤りと言ってもよいほど不自然

? やや不自然

章末のネットワーク図について

・章内であげた用法や具体例に関して，ネットワーク図を描ける場合は章末に配置しています。

・この図で当該前置詞の全ての用法を表しているわけではありません。

・枝分かれした先端にいくほど具体的な言い回しが掲載されています。

実例掲載について

・本書の趣旨から実例は原文掲載を原則としています。吟味をしていますが，俗語表現や様々なシーンを含むことをご承知ください。

・映像作品からの実例は英語字幕とは異なる場合があります。

・出典を示していない和訳はすべて著者によるものです。

Part I

I 部では，学習の盲点になっているかもしれ
ない情報や着眼点，発想法などを前置詞
横断的に紹介します。

第1章

位置の2段階指定

1. 位置の2段階指定とは

　英語では，人や物などの位置を示すときに2ステップを踏むことがよくあります。まず，第1ステップとして，前置詞的副詞を用いて位置を大雑把に示します。本書で言う**前置詞的副詞**とは，そのあとに名詞を伴わないので品詞分類上は副詞になるけれども，意味的には前置詞と同様に何かと何かの位置関係を示すような単語のことです。(1)のoutや(2)のupなどがそれに当たります。この第1ステップで示される情報は「外に」とか「上で」とかそのくらいざっくりとしたものです。次に，第2ステップとして，外は外でもどこなのか，上は上でもどこなのか，といったより細かい具体的な情報を提示します。これを本書では位置の2段階指定と呼びます（基本的な発想としてはすでに國廣（1978）(→ p. 342 ⑲) で提出されているものであり，私のオリジナルでありません）。実例で確認しましょう。第1ステップに対応する部分を<u>一重下線</u>で，第2ステップに対応する部分を<u>二重下線</u>で示しています。

(1)　［状況説明］パーティー会場の中での会話です。

D.J.:　　Kimmy, have you seen Kevin?

Kimmy:　Last time I saw him, he was <u>out</u> <u>in the hall</u>.

(*Full House*, Season 3, Episode 21)

D.J.：　キミー，ケビン見た？

キミー：最後に見かけたのは廊下だよ。

(2)　[...] we had a portable cassette player <u>up</u> <u>on the shelf above the radiator</u>.

(Kazuo Ishiguro, *Never Let Me Go*)

［…］私たちはラジエーターの上の棚にポータブルのカセットプレイヤーを置いていた。

(3)　"I'm sure you've never seen this kind of butterfly," the dowager said, glancing toward her own shoulder. Her voice betrayed a touch of pride. "Even <u>down</u> <u>in Okinawa</u>, you'd have trouble finding one of these. [...]"

(Haruki Murakami, *1Q84*)

「あなたはおそらく，これまでにこの蝶を目にしたことはないはずです」と女主人は自分の肩口をちらりと見ながら言った。その声には自負の念が微かに聞き取れた。「沖縄でも簡単には見つかりません。［…］」

(村上春樹『1Q84』)

(1) ではケビンの位置がまず漠然と out と示されます。そのあと，out は out でもどこなのかをより具体的に in the hall と指定しています。(2) の語り手は，カセットプレイヤーの位置を指定するにあたって，まず漠然と

up「上」の方向にあるということを示したうえで，上は上でも on the shelf above the radiator「ラジエーターの上の棚に」あるのだという風に詳細化・具体化しています（on であって in でないのは，英語の shelf は「棚」の中に差し込まれている一枚一枚の板を指すからです）。(3) では down が「下」というより「南」の意味で用いられているということに注意が必要ですが，やはり down で大雑把に示された位置を in Okinawa でより細かく指定しています。

　この「位置の 2 段階指定」の第 2 ステップの部分が there または here になることもよくあります[1]。[状況説明] の情報を元に，here や there がどこを指すのかイメージしながら，実例を見てみてください。

---

(4)　[状況説明] 魔女 Samantha と人間 Darrin がハネムーンでホテルに宿泊中。そこへ邪悪な魔女 Endora（Samantha の母親）がやってきて，魔法で Darrin を部屋に入れないようにイタズラしています（Endora は Darrin が大嫌いです）。これに対して Samantha が言います。

　Even witchcraft can't keep him <u>out</u> <u>there</u> all night.

　　　　　　　　　　　　　　　　　　（*Bewitched*, Season 1, Episode 1）
　いくら魔法でも一晩中ダーリンを外に閉め出しておくなんて無理よ。

---

(5)　[状況説明] 雨の中，刑事 Columbo は捜査のためにある家を訪れます。そして玄関口で挨拶を済ませたあと，その家の家政婦に言います。

　And, uh, I'll just leave the umbrella <u>out</u> <u>here</u>.

　　　　　　　　　　　　　　　　　　　　　（*Columbo*, Episode 58）
　あと，えっと，傘は外のここに置いておきますね。

---

(6)　[状況説明] 2階に住む話し手（老婆）が階段を降りながら，1階を歩く Nancy に声をかけます。

I was going to ring you. I'm afraid there's a bit of a problem <u>up</u> <u>here</u>.　　　　　　　　　　　　　　　　（映画 *Duplex*）

ちょうどあんたを呼びに行くとこだったのよ。悪いんだけど，2階がちょっと大変なことになっちゃってねえ。

(7)　[状況説明] 語り手一家は爆撃から身を守るために地下の避難施設に逃げ込みました。以下は語り手の妹 Prim が飼い猫の Buttercup を励ます場面です。

Her [= Prim's] voice remains steady as she croons to Buttercup. "It's all right, baby, it's all right. We'll be OK <u>down</u> <u>here</u>."　　　　　　　（Suzanne Collins, *Mockingjay*）

プリムは落ち着いた声のままバターカップに猫なで声で言った。「大丈夫だからね，バターカップちゃん。大丈夫。地下にいれば安全だからね」

(4) の out は話し手サマンサと聞き手エンドラがいる部屋から見た外を指しています。これが第1ステップです。次に第2ステップで，外は外でも there——つまりホテルの廊下——のことだと具体化されています。(5)では，第1ステップの out が「家の外で」の意を表しており，第2ステップの here により具体化されて，家の外は家の外でも玄関先のことだということが示されています。(6)では，まず up により，困ったことが起きている場所が漠然と「上」であることが示されたあと，here により上は上でも2階という風により細かく位置指定がなされます。(7)では，自分たちがいる位置がまず漠然と down で示され（いつも猫と一緒に過ごしている場所は地上なのでそこから見て下），下は下でもどこの位置なのかと

言うと，より具体的には here（避難施設）であるわけです。

　in here や in there という言い方も頻度が高く，重要です。次の (8) (9) をご覧ください。

---

(8)　［状況説明］ロックバンド B'z のサポート・メンバーの Barry Sparks（ベース）のライブ中の発話です。

I think half [2] the world population is in here tonight.

（B'z LIVE-GYM Pleasure 2013 ENDLESS SUMMER-XXV BEST）

今日このライブに世界の人口の半分くらいの人が来てくれてるんじゃないかって感じがしてます。

---

(9)　They'd [= Mr and Mrs Bright had] even given me a box of musty old books when they found out how much I like to read, and there were a few treasures in there [...]

（Susie Nielsen, *My Messed-up Life*）

ブライト夫妻は，私が読書好きだということを知ると，わざわざカビ臭い古本を箱詰めにしてプレゼントしてくれた。そこにはいくつか宝が含まれていた ［…］

なお，注意すべきこととして，in here と in there は「位置の 2 段階指定」だと解釈することもできる一方で，普通の前置詞の in と名詞の here / there との結びつきだと解釈することもできるということを指摘しておきます。ただし，分類にこだわったところで英語の使い方が上手になるわけではありません。重要なのは in here や in there という表現がどのような状況で使われうるのかをしっかり覚えることです。

2. 日本語ではどうか

　日本語との対照を通じて少し理解を深めておきましょう。英語の John is out in the garden が完全に自然なのとは違って，日本語では，(10)のように言うのは変です。「外」と「庭」の両方に言及するならたとえば(11)のように別の言い方を選択しなければいけません。

(10)　＊太郎は外に庭にいるよ。
(11)　(?)太郎は外の庭にいるよ。

しかし，たとえこの手を使っても，「○○の」の部分が余分に感じられ，結果として不自然に響くことも多いです。実際(11)はやや不自然と感じる人もいます。(12)も同様です。一番自然なのは「○○の」の部分を表現しない(13)(14)でしょう。

(12)　(?)太郎は上の屋根裏部屋にいるよ。
(13)　　太郎は庭にいるよ。
(14)　　太郎は屋根裏部屋にいるよ。

ところが英語の John is out in the garden や John is up in the loft は完全に自然です。このように副詞要素としての位置の2段階指定は現代日本語では好まれない傾向があるため，難しいと感じられる一方で，その分，わかるようになったり使いこなせるようになったりしたら楽しいものだと思います[3]。

3. 学習者がつまずきがちな back パターン

　位置の2段階指定の第1ステップまたは第2ステップが back になるこ

とがよくあります。このときに誤読したり違和感を覚えたりしてしまう人が多いようですので，ここで注意を促しておきたいと思います。まずは第 1 ステップが back になっているパターンから。

---

(15)　[状況説明] マルチ・リモコンを探して店の中をさまよっている話し手が，店の奥にあやしげな部屋があることに気付き，中に入ります。

You guys got a universal remote control <u>back</u> <u>here</u>?

(映画 *Click*)

マルチ・リモコンってここにはあったりします？

---

(16)　He put his dark glasses <u>back</u> <u>on</u> quickly.

(Raymond Chandler, *The Long Goodbye*)

彼は外していたサングラスを再びサッとかけた。

---

(17)　Well, remember <u>back</u> <u>in</u> <u>the</u> <u>late</u> <u>eighties</u>, how it was all Louis Vuitton and Gucci luggage? I mean, everyone had the same damn bags.[4]　(Mary McNamara, *Oscar Season*)

覚えてる？　80 年代後半って，ルイ・ヴィトンとグッチのカバンばかりだったでしょ。みんなして馬鹿みたいに同じバッグ持って。

---

(18)　[状況説明] 話し手は聞き手にある場所で侮辱的または差別的とも取れる発言をされ，その真意が気になっています。それで，別の場所に移動したあと，その話を蒸し返します。

So what was that supposed to mean <u>back</u> <u>there</u>?

(Kazuo Ishiguro, "Nocturne")

で，さっきあそこで言ってたのは一体どういう意味のつもりだったのかしら？

32

(15) では back が「奥で」の意味を担っています（そもそも back が「奥」と対応する場合があることを知らない人が多いので要注意です）。(16) の back は「元の位置に戻って」です。(17) は位置の2段階指定が空間の領域から時間の領域に転用された例です。back が「過去で」という漠然とした時間的位置を示し，in the late eighties「80年代後半で」がもっと具体的な時間的位置を示しています。(18) は時間と空間がミックスされた例です。第1ステップの back が「さっき」という時間的な意味を担い，第2ステップの there が「あそこで」と場所を指定しています[5]。

　続いて，第2ステップが back になっている例を見てみましょう。

> (19) [状況説明] 犬の言葉がわかる Slinky が，犬が吠えて訴えている内容を英語で説明しています。
>
> This fella says he needs to go <u>out</u> <u>back</u> for a little private time.　　　　　　　　　　　　　（映画 *Toy Story 2*）
>
> こいつ，（トイレに行きたくて）ちょいと失敬して裏庭に出たいんだと。

(19) のパターンを初見で正確に解釈するのはかなり難しいと思います。out は単純に「外へ」でよいですが，第2ステップの back が「家の裏へ」を表していることに注意しましょう。out back で「裏庭で，裏の庭へ」の意のよくある言い回しです。

4. out there の熟語性

　位置の2段階指定は頻度の高いパターンが数多く存在し，たとえば上で見たパターンで言うと out in the ... , up on the ... , {out / in / up / down} {there / here}, back {here / there}, back on, back in the {seventies, eighties, etc.}, out back などは明らかによくある言い回しです。中でも特に頻度が

高いのが out there で，これは意味の予測可能性が低い用法──つまり熟
語としての用法──も獲得しています。本節ではこの out there について
の事例研究をやってみたいと思います。

4.1.　熟語性の低い out there

　まずは熟語性の低い（つまり意味の予測可能性が高い）out there から確
認します。out が話し手のいる領域から見た「外」を指し，there が話し手
と聞き手にとって「あそこのことね」と了解し合える特定の領域を指して
いる，という単純な用法です。すでに見た例では (4) が該当します。

---

(20)　［状況説明］兵士ではない女性が，今起こっている最中の戦争につ
　　　いて話しています。

　　　I know a lot of people have died, and I know things are
　　　really tough **out there**, but maybe it's all been worth it.
　　　Maybe.　　　　　　　　　　（Paul Auster, *Man in the Dark*；斜体は原文）
　　　たくさんの人が死んだことはわかっているわ。あっちは本当に大変
　　　なんだってことも。でももしかしたら，それもみんな，無駄じゃな
　　　いのかも。もしかしたら，ね。

---

(21)　［状況説明］話し手は幼い娘と一緒にアメリカに引っ越そうとして
　　　いる日本人，聞き手はそれに対してやや否定的な態度を示している
　　　日本人です。

　　　"[...] America's like that, Etsuko, so many things are
　　　possible. Frank says I could become a business woman
　　　too. Such things are possible **out there**."

　　　　　　　　　　　　　　　　（Kazuo Ishiguro, *A Pale View of Hills*）
　　　「［…］アメリカはそういうところなのよ，エツコ。色んなことが夢
　　　じゃなくなるの。フランクは私もキャリアウーマンになれるなんて

言ってるわ。そういうことが夢物語じゃないのよ，あっちでは」

(22) [状況説明] 1995 年，ロンドンのウェンブリー・スタジアムで行われたロックバンド Bon Jovi のライブで，ボーカリスト Jon Bon Jovi が名曲 *I'll Sleep When I'm Dead* のドラムビートに合わせながら，観客に言います。

Now I gotta know. Are you still with me **out there**?

(Bon Jovi, *Live from London*)

さあ，声を聞かせてくれ。客席のみんなもちゃんとついてきてるか？

(20) と (21) は，自分のいる地域・国から見た「外」を out で表し，「戦地，戦場」「アメリカ」という特定の領域を there で表しています。(22) では out が指すのは自分（ジョン）の立っているステージから見た「外」で，there が指すのは観客たちのいる領域です。なお，この are you with me は学校の先生が授業中に言う Are you with me so far?「今のところ，ついてきていますか」と同じ用法です。

4.2. 熟語パターン1「世の中では」

さて，ここからは熟語性の高い用法を見ていきたいと思います。まずは there が特定の領域を指しておらず，out there 全体で「世の中では，世の中のどこかには，社会で」の意味が伝達されるパターンから。

(23) [...] there were a whole lot of people **out there** who wanted to see him dead. (*Columbo*, Episode 56)

［…］彼に死んでほしいと思っている人なら世の中にいくらでもいた。

(24) [...] Ferguson diligently plowed through them [= the newspapers and magazines] now instead of turning straight to the film and book reviews in the back, reading the political articles in order to figure out what was going on *out there* [...]. (Paul Auster, *4 3 2 1*；斜体は原文)

［…］ファーガソンはこれらの新聞を真面目に前から後ろへ読み進めた。ページをぺらぺらめくって後ろの映画評論・書評欄まで一直線，ということはもうしない。政治記事を読み，「外の世界」では何が起こっているのかを知ろうとした ［…］。

(25) ［状況説明］歌手 Taylor Swift の 2016 年 2 月のグラミー賞授賞式での発話です。

And as the first woman to win Album of the Year at the Grammy's twice, I want to say to all the young women **out there**: There're going to be people along the way[6] who will try to undercut your success, or take credit for *your* accomplishments or *your* fame. But if you just focus on the work and you don't let those people sidetrack you, someday when you get where you're going, you'll look around and you will know that it was you, and the people who love you, who put you there. And that will be the greatest feeling in the world. Thank you for this moment.

(https://www.youtube.com/watch?v=dMCAEUb0h34)

グラミー賞の最優秀アルバム賞を 2 度受賞した初の女性として，この世のすべての若い女性に伝えたいことがあります。人生のどこかできっと，あなたの成功を阻む人たちや，あなたが成し遂げた業績なのに，あなたの名声なのに，それを横取りしようとする人たちに

出会います。しかしそこで目の前の仕事に集中して、そういう人たちに惑わされないようにしていれば、いつの日か自分の目標とするところにたどり着いたとき、周りを見渡して、気が付くでしょう。そこにたどり着くことができたのは、自分が頑張ったからなんだ、そして自分を愛してくれる人たちがいたからなんだ、と。そしてこの世にこんな快感があったのかと驚くことでしょう。みんな、この瞬間をどうもありがとう。

4.3. 熟語パターン2「挑戦の場で」

次に、out there が「挑戦の場」を指す用法です。go out there または put oneself out there という形を取ることが多く、「挑戦の場に出ていく、自分の能力が試される場に身を置く」という意味を表します。実例を見ましょう。

> (26) ［状況説明］趣味もなければスポーツもしない Kerry が、父親の勧めでチアリーディングのオーディションを受けてみたところ、合格しました。以下は父親が Kerry に言うセリフです。
>
> Like I said, good things happen when you <u>put yourself</u> <u>out there</u>. (*8 Simple Rules*, Season 1, Episode 6)
> 言っただろ。思い切って飛び込んで挑戦してみれば、良いことが起こるものなんだよ。

こんな風に教訓めいた形で使われることが多いです。この out there は「挑戦の場、自分の能力が試される場」としか言いようがなく、話し手・聞き手が了解し合える特定の領域を指しているわけではないので、out there にはこういう使い方があるのだということを覚える他ありません。

しかしながらこの「挑戦の場の out there」は、out there の他の用法とまったく何の関係もない「離れ小島」のようになっているわけではありま

せん。以下の例を見てください。

---

(27) ［状況説明］オーディション直前に自信をなくしているバックシンガーに対してバンドリーダーがステージを指差して言います。

The thing is, you're a rock star now. All you gotta do, you just gotta go **out there**, just rock your heart out.

(映画 *School of Rock*)

要するにだな，お前はもうロックスターになったんだよ。やるべきことはただ1つ。あの挑戦の舞台に立って，思いっきりロックの叫びを響かせることだ。

---

(28) ［状況説明］自分の夢を追いかけたいと言う娘に向かって父親が言う言葉です。

Okay, now, you go **out there** and you be the best darn high jumper you can be.[7] (*Full House*, Season 5, Episode 5)

よし，それじゃあ思い切って飛び込んでみろ。自分の走り高跳び能力の限界に挑戦してこい。

---

(29) ［状況説明］女性 IT 社長の Jules に仕えているインターンの Ben から，Jules の「ママ友」たちへの発話です。

Must make you guys proud, huh? One of your own **out there** every day, crashing the glass ceiling of the tech world. (映画 *The Intern*)

さぞ誇らしいことでしょう。自分たちの一員が毎日社会に出て戦って，IT 界の男女の壁をぶち壊しているなんて。

これらの例では，out there が「あのステージ」「走り高跳びの業界」「社会」という特定の領域を挑戦の場として描き出しています。さらに，すで

に見た (25) でも，テイラーが想定している「世の女性」は自分の能力を試し挑戦しているような女性として解釈することができます（後半で目標を成し遂げたときの話をしているので）。したがって，こうした用例は特定の領域や世の中を指すのと同時に挑戦の場を指してもいるわけで，こうした用例を接点として，out there の〈特定の領域〉用法・〈世の中〉用法と〈挑戦の場〉用法は滑らかにつながっているのだと考えられます。

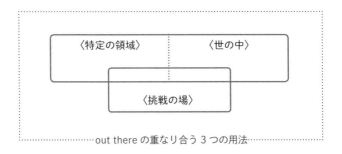

out there の重なり合う 3 つの用法

4.4. 熟語パターン 3「〈言葉・考え〉が表現されて」

out there の熟語的な用法として最後に紹介したいのは「〈言葉・考え〉が表現されて」で，{put / get} X out there「〈言葉・考え〉を口に出して言う，表に出す」という形で覚えておくとよいです（put が「表現する」の意味を表すパターンについてはコラム「未分類ファイルのすゝめ」(→ pp. 262–265) でも言及しています）。

(30)　[状況説明] Leonard が恋人の Penny に初めて I love you と言う場面です。

Leonard:　I love you, Penny.

Penny:　　Oh … Thank you.[8]

Leonard:　You're welcome. I just wanted to put that **out there**.　(*The Big Bang Theory*, Season 3, Episode 19)

> レナード：愛してるよ，ペニー。
> ペニー：　え…ありがとう。
> レナード：どういたしまして。いや，言っておきたいなと思った
> 　　　　　だけなんだけど。

(31)　[状況説明] 男性 Howard と知人女性 Priya のやりとりです。

Howard:　I have a girlfriend now.

Priya:　　Hey. Good for you.

Howard:　Yeah. I just want to put it **out there** in case I
　　　　　inadvertently squirt any pheromones in your
　　　　　direction.　(*The Big Bang Theory*, Season 4, Episode 6)

ハワード：俺，彼女できたんだ。

プリヤ：　あら，よかったじゃない。

ハワード：ああ。うっかり君の方にフェロモンを放出してしまうと
　　　　　いけないから，念のため言っておこうと思ってね。

(32)　[状況説明] 話し手は，照れながらも，聞き手が自分に恋愛感情を
　　　抱いているかどうかを確認しようとしています。

Look, I don't wanna talk about this, but after everything
that's happened today, we gotta. So let's get it all **out
there**.　(*The Good Place*, Season 2, Episode 7)
あのさ，こんな話したくないけどさ，今日色々あったことを考える
と，話をした方がいいよね。ってわけで，包み隠さず話そうよ。

この表現は，独り言でボソッと言うとか崖っぷちに立って海に向かって叫
ぶとかそういう場合には普通使わず，その言葉を評価することになる他者
がいる場合に使うものです。したがってここでの out there は単に「人間
の口から見て外の空間」を指すのではなく，「評価する者がいる場」を指

すことになります。そう考えると〈挑戦の場〉用法とも関連していることがわかります。〈挑戦の場〉用法の実例を見直してみてください。out there が指す挑戦の場には，能力を査定する人たちの姿が見え隠れしていますから。

　他にも「世慣れしている」とか「目立っている」とかいくつかの用法があるのですが，紙幅も限られていますしここで止めておきます。それでも，out there というフレーズ１つ取っても一筋縄ではいかない多様性があり，様々な用法を（関連付けつつ）覚える必要があるということは理解していただけたのではないかと思います。

5. まとめ

　位置の２段階指定は英語の体系に広く深く浸透した現象です。上で紹介したパターンの他に，第２章で見るように「hit him on the head 型の表現（部位構文）」も同じ枠組みで理解することができます。位置の２段階指定という抽象的なカテゴリーの中に，out in the ...や back in the {seventies, eighties, etc.} などよくある言い回しがたくさん含まれていて，それらを一つひとつ覚えることも抽象的な理解を得ることに劣らず重要です。また位置の２段階指定を下敷きにした熟語が英語にはたくさんあります。ここでは out there を取り上げましたが，他にも色々あります。たとえば，頭を指差しながら up here と言う場合があり，He's got nothing up here「あいつは頭の中が空っぽなのさ」のように，知識の量や頭の回転の良さ・悪さについて語るのに用いられます。be out on the street と言えば，純粋に空間的に「通りにいる」を表す[9]他に，「（失業したりして）路頭に迷っている」という熟語的

He's got nothing up here

41

な意味も持ちます[10]。皆さんもぜひこのような表現を自分で見つけてみてください。

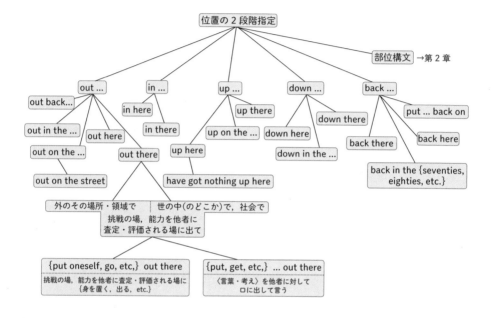

- 英語では，人や物などの位置を指すときに，まず out や up などで大雑把な方向だけ指定したあとに，in the garden や on the roof といったより具体的な情報を提示する，という 2 段構えの語り方をよくする。

- （現代の）日本語では「外に庭にいる」や「上に屋根裏部屋にある」といった言い方をしないので，日英差に注意する。

- out here や up there など，位置指定の 2 段階目が here / there になることも多い。

- 1 段階目または 2 段階目が back になると誤読が生じやすいので注意。

- out there は「外のその場所・領域で」という文字通りの意味に加えて，「世の中（のどこか）で，社会で」や「挑戦の場，能力を他者に査定・評価される場に出て」といった熟語的な意味も定着している。

●注

1 厳密に思考するのが好きな方は，out there や up here などの there や here が，out や up に比べて細かい具体的な情報を提示していると言えるのか気になるところかと思います。その疑問はもっともで，位置の2段階指定とは，より厳密には，「自分（話し手）がどこを指したいのかが聞き手に伝わっている」と信じることができる度合いが低いところから高いところへと移っていくような形で位置情報を提示することなのです（there や here は，out や up と違って，「どこのことを言っているのかわかるよね」という意味を含んでいます）。本編では，直感的なわかりやすさの方を優先して，情報の細かさや具体性といったものをキーワードにしていますが，正確にはこのようなことになるかと思います。

2 英語ではこのように half を使って数や量の多さを誇張することがよくあります。

3 ただし，日本語も平安時代まで遡ると，『伊勢物語』に「山崎のあなたに，<u>水無瀬といふ所に</u>宮ありけり」（八二段）というように位置の2段階指定の実例が見つかります。「あなたに」は「向こうに」の意味ですから，「山崎の向こうに」と大雑把に位置指定したあと，「水無瀬という所に」と具体化していると言えます。実はこれは私の授業の受講者が教えてくれたことです。英語の授業を聞きながら古典の授業を思い出して結びつけてみたとのことで，身近な異なる学問・言語を横断して考えることで一層学びが楽しくなる例として印象に残っています。ぜひ皆さんも英語を学びながら，同時に日本語や他の言語について考えていただきたいと思います。

なお，現代日本語でも，TV レポーターなどが時々用いる「<u>東京は</u> <u>吉祥寺にやってまいりました</u>」のような言い回しの「<u>東京は</u> <u>吉祥寺に</u>」の部分は，位置の2段階指定が起こっている例と言えるかもしれません。しかし，こうした言い方も，本章で扱っている英語のパターンに比べればはるかに低頻度であり，使用可能である場面・状況も限られていますから，日本語が英語に比べて位置の2段階指定を好まない傾向があるという主張は依然として成り立つでしょう。

4 1文目の文構造が把握できなかった人は，back in the late eighties を挿入句としてカッコでくくってみてください。続く how 節は remember の目的語です。この how 節は that 節とほぼ同じ意味です（ただし how の方が様子に着目している感じが強いですが）。なお，［remember ＋時間表現＋目的語節］という構文や，remember how ...という表現はよくある言い回しだと言えます。

5 この例の back there は第8章の(9)(→pp. 160–161)の back there とまったく同じ使われ方をしています。

6 ここでの along the way の用法について詳しく勉強したい方は平沢（2021）(→ p. 340④)をご参照ください。

7 you 付きの命令文2連発です。こうした命令文は，今回のように話し手と聞き手が親子である場合にもよく用いられますが，他の場合もあります。どういう時に使えてどういう時に使えないのかを詳

しく知りたい方は久野・高見 (2013: 13–27) (→ p. 342 ⑳) をご参照ください。

8 日本では「好きです，付き合ってください」など愛の告白をすることにより恋愛関係になる・か・な・ら・な・い・かがはっきり決まるのに対して，英語圏では食事などを重ねて徐々に仲良くなっていき，恋愛関係にあると言える度・合・い・が・増・し・て・い・く・のが普通です。この文化において I love you は愛の告白の言葉として機能するのではなく，（一生一緒にいるなど）ある種の「覚悟」が決まったことを伝える言葉となります。そのため，恋愛関係度合いが高まり始めて間もない頃に I love you を言うと相手は「え，もう？」と戸惑いますし，逆にいつまでも言わずにいると相手は「どうしてまだなの」と不安になります。恋愛における I love you はタイミングが難しい，重い言葉なのです。今回も，Leonard は覚悟を決めて I love you と言ったわけですから，Penny が I love you too と返さずに Thank you とだけ返したことは Leonard にとって大変ショックなことです。なお，説明は省きますが，恋愛関係にない相手に対して言う I love you はこれとは別の性質を持ちます。

9 この場合の on の働きについては第 13 章 7 節 (→ pp. 254–255) をご参照ください。

10 street という語を使ってこうした意味を表す他の表現については第 6 章 6 節 (16) (→ p. 131) をご参照ください。

第2章

hit him on the head 型の表現

1. 部位構文とは

本章では，以下の下線部にあるように，［動詞＋目的語 X ＋前置詞＋
{the, one's, etc.} ＋ X の部位 Y］で，X（たいてい人間）の部位 Y に何ら
かの働きかけをすることを表す構文について論じます。なお，{the, one's,
etc.} の部分については，the を用いるのが最も一般的ですが，所有格 one's
やその他のものもしばしば使われます（詳しくは 8 節参照）。

(1) I'm so pissed off, I could <u>punch her **in** the face</u>.

(Paul Auster, *The Book of Illusions*)

本当に腹が立つ。顔面に 1 発食らわせてやりたいくらよ。

(2) [...] with a fellow like young Bingo, if you knocked off
his allowance, you might just as well <u>hit him **on** the
head</u> with an axe and make a clean job of it.

(PG Wodehouse, "Comrade Bingo")

> [⋯] ビンゴのような若造にとって，小遣いがなしになるなど，頭に斧を振り下ろされて徹底的に始末されるも同然なのだ。

(3) "Come," he whispered as he <u>grabbed me **by** the arm</u> and led me to the very edge of the cave.

(Eric Walters, *The Bully Boys*)

「こっちだ」と彼は囁きながら私の腕を掴んだ。そして私は洞窟の端の端まで連れていかれた。

こうした hit him on the head 型の表現は言語学の用語では「身体部位所有者上昇構文」と呼ばれることがありますが，ここでは簡略化して「部位構文」と呼びます。本章では部位構文を英語母語話者と同じように使えるようになるためにはどのような知識を持っている必要があるのかを論じていきます。

2. 書き換えはいつでも可能か？　失われる意味はないか？

　読者の中にはおそらく「hit Bill on the head と hit Bill's head はほぼ同じ意味だ」「catch Mary by the arm を catch Mary's arm と書き換えてもほとんど意味は変わらない」という風に思っている方もいらっしゃるのではないかと思います。確かに，意味というものを大雑把に捉える（いわゆるニュアンスのようなものを無視する）ならば，この発想が成り立つケースもあります。

　しかし，意味というものをどんなに大雑把に捉えたとしてもこの発想ではうまくいかないケースがたくさんあります。たとえば以下の実例 (4) を見てください。

(4)　When he was finally ready to see me, he <u>led me **by** the elbow</u> into his office, sat me down in his chair [...] .

〔Paul Auster, *In the Country of Last Things*〕

やがて彼が私と会う気になってくれると，私は肘を掴まれオフィスに連れていかれ，椅子に座らされ［…］。

この例で書き換えをやってみると，he led me by the elbow into his office → he led my elbow into his office となりますが，これは「彼は私の肘を引っ張っていき，その結果として私の肘はオフィスに入った」の意味ですから，まるで肘だけオフィスに入室したような描写になってしまいます。さすがにこれは意味が大きく変わってしまっていると言わざるを得ないでしょう。また，9節でも触れますが，部位構文には under が使われることもあって，たとえば hit Michael under his right eye と言えば「マイケルの右目の下を殴る」の意味になります。これを「書き換え」ると hit Michael's right eye「マイケルの右目を殴る」となり，またしても意味が大きく変わってしまうことになります。

　さらに，書き換えが成り立つと大雑把に言える場合であっても，細かく考えると意味が同じとは言い難いという側面があります。たとえば，3節で見るようなカメラワークは書き換えによって失われるので，もし「意味」の中にカメラワークまで含めるのならば，書き換えによって意味が変わっているということになります。また，6節で見るように hit X in the Y と言うか hit X on the Y と言うかによって，「どのような方向から hit しているように感じられるか」の傾向が変わるのですが，in でも on でも書き換えると hit X's Y になってしまうので，書き換えによって「働きかけの方向」という意味要素は消えてしまいます。

　となると，書き換えというのは部位構文に慣れるはじめの取っ掛かりぐらいのものとしては良いかもしれませんが，部位構文全体を適切に理解し

ようと思った場合には，足かせになりえます。ここで役に立つのが第 1
章 (pp. 26-44) で紹介した「位置の 2 段階指定」という発想です。

3. 位置の 2 段階指定の一種としての部位構文

　部位構文は第 1 章で見た位置の 2 段階指定の一種として捉えることが
できます（この捉え方は國廣 (1978)(→ p. 342 ⑲) がすでに指摘しているも
のです）。John's out in the garden を例に取って簡単に復習すると，John's
out の段階で「ああ，外にいるんだな」とわかり，in the garden まで来る
と「外は外でも庭なんだな」とわかるのでした。大写しにしたあとクロー
ズアップする，ある種のカメラワークです。以下で詳しく見ていく in 型，
on 型，by 型，その他すべての部位構文の用例に関して，これと同じカメ
ラワークが働いていると捉えることが可能です。(1)-(3) に関して，第 1
章での表記法に沿って，第 1 ステップに下線を，第 2 ステップに二重下
線を施すと以下のようになります。

(5)　I could punch her in the face　　　　　　　　(Cf. (1))

(6)　you might just as well hit him on the head with an axe

　　　　　　　　　　　　　　　　　　　　　　　　(Cf. (2))

(7)　he grabbed me by the arm　　　　　　(Cf. (3))

(5) であれば，パンチする対象に関する情報がまず漠然と her と提示され
て，その次に her は her でも her のどこなのかをより細かく指定する情報
として the face が現れます。punch her in the face は「her を punch」→
「her のどこを？」→「the face」と読むことになり，grab me by the arm は
「me を grab」→「me のどこを？」→「the arm」と読むことになります。
このような情報の流れ，カメラワークは本章で見ることになるすべての例
に共通して存在しています。2 節で問題になった (4) も，位置の 2 段階指

定を踏まえて読めば，led me の段階で「ああ，me という人間全体を連行
したんだな」とわかりますから，肘だけがオフィスに入ったような解釈は
出てこずに済むわけです。

　二重下線部が位置を指定する役目を担っていることの証拠に，二重下線
部を疑問詞 where で尋ねることができます。

(8)　　[状況説明] D.J. は自宅で親友 Kimmy と電話中。2 人は「Tommy
　　　　Fox がある女の子にキスをした」という話で大盛り上がりしていま
　　　　す。D.J. は自宅の電話を使いたい妹 Staphanie を待たせています。

　　D.J.:　　　　Kimmy, no way. With Tommy Fox? On the
　　　　　　　　cheek or on the lips? On the lips? No way.
　　　　　　　　No way.

　　Stephanie:　A person is waiting for the phone.

　　D.J.:　　　　Tell me again. <u>Where</u> did he kiss her?

　　Stephanie:　On the lips. Don't you listen?

　　　　　　　　　　　　　　　　　(*Full House*, Season 3, Episode 14)

　　D.J.：　　　キミー，嘘でしょ。あの子がトミー・フォックス
　　　　　　　　と？　ほっぺ？　それとも唇？　唇なの？　嘘で
　　　　　　　　しょ。嘘でしょ。

　　ステファニー：電話を待ってる人がいるんですよ〜。

　　D.J.：　　　もう一度言って。トミーがあの子のどこにキスし
　　　　　　　　たって？

　　ステファニー：唇だってば。人の話はちゃんと聞いてくんない？

Where did he kiss her? は，文脈によってはもちろん「どこでキスをしたの
か」の意味にもなりえるわけですが，このように「どこにキスをしたの
か」の意味にもなりえるのですね。

　さて，ここまでは，部位構文は（in 型や on 型，by 型，その他色々なパターンを含めて）位置の2段階指定という英語に幅広く見られる現象の中に位置付けることができるのであって，特殊な「離れ小島」的な構文ではないのだということを確認してきました。しかし，部位構文を英語母語話者と同じように使えるようになるためには，このような大雑把な理解だけではダメで，もっと細やかな知識を持つ必要があります。以下，前置詞ごとに見ていきます。

4. {in / on / by} のうち in のみが OK になる部位構文

　部位構文の前置詞部分に現れるものとしてよく知られているのが {in / on / by} です。まずは {in / on / by} のうち in のみが OK になる部位構文から見ていきましょう。大きく分けて，物理的貫通・めり込みタイプと視線タイプがあります。

4.1. 物理的貫通・めり込みタイプ
　物理的貫通・めり込みタイプは以下のようなものです。

---

(9)　Looking back on it now, I suppose it's lucky he didn't take the knife and <u>stab her **in** the chest</u>.

(Paul Auster, *Oracle Night*)

いまから思うと，ナイフで彼女の胸を刺さなかっただけ幸運だったと思うね

(柴田元幸（訳）『オラクル・ナイト』)

---

(10)　Then he pulled out his pistol, rammed it into Rabozzo's ear, and <u>shot him **in** the head</u>.

(Mitch Albom, *The Five People You Meet in Heaven*)

> すると彼はピストルを取り出し，ラボッツォの耳にねじ込んで，頭
> を撃ち抜いた。

in 型部位構文の性質上，残酷な内容の例になってしまいがちです。貫通
したりめり込んだりしない例がどうしても欲しいと言われたら，次のよう
にペイントボールを使ったサバイバルゲームの例をあげることもできるの
ですが，結局のところ本物の戦争だったら貫通することもわかっていて
shoot me in the back と言っているのでしょうから，やはり (9) や (10) のよ
うな例から目を背けるわけにはいきません。

(11) Leonard Hofstadter:　Sheldon, let it go.

　　　Sheldon Cooper:　　No, I want to talk about the fact
　　　　　　　　　　　　that Wolowitz shot me **in** the
　　　　　　　　　　　　back.

　　　Howard Wolowitz:　I shot you for good reason, you
　　　　　　　　　　　　were leading us into disaster.

　　　　　　　　　　　　(*The Big Bang Theory*, Season 1, Episode 6)

　　　レナード・ホフスタッター：許してやれよ，シェルドン。

　　　シェルドン・クーパー：　いいや，ウォロウィッツが僕の背中
　　　　　　　　　　　　　　　を撃った件については話をしないと
　　　　　　　　　　　　　　　気が済まない。

　　　ハワード・ウォロウィッツ：お前を撃ったのにはちゃんとしたわ
　　　　　　　　　　　　　　　けがあるんだよ。お前のせいでみん
　　　　　　　　　　　　　　　なして破滅の道を行きそうになって
　　　　　　　　　　　　　　　たんだぞ。

こうした物理的貫通・めり込みタイプでは前置詞に in が要求され，on や
by を使うことはできません。一般に in は「中」を表すということを考え

ればそう不思議なことでもないでしょう。

4.2. 視線タイプ

次は視線タイプです。以下の実例をご覧ください。

---

(12) He was trying to <u>look me **in** the eye</u>, but I wouldn't
look at him.　　　　　　　　　　　　(R. J. Palacio, *Wonder*)

お父さんは僕の目を見ようとした。でも僕は断固としてお父さんの
方を見なかった。

---

(13) In an attempt to ferret out the truth,[1] I <u>looked Phoebe
straight **in** the eye</u> and asked in a volume way louder
than necessary [...]　　　　　　(Emily Giffin, *Something Blue*)

真実を暴き出してやろうと，私はフィービーの目をまっすぐに見つ
め，こんな大声を出す必要がどこにあるのかというくらいの大声で
尋ねた［…］

このタイプは主に {look / stare} X in the {eye / face} という形を取り，相
手の目や顔を正面からしっかり見ることを表します。X に真剣に思いを伝
えたかったり，深刻な話をしたかったりする場合によく用いられます。
「正面からしっかり見る」ということを強調するのに right や square(ly),
straight といった副詞が挿入されることもよくあるので，{look / stare} X
(right / square / squarely / straight) in the {eye / face} という形で覚えておく
とよいと思います。このパターンでは，前置詞が in になることが（少な
くとも物理的貫通・めり込みタイプに比べて）予測困難ですし，何より，
通常は {look / stare} at ... というように自動詞で使うはずの {look / stare}
を他動詞のように用いるところが非常に特殊ですので，丸ごと覚えること

が特に求められます。

なお，(14) の通り look <u>at</u> ... in the eye のように at を入れることもなくはないのですが，頻度としてははるかに低いです。

> (14) He <u>looked **at** me **in** the eye</u>. He said, "Son, I'm gonna buy you a car. But I want you to bring me \$2,000 and three As." *(映画 Transformers)*
> 親父は俺の目を見て言ったんです。「おい，車買ってやる。ただし交換条件。2,000 ドル用意しろ。あと優3つ付いた通知表も」って。

5. {in / on / by} のうち on のみが OK になる部位構文

次に，{in / on / by} のうち on のみが OK になる部位構文を見てみましょう。ここには，「キスをする」「触る」「手のひらでポンと叩く」など，貫通やめり込みを伴わない表面的接触のパターンが含まれます。

> (15) Filled with a sudden, heavy gratefulness, I leaned across the couch and <u>kissed her **on** the cheek</u>.
>
> *(Gillian Flynn, Gone Girl)*
> 急に深い感謝の気持ちが沸いてきて，ソファーで隣に座っているマーゴの頬にキスをした。

> (16) [状況説明] 語り手（オランウータン）は Goujon（人間）の家に窓から侵入して，寝ている Goujon を起こします。
> I <u>touched him</u> [= Goujon] **on** the arm. He woke with a jerk and sat up. He was afraid.
>
> *(Robert Lopresti, "Street of the Dead House")*

> グージョンの腕を触った。彼はビクッと目を覚まして身を起こした。怯えているようだった。

> (17) I patted her [= my mother] **on** the back ... when had she become so small?　　　　　　　　　　(Eric Walters, *The Bully Boys*)
> 私は母の背中をポンと叩いた…母はいつからこんなに小さくなったのだろう。

こうしたケースで前置詞として on が要求され in に置き換えられないのは，英語には表面的接触を表すプロのような存在である on がある（e.g., *There was a red notebook on the desk*）のにそれを差し置いて in を用いる理由がないと考えれば，ある程度納得がいくでしょう。

6. {in / on / by} のうち in も on も OK になる部位構文

ここまでは，{in / on / by} のうち in または on の片方のみが要求されるパターンを見てきました。しかし，in と on の両方が可能である場合も非常に多く見られます。たとえば，とある英語母語話者によると，bite「噛む」の場合には，bite X <u>on</u> the Y と言うと表面的に軽く噛む程度であるのに対して，bite X <u>in</u> the Y と言うとめり込むほど強く噛んでいる感じになるとのことでした。これは on と in の意味を考えればある程度予測できる使い分けです。

ところが言語の現実とはそんなに甘いものではありません。打撃動詞の王様である hit を考えてみましょう。部位構文で hit が用いられる場合には，hit X <u>in</u> the Y も hit X <u>on</u> the Y も両方よく用いられるのですが，その使い分けはめり込みの有無という発想では説明ができないものなのです。

hit X <u>in</u> the Y と hit X <u>on</u> the Y の使い分けなんて，いかにも基本的な事

柄のように思われるかもしれませんが，私の知る限り，ちゃんとした研究論文として提出されたのは野中（2019）(→ p. 341 ⑩) が初めてだと思います。この研究は実例の観察と，実験による検証の2本の柱からなります。

　実例（British National Corpus）の観察から明らかになったのは，hit X <u>in</u> the Y と hit X <u>on</u> the Y では，前置詞の目的語 Y として出てきやすい名詞に違いがあるということです。具体的には，in の場合には頻度順に {face, chest, stomach, back, head, etc.} がよく用いられるのに対して，on の場合には head がダントツで高頻度の言い回しなのです（ちなみに2位は shoulder で，頻度は大きく劣るそうです）。

　この観察事実から野中（2019）が立てた仮説は，hit X <u>in</u> the Y は水平方向に当たることを表すのに用いられやすく，hit X <u>on</u> the Y は垂直方向（上から下）に当たることを表すのに用いられやすいのではないか，というものです。確かに，人間に打撃を加えるときには（自分も相手も起立状態であるということを前提にするならば）face, chest, stomach, back は水平に打撃を受けることになる部位です。逆に，上から下への垂直方向に誰かを打撃しようと思ったら，確かに当たるのは頭か肩になりそうです。しかも肩に打撃を加えることは一般的な行為ではないので，頻度として head の方が shoulder よりもはるかに高いのも納得がいきます。

　ただし，ここで慎重にならなければならないのは hit X {in / on} the <u>head</u> についての考え方です。頭は水平方向にも垂直方向にも殴ったりものを当てたりしやすい部位であるため，hit X {in / on} the head という表現だけを見ていても，どういう方向で働きかけているのかはわからないのです。「観察しているのが実例ならば文脈情報があるではないか」と思われるかもしれませんが，小説で hit X {in / on} the head が出てきても，働きかけの方向までは描写されておらずわからないことが多いです。逆に映画や TV ドラマの暴行シーンでは打撃の方向性は明白ですが，I'm hitting you in the head! などと言いながら殴ることも She's hitting him on the head right now などとナレーションが入ることもほとんどないので，当該の暴

行を描写したら表現として hit X {in / on} the head のどちらになるのか不明です。

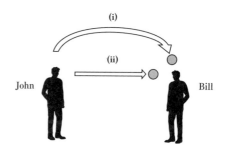

野中（2019）の実験で用いられた図

そこで野中（2019）は実験を行いました。右の図のように John が Bill にボールを投げて頭部に打撃を加える場合に，ボールが (**i**) の軌道を描いたときと (**ii**) の軌道を描いたときとで，John threw a ball. It hit Bill {in / on} the head のどちらが適切になるかを英語母語話者に選んでもらうという実験です。

この実験の結果，ボールの軌道が (**i**) の場合には on が，(**ii**) の場合には in が好まれるということがわかりました。これにより，hit X {in / on} the head の in と on は当たる方向が水平か垂直かによって使い分けられている，少なくともその傾向はある，と言えるわけです（ここで (2) を再度ご覧ください）[2]。

このこと（つまり hit X in the Y は水平方向という意味要素と結びついており，hit X on the Y は上から下へという意味要素と結びついているということ）は，in が「中」を表しやすいことや on が表面的接触を表しやすいことから予測できることではありません。hit X in the Y と hit X on the Y を熟語性の高いよくある言い回しとして覚える必要があるということです。さらには，hit X in the Y の中では特に hit X in the {face, chest, etc.} が，hit X on the Y の中では特に hit X on the head がよく用いられるということもまた英語に習熟している人なら知っていることです。こうした実態を無視して無理矢理「中」だの「表面的接触」だのに結びつけようとするのは明らかに不健全です。

in と on の両方が認められる場合については他にも未解決の問題が色々残っています。どんな言語表現でもそうですが，打撃関連の部位構文も一

言で片付けられるものではないということをわかっていただければと思います。

7. {in / on / by} のうち by のみが OK になる部位構文

ここで，{in / on / by} のうち by のみが OK になる部位構文を見てみましょう。こちらは私自身の専門領域なので平沢（2019a）（→ p. 340 ②）に基づいて話を進めることにします。

7.1. 「掴む」系動詞タイプ

従来，by のみが OK になる部位構文では，動詞が「掴む」ことを表す {catch, grab, etc.} や「引く，引っ張る」ことを表す {pull, drag, etc.} に限定されると考えられてきました。何かを引っ張るときにはそれを掴むことになりますから，結局 by の使用には「掴む」系動詞が必要なのだという考え方です。確かに，(3) に加えて以下の例にあるように，by 型の部位構文は典型的には「掴む」系動詞を含みます。

> (18) [...] several people come up and draw me **by** my naked arm and tell me first how moved they were by the presentation.　　　(Rebecca Brown, *The Joy of Marriage*)
> […] 何人かこちらにやってくる。そして，ノースリーブの私の腕を引っ張り，まずは「プレゼンテーションに感動した」という話をし始める。

> (19) 'You've sure got a handsome wardrobe,' he said as he walked into Nashe's room, holding up the jeans **by** the waist. "What are you, the Boston cowboy or something?"
> 　　　(Paul Auster, *The Music of Chance*)

第 2 章　hit him on the head 型の表現

「あんた，まったく大した衣裳持ちだな」とポッツィは，ジーンズ
が落ちぬよう腰のところをつまみながらナッシュの部屋に入ってき
て言った。「何者だいあんた，ボストン・カウボーイか？」

（柴田元幸（訳）『偶然の音楽』）

(20) He didn't stop saying my name in his adorable English
accent, <u>leading me around **by** the hand</u>, showing me his
toys, even insisting that I take a tour of his bedroom.

（Emily Giffin, *Something Blue*）

彼はひっきりなしに私の名前を素敵なイングランド訛りで言い，手
を掴んで引っ張りまわし，遊び道具をあれこれ紹介してきた。挙句
の果てに「寝室も見ていってよ」としつこく言ってきた。

(21) Well, it's like the victim was being dragged through the
dirt on his back. Like somebody was <u>dragging Mr.
Keegan **by** his arms</u>, and his collar was scooping up all
the dirt.　　　　　　　　　　（*Columbo*, Episode 49）

たぶん，キーガンさんは泥の中を仰向けで引きずられていたんです
よ。何者かが両腕を掴んで引きずっていた。それで襟が泥をすくっ
てしまったのでしょう。

7.2. 非「掴む」系動詞タイプ

しかし，by 型の部位構文の動詞部分が「掴む」系動詞でない場合も（低
頻度ながら）実はあります。次のイラストも参考にしつつ実例を見てくだ
さい。

(22) His hand slipped inside his shirt and came out with a long thin knife. He <u>balanced it **by** the point</u> on the heel of his hand, hardly even glancing at it.

(Raymond Chandler, The Long Goodbye)

彼はシャツの内側に手を滑り込ませ，長く薄いナイフを取り出した。すると先を下にして手の付け根に乗せ，ちらりと見ることすらせずに，バランスを取った。

この男性はナイフを掴んでいるわけではありません。また次の実例も backside（お尻）を掴んでいることを含意するものではありません。

(23) And he'd led her —— or rather <u>steered her **by** her backside</u> —— up the stairs. (Graham Swift, <i>Mothering Sunday</i>)

と言う彼に導かれて —— 正確には尻に手を当てられて —— 彼女は階段をのぼった。

(真野泰（訳）『マザリング・サンデー』)

さらに「掴む」系動詞でない動詞として push も興味深い事実を提供してくれます。英語母語話者の中には，push him by the shoulder「彼の肩をドンと押す」は不自然だけれども push him <u>along</u> by the shoulder「彼の肩をドンドン押して連行する」なら自然になると感じる人がいるのです。さらに興味深いことに，along なしの push でも，ある種の条件が整うと自然になります。ウェブ上には以下のような実例があります。

(24) When I'm at the store with my 22-month-old son, he almost always has a fit while sitting in the shopping

cart. He starts kicking, screaming and crying to get out. So, instead of <u>pushing the shopping cart **by** the handle</u>, where I am face to face with him, I pull the cart from the other end. This way, I'm out of his sight and he has lost his "audience" (me).

（https://www.mercurynews.com/2010/11/05/kid-tips-help-teens-turn-passion-into-a-vocation/）

1 歳 10 ヶ月の息子と買い物に行くと，ほぼ必ず，ショッピングカートに座ったまま大騒ぎし始めます。足をバタバタさせて，大声を出して，降ろして降ろしてと泣きわめきます。だから，息子と顔を合わせてハンドル部分を押すのではなく，カートを反対側から引っ張るようにしています。そうすれば，息子からすると私が視界から消えて「聞いてくれる客」（私）がいなくなった感じになるんです。

　(22) や (23)，push him along by the shoulder，(24) の push the shopping cart by the handle で by 型の部位構文を使うことができるのは一体どうしてなのでしょうか。

7.3. 位置コントロール

　実は by 型の部位構文の真のポイントは「掴む」系動詞が用いられることではなく，「相手の位置をコントロールする」という意味が表されることなのです。ここで言う「相手の位置をコントロールする」とは，相手をとどまらせようとする，または，自分が移動する方向に相手も移動させようとするということです。(22) の男性はナイフが倒れたり落っこちたりしないようにしていますし，(23) の男性は相手の女性を自分の行く方向に一緒に向かわせる（エスコートする）という形で位置のコントロールを行っています。push him along は（push him と違って）him をある方向に連れていくということを含意しますから，やはり位置コントロールが関

わっています。push the shopping cart by the handle が along なしで用いられていた (24) に関しては，「ショッピングカートを push するとき，人は普通，ドンと一押しするのではなく長い時間押してカートを移動させるものだ」という常識が働き，自然と位置コントロール解釈がなされて，by 型の部位構文の使用が可能になるのだ，という風に説明できます。

　さらに，たとえ by 型の部位構文の動詞部分が「掴む」系動詞であった場合でも，そこで表される意味は，単に掴むということではなく，相手の位置をコントロールするために掴むということです。もしも相手を掴んでいても，相手の位置をコントロールすることが目的でない場合には，by 型部位構文よりも grab one's arm などの表現の方がずっと高頻度です。たとえば次の例を見てください（第 4 章 (21)（→p. 94）も参照）。

> (25) "Oops," she says as she steps off the curb, tries to step off the curb, and grabs his arm for support. "Wee bit much to drink in there," she says [...].
>
> (Ed McBain, "Where or When")
> 「おっと」っとスージーは言い，縁石から降りる —— いや，降りようとする。そして転ばないようにフレッドの腕を掴む。「ちょびっとばっかし飲みすぎちゃったんだよね，あそこの店で」と言う […]。

ここで女性が男性の腕を掴んでいるのは自分が倒れないようにするためであって，相手の男性をとどまらせたり移動させたりしたいからではありません。このような状況では grab one's arm の方が普通なのです。

　これで位置コントロールの重要性がわかっていただけたら，翻って，どうして by 型部位構文では「掴む」系動詞が使われることが典型的なのかを推測することができます。おそらく人間にとって一番楽で普通な位置コントロールの方法が相手を掴むことだからでしょう。

　6 節で，hit X {in / on} the Y の in や on を，「中」や「表面的接触」と

いった空間用法に無理矢理結びつけようとしても有意義でないということ
を指摘しましたが，同じことが by 型の部位構文についても言えます。by
の空間義である「そばに，傍らに」の一種だと考えたら大変なことになっ
てしまいます（たとえば sit by the fire と言えば「火のそばに座る」です
が，catch him by the hand は「手を掴む」であって「手のそばを掴む」で
はありません）。by 型の部位構文についての事実はあくまで by 型の部位
構文についての事実として覚える必要があります[3]。

8. 定冠詞 the の謎を解く

　ここで部位構文の {the, one's, etc.} 部分について補足します。まず，in
型であれ on 型であれ by 型であれ，定冠詞 the が最も一般的です[4]。ここ
では定冠詞 the がどのような意味を担っているのかについてのみ詳しくお
話します。

　部位構文で定冠詞 the がよく用いられるのはひょっとすると不思議に思
われるかもしれませんが，実はここで the が担っている意味は the の他の
用法にも共通して見られるものです。その意味とは「全体をあなたの知っ
ている区切り方でいくつかの部分に区
切ったうちの◯◯の部分ですよ」とい
う意味です。たとえば hit him in the
face であれば，人間の身体を face や
neck，arm などと区切るのは自明のこ
ととして——そんなことを意識的に考
えているわけではありませんが——，
この共有された区切り方で区切られた
face 部分のことを the face と言ってい
るわけです。grab her by the arm であ
れば arm 部分のことが the arm で指さ

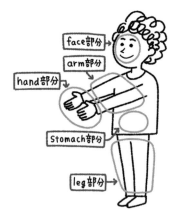

みんなが知っている身体の区切り方

れています。ここで注意しなければいけないのは，右の arm と左の arm のどちらが掴まれたのかを知らなくても grab her by the arm になるということです。これは人体を face 部分，neck 部分，arm 部分といったように分割して考えるときに，右の arm も左の arm もひっくるめて漠然と arm 部分だと認識することが多いということの現れだと見るとよいと思います。「ラベル」と考えてもよいですね。「face ラベル」「arm ラベル」…といったものが the でマークされていると考えるわけです。

ただし，「arm」ラベルのもとに 2 本の arm が存在していることもまた人間は普通知っていますから，ラベル的な見方をやめて 1 本ずつの arm に注目して表現することもまた可能です。その場合には，ラベル的な見方をやめるのと連動して定冠詞 the の使用もやめて，所有格を使ってたとえば先ほど見た (21) のような表現をすることになるわけです。(23) も同様です。

この「全体をあなたの知っている区切り方でいくつかの部分に区切ったうちの○○の部分ですよ」の意味を表す the は，以下のような例でも使われています。

(26) I've heard you were in some trouble in **the** past. Spent time in prison. (*Star Trek: Voyager*, Season 3, Episode 13)
お前さんが昔なんかでトラブったって聞いたよ。しばらく刑務所に入ってたんだって？

(27) [...] calculated how much she earned by **the** hour [...]
(Paul Auster, *Sunset Park*)
[…] 彼女が 1 時間あたりいくら稼いでいるのかを計算した [...]

(26) の the past は，時間という壮大なものをみんなが知っている分割の仕

方で past と present と future という 3 つに分割して，そのうちの past 部分を指しています。(27) の the hour は時間単位という概念を話し手も聞き手も知っている分割の仕方（= year / month / week / day / hour / minute / second）で分割し，そのうちの hour 部分を指していると考えられます。

　実はいわゆる「総称の the」というものもこの手の the の現れ方の一種として捉えることが可能です。たとえば The dog is a friendly mammal「イヌは人懐っこい哺乳動物だ」であれば，哺乳動物という全体を dog や cat，okapi などに分割したうちの dog 部分のことを指していると考えられます。次の実例では，子ども用のおもちゃに全体から部分への分割が図として描かれているので，とてもわかりやすいですね。

(28)　［状況説明］Stewie が，See'N Say（子ども用のおもちゃで，色々な動物のイラストが並んでおり矢印を合わせるとその動物の鳴き声を聞くことができる）で遊んでいます。

Toy:　　**The** pig goes WAGG. **The** cow goes SHAZOO.
Stewie:　It most certainly does not!

(*Family Guy*, Season 7, Episode 3)

おもちゃ：　　　ブタはワーッグと鳴きます。ウシはシャズーと鳴きます。
ステューウィー：鳴かねえだろ！

なお，こうした定冠詞観は織田（2002）(→ p. 343 ㉕) などから学んだものであり，本書オリジナルのものではありません。

9. {in / on / by} 以外の前置詞と部位構文

　ひょっとすると部位構文には in 型と on 型と by 型しかないと思ってい

らっしゃる方がいるかもしれません。確かに頻度としてはこの3種が多いのですが，他にも across や over，under なども用いられます。これらの場合には，「…を横切るようにして」「…の上に円弧を描くようにして」「…の下」という基本的な空間義がしっかり生きていると言えるでしょう。

(29) [...] Lillian rushed over to where Maria was standing and slapped her **across** the face. (Paul Auster, *Leviathan*)
[…] リリアンはマリアが立っているところに駆けていき，顔に平手打ちを食らわせた。

(30) You can hit my father **over** the head with a chair and he won't wake up [...] (J.D. Salinger, *The Catcher in the Rye*)
うちの親父ときたら，頭に椅子を振り下ろしても起きないことだってありえるんじゃないか […]

(31) And she herself had dragged him up the steps, holding him **under** his arms. (Tom Franklin, "Christians")
息子の遺体は母親が自分で，脇の下を抱えるようにして，引きずって階段の上に運んだのだった。

10. まとめ

　本章では，部位構文は位置の2段階指定の一種と見なせることを確認したうえで，{in / on / by} の使い分けを見てきました。ポイントは「中」「接触」「そば」という各前置詞の空間義をおさえても，部位構文を適切に使えるようにはならないということです。たとえば，hit X in the Y と hit X on the Y の使い分けは，in と on の空間義から予測できないものです。

また，by 型の部位構文は（「掴む」系動詞の使用を典型パターンとしつつ
も）本質は位置コントロールという概念にあり，この概念は by の空間義
「そばに」からは予測できないものであることを見ました。結局のところ，
hit X in the Y，hit X on the Y，それ以外の in 型の部位構文，それ以外の
on 型の部位構文，そして by 型の部位構文といった具体的な構文それぞれ
についての知識を覚えることが必要なのです。

　本章の内容を図にまとめると以下のようになります（紙面の関係で {the,
one's, etc.} の部分は the に限定して表記しています）。自分で英語を使う
ときには，可能な限り，図の枝分かれした先の方にある具体的な知識を利
用するようにしましょう。

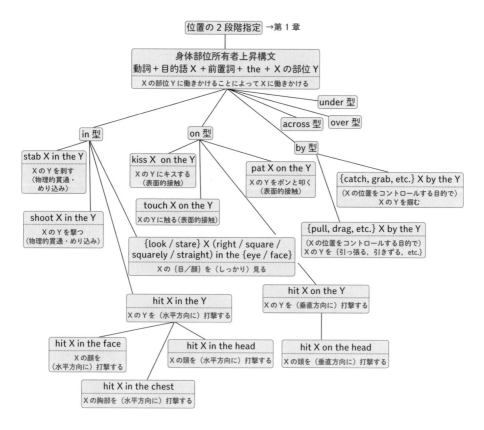

REVIEW

● 部位構文は位置の 2 段階指定の一種である。

● {stab, shoot, etc.} X in the Y は物理的貫通・めり込みを含意する。{look / stare} X（right / square / squarely / straight）in the {eye / face} は相手の目をしっかり見ることを意味する。これらの in を on または by に書き換えることはできない。

● {kiss, touch, pat, etc.} X on the Y は表面接触を含意する。この on を in または by に書き換えることはできない。

● 打撃動詞は in も on も OK になる場合が多くある。

● hit X in the {face, chest, head, etc.} は水平方向に当たることを表し，hit X on the head は垂直方向（上から下）に当たることを表す傾向がある。

● by 型の部位構文は {catch, grab, etc. | pull, drag, etc.} X by the Y というように「掴む」ことを含意する動詞が用いられやすいが，本質は X の位置をコントロールすることにある。

●注

1 In an attempt to do ...については第 11 章をご参照ください（今回の例文は第 11 章の (3)（→ p. 211) と同じです）。

2 ただし野中（2019）（→ p. 341 ⑩）は hit X {in / on} the Y のすべての場合において，必ずしもぶつかる方向が使い分けの基準になっていると主張するものではありません。たとえば，対象が頭部であっても「側頭部を殴る」の意味を表す場合には on the side of ...というよくある言い回しをつい使いたくなり，hit X **on the** side of the head という言い方がなされることが論文中で指摘されています。水平方向の打撃であっても「on the side of と言いたい！ だってよく言うもん」という気持ちが勝つ場合があるわけです

ね。また，銃弾が主語の場合に hit X in the Y の方が好まれるという事実（e.g., *The bullet hit him in the head*）があるのですが，これについてはめり込み基準の方が強く働いている可能性があるということも指摘されています。

3 なお，無理矢理なこじつけをせずに他の by の用法との関連を考えたいという方は，平沢（2019a）（→ p. 340 ②）の第 4 章をご覧いただければと思います。以下のような用法を接点としつつ経路用法や乗り物用法などとの関係を論じています。

(i) They fastened the birds to it **by** their bright blue feet [⋯]

(Davies (2008-))

彼らは鳥たちの鮮やかな青い足をそ

れ（＝その長く伸びた枝）にくくり
つけて［…］

(ii) Pennethorne incorporated this building, which had only been completed in 1832, into his scheme by adding another storey and possibly linking it **by** an arch to the Foreign Office.　　　　(Davies (2004))

ペネソーンは 1832 年に完成したばかりのこの建物も計画の中に組み込もう ── 階を1つ増やして，それをなんとかアーチで外務省につなげれば良いのではないか ── と考えた。

4 by 型は in 型と on 型に比べて the 以外のバリエーションがやや豊かであるように感じられます。

第3章

「たら」「とき」「あいだ」が潜む前置詞

1. 「たら」「とき」「あいだ」が潜む副詞要素

　英語の副詞要素を日本語に訳そうとしたときに，when 節や if 節など節の形を取ったものを訳しているわけでもないのに，自然な完成版の訳またはその一歩か二歩手前の下書き的な訳[1]として，「…したら」「…しているとき」「…しているあいだ」などといった言葉が出てくることがあります。たとえば together という副詞を例に取ってみましょう。

> (1)　They look great **together**.　　（Emily Giffin, *Something Borrowed*）
> （2人は一緒にいるととっても素敵に見える）
> 2人はお似合いだ。

> (2)　Then I hauled the two suitcases slowly down the stairs and onto the street. **Together**, they were as heavy as a man.　　（Paul Auster, *The Locked Room*）

次に私はその 2 つのスーツケースをゆっくりと階段から引きずりお
ろし，通りに出した。2 つ合わせると，男 1 人分くらいに重かった。

(3)　I'll be in your corner. **Together** we'll be unbeatable.

(*Bewitched*, Season 2, Episode 21)

私もあなた側につくわ。2 人なら負け知らずよ。

このように together を訳すとまるで if 節か when 節を訳したかのようにな
ることが多いです。逆に言うと「たら」系統の日本語を英語に訳そうとし
たときに，when they are together と長く言わずに together だけで済ませる
こともできるということですね。このような発想を持っていると，よりコ
ンパクトな英語をアウトプットすることができるようになります。本章で
は，このような現象が頻繁に起こる前置詞句をいくつか選んで紹介したい
と思います。

2. with

　with ...にはたくさんの意味がありますが，おそらく一番基本的な意味
として習っているのは「…と一緒に」という意味でしょう。私もそれでい
いと思います。しかし，以下の例では with 句を「…と一緒に」と訳すだ
けでは，文意が変わってしまいます。比較のために，間違っている訳（×）
と，正しい下書き的な訳（○），自然な訳（◎）の完成版を提示します。

(4)　The men no longer know how to act **with** their wives
　　 and girlfriends.　　　　　　　　　(Paul Auster, *Sunset Park*)

その男たちは，

　　× 妻や恋人と一緒にどう振る舞ったらいいのか

　　○ 妻や恋人と一緒にいるときにどう振る舞ったらいいのか

◎ 妻や恋人に対してどう振る舞ったらいいのか
わからなくなっている。

(5)　Sophie acts that way **with** everyone.

(Paul Auster, The Locked Room)

ソフィーは
　　× 誰とでも一緒に
　　○ 誰と一緒にいるときでも
　　◎ 誰に対しても
そういう振る舞いをする。

(6)　Oh, come on, Milo. Cut it out. Don't pretend **with** me. I
　　know what you're doing.　　(*Columbo*, Episode 26)

まったく，マイロ。いい加減にして。
　　× 私と一緒にふりをするのはやめて。
　　○ 私と一緒にいるときにふりをするのはやめて。
　　◎ 私相手にふりをするのはやめて。
あなたが何をしているかわかってるんだから。

ここで見ている実例は［振る舞う系動詞句＋with＋人間］「〈人〉に対して…な振る舞いをする」というパターンの事例であり，このパターンは覚えておくと非常に便利なパターンです。しかし，「と一緒にいるときに」という下書き訳を踏んで理解することなく，with には「に対して」の意味もあるのだという完成版の訳だけを覚えてしまうと，まずいことになります。というのも，「に対して」の意味ならばいつでも with が使えるわけではないからです。

　たとえば「…に対して好意・恋愛感情を持っている」の意味の have feelings for ...の for を with に置き換えることはできません。with を「と

一緒にいるときに」という下書き訳も合わせて理解していれば,「…と一緒にいるときに好意・恋愛感情を持っている」という日本語を言おうとは思わないのと同じように, *have feelings with ...という妙な英語を使おうと思わずに済みます。

　それなら「に対して」の意味は覚えずに「と一緒にいるときに」だけ覚えておくのが良さそうだなと思われる方もいるかもしれません。しかし,その考え方はその考え方で問題があります。というのも,「と一緒にいるときに」ならいつでも with が使えるわけではないからです。たとえば「私はジョンと一緒にいるときに怪我をした」の意味で *I hurt myself with John. と言うことはできません（I hurt myself when I was with John. と言う必要があります）。以上のことを踏まえると, with には「…と一緒にいるときにその…に対して」の意味がある, ということを覚える必要があると言えます。

　このような意味の with が活躍するパターンには, 上で注目した ［振る舞う系動詞句 + with + 人間］以外にも色々あります。ここでは2つ紹介します。まずは ［{use / take} a ... tone with 人間］です。「〈人〉と一緒に…な口調で喋る」のではなく,「〈人〉と一緒にいるときに…な口調で喋る」のでありかつ「〈人〉に対して…な口調で喋る」のです。不定冠詞 a の部分は言いたい内容に応じて the になったり that になったりします。特によく聞くのは Don't take that tone with me や (7) のような否定命令文の形ですが, (8) (9) のようにそれ以外のケースもあります。

---

(7)　［状況説明］夫婦喧嘩のシーンです。

Darrin:　　　 Bufffy? Me interested in Buffy? Oh, Sam, don't make me laugh.

Samantha:　 Don't you use that patronizing tone **with** me, or I won't say another word.

(*Bewitched*, Season 3, Episode 22)

> ダーリン：バフィー？　僕がバフィーに手を出そうとしてるっ
> 　　　　　て？　サム，笑わせないでくれよ。
> サマンサ：私に対してそういう見下した喋り方するのやめてくれ
> 　　　　　る？　でないともう二度と口利かないわよ。

(8) ［状況説明］一挙手一投足を中継されている語り手は，聴衆を楽し
ませるために，そばにいる男子 Peeta に恋をしているように見せ
かけようとしています。

"Peeta!" I say, trying for the special tone that my
mother used only **with** my father.

(Suzanne Collins, The Hunger Games)

「ピータ！」私は，母親が父親と話すときにだけ使っていた特別な
声色を出そうとする。

(9) I smoothed down my skirt, swallowed the big-sister
tone I'd been taking **with** Jeremy, and walked through
to the foyer where it was quiet.

(Hester Browne, The Little Lady Agency)

スカートのしわを伸ばし，ジェレミー相手に使っていたお姉さん口
調が出ないように抑えながら，静かなロビーに歩いていった。

それから［be 動詞＋形容詞＋ with ＋人間］もあります。たとえば be {firm /
mean} with ...であれば，「〈人〉と一緒に ｛断固とした／意地悪な｝ 態度を
取る」のではなく「〈人〉と一緒にいるときに ｛断固とした／意地悪な｝
態度を取る」のでありかつ「〈人〉に対して ｛断固とした／意地悪な｝ 態
度を取る」わけです。

(10) ［状況説明］Darrin の上司 Larry が Darrin に「奥さんとの接し方」のアドバイスをしています。Darrin の妻の名前は Samantha です。

Darrin, I'm only telling you this for your own good. You've got to be firm **with** Sam, indifferent. Stop all this catering to her. (*Bewitched*, Season 2, Episode 2)

ダーリン，お前のためを思って言ってるんだぞ。いいか，サムに断固とした態度を取るんだ。無関心でいい。とにかくその「何でもやったげるよ」みたいなのはやめろ。

(11) ［状況説明］誘拐・監禁されている語り手がこっそりつけている日記です。文中の he は犯人を指します。

I've been very mean **with** him all day. Several times he's tried to speak, but I've shut him up.

(John Fowles, *The Collector*)

今日はずっと彼に冷たくしている。彼が喋ろうとすることが何度もあったが，そのたびに黙らせた。

3. on

第 13 章 8 節 (→ pp. 255–259) でも取り上げるのですが，前置詞 on は［人間 + be 動詞 + on + 移動式イベント］「〈人間〉が〈移動式イベント〉中で」という用法を持ちます（本節を読み進める前にそちらをご覧ください）。その応用例に次のようなものがあります。

(12) They were quiet **on** the drive back to Anna's.

(Juliet Ashton, *The Sunday Lunch Club*)

2 人は，車でアナの自宅に戻る間，言葉をかわさなかった。

(13) "Take care of yourself **on** the trip, Charles, and don't
worry about us," she told him.

(Laura Ingalls Wilder, *Little House on the Prairie*)

「道中気をつけてね，チャールズ。私たちのことは心配しないで」
と母ちゃんは父ちゃんに言いました。

(14) We'll talk about it **on** the honeymoon, okay?

(*Full House*, Season 2, Episode 22)

この件は新婚旅行しながら話そうよ，ね？

(15) At least half the faces I pass **on** this little walk are now
familiar to me.　　　(Roald Dahl, "Galloping Foxley")

ちょっと歩いているこの間にすれ違う顔の少なくとも半分は，私に
とってもう馴染みの顔になっている。

これらの例は本章で注目している現象が on 句に起こったものと考えられ
ます。たとえば (12) の文意は They were quiet while they were **on** the drive
back to Anna's と同じです。on 句は前置詞句なのに，訳すとまるで while
節を訳したような日本語になります。

　また，on は［ソースなど＋ be 動詞＋
美味しい系形容詞＋ on ...］「…にかける
と美味しいですよ」というパターンでよ
く使いますが，これもまた本章で注目し
ている現象の例だと言えます。(16) では
on steaks の部分が「ステーキ肉にすり込
むと」の意を，(17) では on bread, crackers

［ソースなど＋ be 動詞＋
美味しい系形容詞＋ on ...］

が「食パンやクラッカーにつけると」の意を表していて，on 句が when
節または if 節のような役目を果たしています[2]。

> (16) [状況説明] ウェブ上のレシピの 1 文目です。焼く前の肉にすり込
> むスパイス（spiced rub）の作り方を説明しています。
>
> This sweet, lightly spiced rub is perfect **on** steaks, but
> also delicious **on** chicken, pork and lamb.
>
> （https://www.foodandwine.com/recipes/smoky-spiced-sugar-rub）
>
> ここで紹介する，砂糖にスパイスを軽く混ぜ合わせて作る調味料
> は，ステーキ肉にすり込んでもとっても美味しいですが，鶏肉，豚
> 肉，ラム肉につけても絶品ですよ。

> (17) [状況説明] Liver Pudding という食品の生産者へのインタビュー
> を元にした CNN の記事に対して寄せられたコメントです。
>
> Liver Pudding is the first thing that I eat when I go
> home to NC. I even carry a cooler in my car so that I
> can take it back to Georgia with me. It is great **on** bread,
> crackers or just by itself. My daughter loves it as well
> as the dog.
>
> （https://cnneatocracy.wordpress.com/2011/06/08/liver-mush-a-north-
> carolina-treat-from-way-back-when/comment-page-2/）
>
> ノースキャロライナに帰省したときに真っ先に食べるのがレバー・
> プディングです。ジョージアに持って帰れるように車にクーラー
> ボックスを積んでるくらいです。食パンやクラッカーにつけても美
> 味しいですし，そのまま食べてもいけます。娘も，それから犬も大
> 好きです。

「にすり込むと」「につけても」といったようにまるで when 節か if 節を訳
したような日本語が自然に響きます。

4. in

　前置詞 in は，{see / find} A in B「A に B という性質を見いだす」のように，性質は何かの中に宿るものだという見方を前提として用いられることがあります。日本語では「あんな男のどこが良かったの？」のような言い回しが自然ですが，それとほぼ同じ意味で英語では What did you see in him? のような言い方をよくします。

　さて，同じく「性質は何かの中に宿るものだ」という見方を前提とした in の用法パターンの 1 つに［性質 + be 動詞 + 形容詞 + in ...］があります。このパターンでは，これまでの節で見てきたのと同じように，in 句に when 節のような意味を読み込まないとおかしくなります。

(18) Self-love is cute **in** a five year old. When they get older, narcissists generally are quite toxic individuals.

（https://ahdinnaeken.wordpress.com/2012/08/26/open-letter-to-roseanna-cunningham-regarding-threatening-communication/）

　　× 自己愛は 5 歳児の中でかわいい。
　　○ 自己愛は 5 歳児の中にある場合にはかわいい。
　　◎ 自己愛は 5 歳児が持っている分にはかわいい。
しかし年齢が上がると，ナルシシストはかなり不快なケースが多い。

(19) I find a sense of humor very attractive **in** a woman.[3]

（*Full House*, Season 2, Episode 2）

俺さ，
　　× ユーモアのセンスが女性の中ですごくいいなあ
　　○ ユーモアのセンスが女性の中にあるときすごくいいなあ
　　◎ ユーモアのセンスがある女性ってすごくいいなあ
って思うんだよね。

(20) She said something about[4] shyness being attractive **in a man.** (Julian Barnes, *The Sense of an Ending*)

マーガレットは
　×　内気さは男性の中で魅力的だ
　○　内気さが男性の中にあるとき魅力的だ
　◎　内気な男性は魅力的だ
とかいうようなことを言っていた。

たとえば Self-love is cute **in** a five year old は Self-love is cute <u>when it is **in** a five year old</u> という意味です。文中には表れていない when 節を読み込むのが正しいわけです。このような英語を自分で使えるようになりたい場合には，本章で扱っている現象を知っておくことが有益だと思います。

　このパターンの変種（というほどのものでもないですが）として［性質＋ be 動詞＋｛a / an｝＋形容詞＋ quality ＋ in ...］もよく聞きます。

(21) Joey, you're so funny. I think that a sense of humor is a very sexy quality **in** a man. (*Full House*, Season 1, Episode 8)

ジョーイ，あなたって本当に面白いのね。
　×　ユーモアセンスが男の中で本当にセクシーだなあ
　○　ユーモアセンスが男の中にあるとき本当にセクシーだなあ
　◎　ユーモアのセンスがある男性って本当にセクシーだなあ
って思うの。

(22) ［状況説明］Jasmine は The Sultan の娘です。

The Sultan:　I have chosen a husband for you.

Jasmine:　　What?

The Sultan:　You will wed Jafar.

（Jasmine が面食らった表情を見せる）

Jafar: You're speechless, I see. A fine quality **in** a wife.[5]　　　（映画 *Aladdin*（アニメ版））

サルタン王：夫を選んでやった。

ジャスミン：何ですって？

サルタン王：お前はジャファーの嫁となるのだ。

ジャファー：言葉を失っているようだな，ジャスミン。

　　　　　× 言葉を失う性質は妻の中で良い。

　　　　　○ 言葉を失うという性質は妻の中にあると良い。

　　　　　◎ 言葉を失うとは良い妻だ。

　こんな風に，見えない when 節を読み込むような in 句なんて初めて見たという方がいらっしゃるかもしれませんが，おそらく学校の授業や大学受験対策などで習うであろう［look ＋形容詞＋ in ＋着用物］のパターンにも実は同じことが言えます。たとえば You look great in {red / a pullover} を「君は ｜赤／パーカー｜ がよく似合うね」という完成版の訳語と結びつけるだけではそれは掴めないかもしれませんが，この英文の意味は「君は ｜赤／パーカー｜ を着用していると great に見えるね」という意味ですから，やはり when 節的な意味合いが入り込んでいます（You look great when you are in {red / a pullover}）。

5. まとめ

　本章では前置詞の with や on，in に when 節，if 節的な意味を読み込むのが正しいケースをいくつか紹介しました。このようなケースは他にもたくさんありますので，実例に触れながら自分でも発見していただけたらと思います。

REVIEW

- 前置詞句含め英語の副詞要素一般の性質として，when 節，if 節的な意味を読み込むのが適切な場合がある。
- [振る舞う系動詞 + with + 人間]「〈人〉に対して…な振る舞いをする」や [{use / take} a ... tone with 人間]「〈人〉に対して…な口調で喋る」，[be 動詞 + {firm / mean} + with + 人間]「〈人〉に対して {断固とした／意地悪な} 態度を取る」といったパターンにおける with 句は「〈人〉と一緒に」ではなく「〈人〉と一緒にいるときにその〈人〉に対して」という意味を表す。
- on も「〈移動式イベント〉に参加している間に」や「〈食材〉にかけると」といった意味で用いられる。
- in も [性質 + be 動詞 + 形容詞 + in ...] や [look + 形容詞 + in + 着用物] などのパターンで when 節的な意味が読み込まれる。

●注

1 本書では，完全に自然な日本語訳とまで言えるかはさておき英文の意味を的確に捉えたものではある汎用性の高い訳を，その便利さから，完成版の訳の一歩か二歩手前の「下書き」ないし「土台」として一時的に採用する場合があります（→ p. 179, 324, 329）。こうした訳は英語を素直に理解するのに役立ちます。

2 (16) はレシピの言語表現を研究している野中大輔氏より教えていただきました。英語に関しては野中 (2017a)（→ p. 343 ㉓），日本語に関しては野中 (2017b)（→ p. 343 ㉔）などの論文があります。第2章6節（→ pp. 54–57）でも同氏の研究成果を紹介しています。

3 a sense of humor と very attractive の間に隠れた be 関係が成り立っているので (18) と同列に扱います。

4 この about は〈話題・トピック〉というよりも〈内容の要約〉を導いているように感じられると思います。このような about の用法に興味がおありの方は，一般向けの文章として平沢 (2019b)（→ p. 340 ③）がありますのでご参照ください。

5 That is a fine quality in a wife の粗雑な言い方です。

第4章

経路にまつわるあれこれ

1. 経路を俯瞰してみよう

英語の前置詞の重要な役目の1つは移動の経路を表現することです。経路の前置詞それぞれの性質は学校の授業や参考書などでも言及されることが多いですし，辞書を引けば掴める内容もたくさんあると思いますが，経路の前置詞が全体としてどのような傾向を持つかを教わる機会は多くないかもしれません。そこで本章では，経路の前置詞についてのマクロな見方を提示したいと思います。

内容に入っていく前に，経路という用語について整理しておきます。経路は移動と表裏一体です。移動がないのに経路が存在するとか，経路がないのに移動が存在するとかいったことはありえません。そしてどんな移動にも，起点（出発地点）と終点（終着地点）があり，起点と終点の間には何かしらの通過部分があります。この起点と通過部分と終点からなる全体のことを経路と呼びます。英語の前置詞（的副詞）(→ p. 26) との対応を具体例で示すと以下のようになります。

・経路の**起点**を表しているケース

run <u>from</u> the station to the post office, get <u>out of</u> here, walk <u>off</u>, etc.

・経路の**通過部分**を表しているケース

go <u>over</u> the bridge, drive <u>through</u> the tunnel, walk <u>across</u> the room, etc.

・経路の**終点**を表しているケース

run from the station <u>to</u> the post office, walk <u>into</u> the room, climb <u>onto</u> the roof, etc.

日本語母語話者が経路の前置詞を習得するために知っておくとよいことはたくさんあるのですが，以下では，中でも特に重要だと私が思っているものをいくつか選んでご紹介していきます。

2. 情報の割り振り方の日英差

2.1. 「入る」「通る」を英語で言いたいときの発想法

　日本語のネイティブスピーカーが英語を使おうと思うときには，どうしても母語である日本語の影響を受けます。日本語と英語が似た性質を持つ場合には，日本語の影響で英語の習得が楽になりますが，日英差が大きい場合には日本語の影響で英語の習得が大変になります[1]。後者の場合には，少なくともはじめのうちは，日英差をしっかり意識して，その壁を乗り越える努力が必要になります。

　ある移動を見て，それをどのように表現するのを好むかには大きな日英差があることが知られています。日本語は経路に関する情報を動詞に込めようとする傾向があるのに対して，英語は経路情報を前置詞句に込めようとする傾向があるという違いです。たとえば日本語で「トンネルを通る」という言い方をしますが，「通る」という動詞が経路の通過部分に関する情報を含んでいます。同じ内容を英語で言おうとすると，{go, drive, walk, etc.} through the tunnel となりますが，経路の通過部分に関する情報

は through the tunnel という前置詞句が伝達しています。この日英差は，次の例のように，経路情報が複数並ぶとよりはっきりします。通過部分の次に終点を示すという情報の流れが英語と日本語でそれぞれどのような品詞で表現されているかに注目してください。

(1)　[状況説明] 行方不明になっている Amy の財布が発見されたことを警察が Amy の夫に説明している場面です。ハンニバルは猟奇殺人事件をテーマとした映画『羊たちの沈黙』の犯人の名前でもあります。head が移動動詞として使われていることに注意してください。

"Yep, no cash left, but her ID, cell phone. In Hannibal, of all places. On the banks of the river, south of the steamboat landing. Our guess: Someone wanted to make it look like it'd been tossed in the river by the perp on the way out of town, heading **over** the bridge **into** Illinois."

"Make it look like?"　　　　　　　(Gillian Flynn, *Gone Girl*)

「そうなんです。現金はなし，身分証と携帯電話のみ。よりによってハンニバルで見つかりました。ミシシッピ川の土手，蒸気船の停船位置の南のところです。それで，我々の推測としてはですね，犯人がハンニバルを出てマーク・トウェイン記念橋を渡ってイリノイ州に入る道のりの途中で，エイミーの財布を川に投げ捨てた…ように何者かが見せかけようとしたのではないかと」

「見せかけ？」

(2)　[状況説明] 語り手と知的障害を抱える Mama が暮らしている家と，Bernie の家は隣同士で，連絡ドアでつながっているため外に出ずに行き来することができます。Bernie は2人の面倒を見るために，頻繁に飼い猫を自宅に残して2人の家に来てくれていました。

> The cats never came **through** the door **into** Mama's and
> my house. When they got hungry or lonely, they stood
> on the threshold and cried for Bernie. (Sarah Weeks, *So B. It*)
> 猫たちは決してドアを通ってママと私の家に入って来ようとしな
> かった。お腹が空いたり寂しくなったりしたときには，敷居のとこ
> ろに立ち，鳴いてバーニーを呼んだ。

英語が前置詞句を2つ並べることによって表現している内容を，日本語
は「渡る」＋「入る」,「通る」＋「入る」というように動詞を並べること
によって表現しています。

　このことを英語での発信という観点から考え直してみましょう。「渡る」
「通る」「入る」といった内容を英語で言おうとしたときに，つい「どんな
動詞がいいかな？」という動詞選択の発想に縛られてしまっていないで
しょうか。もちろん，動詞で表現すると必ず間違いになるということでは
ありません。たとえば cross, pass, enter などの動詞を利用できる場合は確
かにあります。しかし「どんな前置詞がいいかな？」と発想した方が自然
な英文になりやすいと思います。というのも，英語母語話者が使う表現を
観察してみると，経路は動詞よりも前置詞で表現される方がはるかに高頻
度だからです。たとえば heading over the bridge into Illinois は crossing the
bridge and entering Illinois よりも英語らしく響きます。また，そもそも
cross, pass, enter などの動詞が利用できない場合も多くあります。たとえ
ば came through the door into Mama's and my house を書き換えようとする
と，into ...の部分は enter を利用することができますが through のところ
で困ってしまいます。V the door and entered Mama's and my house の V に
入れることができる動詞（「通り抜ける」のような意味を持った日常的な
他動詞）が見つからないのです。

2.2.「英語はやけに歩くなあ」

2.1 節では，英語で移動を表現するとき経路情報は動詞ではなく前置詞句で表現しようとするのがよいということを述べました。それでは動詞部分はどうしたらよいのでしょうか。英語では原則としてセンテンス 1 つに対して動詞が最低 1 つ必要ですから，何かしらの動詞は使うことになります。経路情報は含まないとして，どのような情報を含めるようにすると自然なのでしょうか。それとも，単に「移動する」以外のいかなる情報も足さないのが自然なのでしょうか。

「移動する」以外のいかなる情報を込めるのも避けなければならない，というわけではまったくありません。まず，動詞に話し手・聞き手の位置情報を込めることがよくあります。より具体的には，「話し手または聞き手の方向に向かって」という情報を含んだ come や，「話し手も聞き手もいない方向に向かって」という情報を含んだ go を用いるということです。これはお馴染みという方も多いでしょう。

もう 1 つ，これと同じくらい，いやひょっとするとこれよりも高い頻度で英語母語話者が用いている手法は，移動の「様態」——どのような様子で移動するのか——に関する情報を動詞に込めるというものです。以下の実例では動詞を**太字**にしているのですが，ここには「移動する」に加えてどのような様態情報が込められているか考えてみてください。

(3) "Will Santa know how to find us?" Anne-Marie asked
as she **hopped** out of the van.

(Kristine Kathryn Rusch, "Christmas Eve at the Exit")

「サンタさん，私たちがどこにいるかわかるかなあ？」アン＝マリーはそう言って，バンからぴょんと飛び降りた。

第 4 章　経路にまつわるあれこれ

(4) She and Ashworth were forced roughly into the backseat of a limousine that had **screeched** up to the scene from out of nowhere. (Stephen Frey, "Paranoia")

エミリーとアシュワースは，キキーッという音とともに突如現場に現れたリムジンの後部座席に乱暴に押し込まれた。

(5) She moved her face toward mine like she was going to kiss me. She bit me. I jerked back and she **shot** out the door. (Gillian Flynn, *Gone Girl*)

エイミーはキスでもしようとするかのように私に顔を近づけた。そして噛み付いた。私が飛び退いたすきに，彼女はドアから飛び出していった。

いかがでしょうか。(3)の hop は「ぴょんと跳ねるようにして」，(4)の screech は「キキーッという音を立てて」，(5)の shoot は「弾丸のようにビューンと」といった様態情報を担っています。日本語では，英語と違って，移動の様態情報を動詞に含めて「…から{ぴょんした／ぴょんった}」のように言うのは（かわいいですが）普通ではないので，こうした英語表現を使えるようになるには少なくともはじめのうちは意識的な訓練が必要でしょう。

英語には「歩く」を表す動詞がたくさんあるという事実もこの表現傾向の現れの1つとして捉えることができます。以下の太字部分は，移動するという意味に加えて，どんな歩き方なのかという情報を含んでいます。

(6) He woke up blearily, got up, wandered blearily round his room, opened a window, saw a bulldozer, found his

slippers, and **stomped** off to the bathroom to wash.

（Douglas Adams, *The Hitchhiker's Guide to the Galaxy*）

アーサーは寝ぼけまなこで目を覚まし，身を起こして半目のまま部屋をうろうろして，窓を開け，ブルドーザーが目に入るとスリッパを手に取り，重い足音を立てながら，シャワーでも浴びようとバスルームに向かった。

(7)　[...] she looks through the hole into the backyard, where a baby in diapers is **toddling** along through the dust and debris. 　　　　　　（Paul Auster, *Man in the Dark*）

[…] 女性が穴から裏庭を覗いてみると，おむつをした赤ん坊が砂埃と瓦礫の中をよちよち歩きで進んでいる。

(8)　She **strode** out of the hotel and got in her car.

（Mary McNamara, *Oscar Season*）

彼女は大股歩きでホテルを出て，車に乗り込んだ。

(6) の stomp は「ドタドタと大きな音を立てて」，(7) の toddle は「よちよちと」，(8) の stride は「大股で」という情報を，「歩く」の意味に加えて含んでいます。個人的な話になりますが，私は高校生のころ，英文に出てきた単語を辞書で引いて「○○○な風に歩く」と出てくることがあまりに多いので，「英語はやけに歩くなあ」と驚いた記憶があります。

実はよく考えてみると，そもそも walk

歩き方の様子を動詞に込める

「歩く」も，run とは違うということがはっきりわかるわけですから，純然たる移動の意味に加えてどのような様子で移動するかという様態情報も含んでいると言えます。様態情報を含んだ移動動詞を使うのを好む英語の傾向に合致して，walk は以下のような形で非常に頻繁に用いられます。

(9)　[状況説明] 女優 Anna の大ファンである話し手が，Anna に自宅のトイレを案内したあとに言うセリフです。

I don't believe it. I don't believe it. I actually **walked** into the loo with her [= Anna].　　　　　(映画 *Notting Hill*)

信じらんない。信じらんない。まさかアナとトイレ入っちゃったよ。

(10)　[状況説明] 人気歌手 Taylor Swift が 30 歳の誕生日の前に受けたインタビューで語った言葉です。

Twenties were really, really fun, but I also sort of equate my twenties to, like, **walking** into a costume shop and trying on all these different costumes, and then, like, **walking** out of the costume shop in my regular outfit and being like, "I'm cool with who I am."

(https://youtu.be/X98XxAF4t7Q?t=29)

20代はすごく，すごく楽しかったです。でもそれと同時に，たとえるならコスチューム・ショップに入って，こう，色んなコスチュームを試してみて，でも結局いつものままの服でそのコスチューム・ショップを出て「私は今の自分に満足」と思う，そんな20代でした。

ここで注意したいのは日本語だとこれらの場面で「歩く」を使うのはやや不自然だということです。

（11）？信じらんない。まさかアナとトイレに<u>歩いて</u>入っちゃったよ。

（12）？…コスチューム・ショップに<u>歩いて</u>入って…そのコスチューム・ショップを<u>歩いて</u>出て…

どうでしょうか。「そりゃあ歩いてなんだろうけど，わざわざ歩いてと言うのは不自然だ」と感じられるのではないでしょうか。これも，移動動詞に経路情報は込めようとするけれども様態情報は込めようとしない日本語の表現傾向の現れです。私の観察する限り，日本語母語話者が英語を使おうとすると walk into …や walk out of …といった表現の頻度が英語母語話者に比べて圧倒的に低くなるという傾向があるのですが，これは日本語の「歩く」の事情に引きずられているからだと思われます。もしも皆さんが英語で移動を表現しようとしたときに，その移動の主体が歩いている場合には，ぜひ［walk ＋経路前置詞句］のパターンで表現できないか考えてみてください。

　本節のポイントを簡潔にまとめると，英語では［様態込み動詞＋経路前置詞句］のパターンが好まれ，これは動詞に経路情報を込めるのを好む日本語を母語とする人にとっては馴染みの薄いものなので，しっかり練習しましょう，ということになります。ここまで見てきた様態込み動詞には，walk, hop, screech, shoot, stomp, toddle, stride がありますが，これだけでは表現できる内容の幅に限りがあります。他にも，plod「移動する＋とぼとぼと」や zigzag「移動する＋ジグザグに」，creep「移動する＋忍び足で」，squeeze「移動する＋狭いところに身をねじ込むようにして」，tiptoe「移動する＋つま先立ちで」など，出会ったものを一つひとつ覚えていくことが必要です。これらと，into や through などの前置詞を組み合わせて，様々な移動を表現できるようにしていきましょう[2]。

3. way 構文

　経路の前置詞の勉強を楽しくしてくれる構文で，昔から言語学者に愛されている構文に way 構文があります。way 構文とは［動詞 + one's way + 経路前置詞句］で移動の意味を表す構文のことです。動詞部分が移動の手段（多くの場合，手段と様態が表裏一体に癒着したもの）を表します（第 14 章 5.1 節 (→ pp. 275–277) でも way 構文を扱っています）。

---

(13)　［状況説明］Aomame という名前の女性が新宿駅を歩いています。

　　　The evening rush hour had ended, but even so, **pushing her way through the crowd** was hard work for Aomame.

　　　　　　　　　　　　　　　　　　　　　　　(Haruki Murakami, *1Q84*)

　　　帰宅ラッシュの時間は過ぎていたが，それでも人混みをかき分けて歩くのはやっかいな作業だった。　　　　　　　　(村上春樹『1Q84』)

---

(14)　So Pooh **pushed and pushed and pushed** his way through the hole, and at last he got in.

　　　　　　　　　　　　　　　　　　　　　(A. A. Milne, *Winnie-the-Pooh*)

　　　それでプーさんは自分の身体を穴にグイグイグイと押し込んで，やっとのことで中に入ることができました。

---

(15)　I walked to the door, **picking** my way among the fallen pages.　　　　　　　　　　　　(Siri Hustvedt, *The Blindfold*)

　　　私は散らばっているページを慎重によけながら玄関まで行った。

---

(16)　［状況説明］Hermione たちは部屋の向こう側に進んでいきたいのですが，巨大なチェスの駒たちが行く手を阻みます。

Hermione:　Now what do we do?

Ron:　　　It's obvious, isn't it? We've got to **play** our way across the room.

（映画 Harry Potter and the Philosopher's Stone）

ハーマイオニー：どうする？

ロン：　　　　　決まってるだろ。チェスで向こう側に行くしかない。

（17）［状況説明］午後の 3 時にマンション入口のベルが鳴ったあとの場面です。

About five minutes later a bell rang again. This time it was the doorbell to her apartment. Now someone was inside the building, right outside her door. The person may have followed a resident inside, or else had rung somebody else's bell and **talked** their way in[3].

(Haruki Murakami, 1Q84)

五分ばかりあとで再びベルが鳴る。今度は部屋の戸口についたドアベルだ。その誰かは今では建物の中にいる。誰かのあとについて玄関から入ってきたのかもしれない。あるいはどこかほかの部屋のベルを押し，適当なことを言って玄関を開けてもらったのかもしれない。

（村上春樹『1Q84』）

（13）と（14）では，push の部分で push することが移動達成の手段であることが示されています（なお，移動している最中も push しているのでしょうから，push は移動の様態にもなっていると言えます）。（15）では pick「選ぶ」の部分が足の置き場を選ぶことを表しているので，pick することが移動達成の手段（かつ様態）になっていると言えます。（16）では play が play chess の圧縮版として用いられており，play chess して巨大な

駒たちを倒していくことが部屋の向こう側へ移動することの手段（かつ様態）として認識されています。(17) では「talk することによって侵入する」ということが表されており，talk の部分が移動の手段に対応しています（この場合，侵入しながら喋っていると解釈するのはやや不自然な解釈ですので，talk 部分が移動の様態に対応しているとはちょっと言いにくいです）。

　ここで注意しておきたいのは，way 構文の［動詞 + one's way + 経路前置詞句］という形式における動詞部分と one's way の間には，普通の意味での［他動詞 + 目的語］の関係が成り立っていないことが多いという点です。たとえば，(13) では他動詞 push が用いられていますが，「her way をpush する」という意味関係は成り立っていないように思われます。ここで青豆が push している対象は her way ではなく，文中に表れていないpeople around her でしょう。(16) でも他動詞 play の対象は chess であって our way ではありません。(17) にいたっては talk という自動詞が用いられており，「their way を talk する」という意味関係が成り立っていないことは明らかでしょう。

　さらにもう 1 つ気をつけなければいけないことがあります。それは，way 構文は「移動が困難な状況に置かれた人が，特殊な（少なくとも通常とは異なる）手段でなんとか移動する」ということを表すことが多い，という点です。たとえば (15) の語り手は，紙が散乱していることにより移動が困難になっており，そのため足の踏み場を選びながら歩くという特殊な手段を取ることによって，なんとか移動を達成しています。これに対して，ごく普通の方法によるスムーズな移動を way 構文で表現するのは不自然です。たとえば，なんの支障もなく歩ける男性が歩いて建物に入る移動を He walked into the building と表現することには何の問題もありませんが，[?]He walked his way into the building と言うのは不自然です。

　上で見た (13) - (17) は物理的・空間的な移動が表現されていましたが，次のように比喩的な移動を表すのにも way 構文は頻繁に用いられます。

(18) You mean to tell me that you **argued** your way from a C-plus to an A-minus? (映画 *Clueless*)

C⁺ だった成績を交渉で A⁻ に上げてもらったっていうのか？

(19) ［状況説明］話し手は自分の彼氏の家に勝手に侵入した妹 Steph を叱っています。

Steph, you can't **joke** your way out of this.

(*Full House*, Season 7, Episode 10)

ステフ，冗談言って切り抜けられると思ったら大間違いよ。

(20) At least no one on the Gryffindor team had to **buy** their way in. They got in on pure talent.

(映画 *Harry Potter and the Chamber of Secrets*)

少なくともグリフィンドール・チームにはお金の力で入ったメンバーなんていません。みんな純粋に能力だけで入ったのよ。

(18) では C⁺ の成績から A⁻ の成績までの変化が物理的な移動（C⁺ から A⁻ に至る移動）に見立てられており——ある種の比喩と言えます——その移動の手段が先生と argue することだったということが言われています。(19) では，ステファニーが叱られている状況から脱することが，（困難な）場から抜け出す移動のように見立てられており，joke「冗談を言う」ことを手段としてその比喩的移動を達成することはできないということが指摘されています。(20) ではチームが場に見立てられ，チームのメンバーになるという変化がその中への移動と捉えられています（日本語でも「チームに入る」と言いますね）。こうした比喩的移動を達成する手段が argue「議論する」，joke「冗談を言う」，buy「金を払う」です。こうした比喩的移動の場合も，空間的移動の場合と同様に，「通常の方法では達成

が困難なことを特殊な手段でなんとかやってのける」というニュアンスが
含まれます。たとえば，一度ついてしまった C⁺ の成績を A⁻ にアップさ
せるのは普通の方法では困難（というより，そもそも普通の方法が存在し
ない）ですが，(18) の聞き手はそれを交渉という特殊な手段でなんとか
やってのけているわけです[4]。

　なお，way 構文は，［make one's way ＋経路前置詞句］という言い方の
make の部分をいじったものと捉えることが可能です。

(21)　［状況説明］外出恐怖症の Bernadette が語り手に促されてなんと
　　　か外出しようとしています。

　　　Bernadette stood up, grasping the arm of the couch for
　　　support.[5] Her legs wobbled under her, but she **made** her
　　　way slowly toward me.　　　　　　　　(Sarah Weeks, *So B. It*)
　　　バーナデットは倒れないようにソファーの肘掛けの部分を掴みなが
　　　ら立ち上がった。脚は身体の重さからぐらついていたが，ゆっくり
　　　と私の方に近寄ってきた。

(22)　［状況説明］天井が崩れ落ち，その下敷きになってしまった語り手
　　　を，Flora と Aunt Rosemary が助けに行きます。なお，lath や
　　　plaster というのは天井の材料・材質の名称です。

　　　She [=Flora] and Aunt Rosemary began stepping over
　　　the lath and plaster, which by now had filled the air with
　　　dust. They sneezed again and again but **made** their way
　　　forward[6] nevertheless.　　(Carolyn Keene, *The Hidden Staircase*)
　　　フローラとローズマリーおばさんがラスとプラスターをまたぐよう
　　　にして歩き出した。しかしこのときにはもう部屋中がほこりでいっ
　　　ぱいだった。2人は何度もくしゃみをしながらも，前へ前へと進ん
　　　でいった。

> (23) ［状況説明］語り手がある文房具店に初めて入ります。
>
> I **made** my way down the aisle, pausing after every second or third step to examine the material on the shelves. (Paul Auster, *Oracle Night*)
>
> 私は通路をゆっくり進んでいった。2，3 歩進むごとに立ち止まって棚の上のものをじっくり観察した。

play our way across ... や talk one's way in のような凝った表現の場合に比べると，こうした例で表されている移動は一見なんてことない普通の移動に見えるかもしれません。しかし，本当にただ移動しているだけであり手段や様態に何の関心もない場合には［make one's way ＋経路前置詞句］は使われません。［make one's way ＋経路前置詞句］が表す移動は，ゆっくりだったり，慎重だったり，困難を伴うものだったりすることがほとんどです。上の例でも，病気や舞うほこり，文房具への興味によって移動のスピードが抑制されていることがおわかりいただけるかと思います。もちろんこれは，way 構文が ｜空間的／比喩的｜ な移動が困難であることを含意する傾向があるという事実と関連付けて理解するべきことです。

　本節で見てきた way 構文は，幅広く色々な移動を表せることも事実ですが，一方ですでに述べたように，「通常の手段による移動が困難な状況で，特殊な手段によりなんとか移動する」という場合でないと自然に響きません。また，［動詞 ＋ one's way ＋経路前置詞句］という抽象的な知識が発話の現場で利用されていることは実はそんなに多くないと思います。というのも，上で見てきた［push one's way ＋経路前置詞句］や［talk one's way ＋経路前置詞句］などはよくある言い回しであり，丸ごと記憶されている可能性が高いからです。［argue one's way ＋経路前置詞句］はそんなに高頻度ではないですが，それでも，［talk one's way ＋経路前置詞句］と非常に似ているわけですから，［動詞 ＋ one's way ＋経路前置詞句］

という抽象知識を利用して動詞部分に argue を当てはめた可能性よりも，[talk one's way ＋経路前置詞句] というもっと具体性の高い知識を参照して talk の部分を talk に似た argue に変えてみた，という可能性の方が高いでしょう。本書のいたるところで主張していることですが，抽象知識を蓄えるだけでなく，自分が出会った実例の具体的な言い回しを一つひとつ記憶し，英語をアウトプットする際にはできる限りその具体知識の方を利用するようにしてください。

4. 経路とその終点

　英語の前置詞を勉強するにあたってぜひとも知っておきたいのが，経路の通過部分を表すのに用いられる前置詞の多くは経路の終点を表すのにも用いられるということです。

　経路の通過部分の前置詞を，移動ではなく状態を表す動詞（e.g. be, live）と一緒に用いると，「その経路の終点にこれこれが存在する，位置している」といった内容が伝達されます（e.g. live over the bridge「橋を渡ったところに住んでいる」）。このように経路の終点にスポットライトが当てられる現象は endpoint focus と言いますがここでは**終点フォーカス**と呼びます。終点フォーカスの場合，移動の意味はほとんど消えてしまいます（完全に消えるわけではないことは本節の最後で確認します）。

　まず over の実例を見たいと思います。本章の最初の (1) は [移動動詞＋通過部分の前置詞] のパターンの例です。ここでは，犯人の移動ルートがミズーリ州ハンニバル→マーク・トウェイン記念橋→イリノイ州に見せかけられており，このルートのうちマーク・トウェイン記念橋を渡る部分が over the bridge と表現されています。これと (24) を比較してください。(24) は [状態動詞＋通過部分の前置詞の終点フォーカス用法] のパターンの例です。非常に有名な劇中歌で，誰もが一度は聞いたことのある歌なのではないかと思います。この over the rainbow は一般に 'on the other side of the rainbow'「虹の向こう側に」の意味であると解釈されています（ただし 'above the rainbow'「虹の上方に」という解釈が文法的・論理的に不可能であるとまでは言えません）。

> (24) ［状況説明］主人公がもめごとのない幸せな国を想像して歌っています。
> *Somewhere, **over** the rainbow, way up high, there's a land that I heard of once in a lullaby.* （映画 *The Wizard of Oz*）
> *虹の向こうのどこか，空高く見上げれば，そこにはいつか子守唄で聞いた国。*

Somewhere に over the rainbow と way up high がかかっています（この way については第 6 章 7 節 (18)（→ p. 132）も参照）。これらが大きな場所副詞句をなしています。主節は there's a land の部分です。いわゆる「there 構文」（中学・高校でよくなされる言い方では「there is 構文」）の場所副詞句が文頭に置かれていると考えられます。ここで重要なのは，there 構文は「存在している，位置している」という状態を表すための構文であり移動を表すものではないため，(24) の over が（普通の意味での）移動の経路を表しているとは考えられないということです。正しい解釈は，over the rainbow は虹を越えていく経路の終点の位置——つまり「虹の向こう」——を指しているという解釈です。その位置に a land that I heard of once in a lullaby が存在すると言っているわけです。

　次は over 以外の実例を見てみましょう。(25)-(28) では，a が通常の移動用法，b が終点フォーカス用法の例になっています。

> (25) a.　We follow him down to the Fifty-ninth Street Bridge, **across** the river, and into Queens.
>
> 　　　　　　　　　　　　　　（Larry Collins, "Baby-sitting Ingrid"）

我々はこの黒人男性を追って59丁目橋まで行き，川を渡リ，クイーンズに入る。

b. ［状況説明］話し手が Aunt Gladys という人名を聞いて反応します。

[...] you don't mean the Aunt Gladys Kravits that lives **across** the street?　(*Bewitched*, Season 4, Episode 8)

［…］まさか，通りを渡ったところに住んでいるグラディス・クラヴィッツおばさんのことじゃないですよね？

(26) a. Here —— take the money and run **down**⁷ the street to the nearest store and buy the first Wonka candy bar you see and bring it straight back to me, and we'll open it together.　(Roald Dahl, *Charlie and the Chocolate Factory*)

ほれ —— この金をもって，走って一番近い店に行って，最初に目に入ったウォンカ・チョコを買ってまっすぐここに戻ってくるんだ。それで一緒に開けよう。

b. ［状況説明］ウェイトレスが迷惑客たちを店から追い出すため，Olive Garden という他の店を紹介しています。

You know, there's an Olive Garden **down** the street. You guys should try it sometime.

(*The Big Bang Theory*, Season 4, Episode 2)

道をまっすぐ行ったところにオリーブ・ガーデンがあるから，みんなでいつか行ってみてね。

(27) a. Bowen adds a twenty-dollar tip to the amount, wishes the now-retired taxi driver good luck, and walks **through** the revolving doors into the lobby of the ill-fated hotel.　(Paul Auster, *Oracle Night*)

> ボーウェンはタクシー料金にチップとして 20 ドルを加え，これで退職となった運転手に別れを告げると，回転ドアを抜けて，悪運の渦巻くホテルのロビーへと入っていく。

b. ［状況説明］強盗が銀行を襲ったあと，引き上げる場面です。

The bank was quiet. The thief threw his hat into the air and was **through** the doors before it landed on the floor. 　　　　　　　　　　（Andrew Kaufman, *The Tiny Wife*）

銀行は静まり返っていた。強盗は帽子を宙に投げ，それが床に落ちるよりも先にドアを抜けていた。

(28) a. The guy chased you halfway **around** the world to talk you into marrying him. Remember? He was the one who went after you. 　（Paul Auster, *The Brooklyn Follies*）

あいつはお前と結婚したいがために地球の裏側まで追いかけていった男だぞ。それを忘れたのか？　あっちがお前を求めていたんだよ。

b. You are supposed to be halfway **around** the world right now. 　　　　　　　　　　　　　（映画 *Iron Man*）

あなたは今この瞬間，地球の裏側にいないといけないはずなのですが。

問題になっている経路は，(25) では横切っていく経路，(26) ではまっすぐ進む経路，(27) では通り抜ける経路，(28) ではぐるっと回る経路です。いずれにおいても a の例ではその経路を進む移動が表現されているのに対し，b の例では人やものがその経路の終点に存在するということが表現されています。次の (29) は 1 つのセンテンスから同じ前置詞の a 型と b 型の両方の用法を学べるお得な例です。

(29)　［状況説明］小学生の語り手は学校行事でキャンプに来ています。
以下は語り手の友だちの Jack が「おしっこに行きたい（I've got
to pee）」と言ったあとに取った行動の描写です。

[...] he [=Jack] headed off to the row of trees at the edge
of the field, which <u>was</u> (b)**past** the orange cones that we
were specifically told not to <u>go</u> (a)**past**. (R. J. Palacio, *Wonder*)

［…］ジャックは広場の端の木が並んでいるところに向かっていっ
た。そこは先生たちに「ここから向こうには行ってはいけません」
とはっきり言われている赤いコーンの向こうの場所だった。

ただし，通過部分を表す前置詞であれば何でも終点フォーカスの用法を持
つわけではありません。たとえば by ... は「…を通り過ぎて」を意味する
場合があり，その点で past ... と似ていますが，past ... と違って終点フォー
カスの用法を持たず，上の which was <u>past</u> the orange cones の意味で
*which was <u>by</u> the orange cones と言うことはできません（「赤いコーンの
そば」の意味なら可ですが）。また，{via / by way of} ... という前置詞句は
「…を経由して」のように通過部分を示しますが，終点フォーカスの用法
を持たず，たとえば「その島々は本土を経由して行ったところにある」の
意味で* The islands are {via / by way of} the mainland とは言えません（正
しくは The islands can be reached {via / by way of} the mainland など）。結
局，どの前置詞ならば終点フォーカスを持つのかを一つひとつ覚える必要
があります。必要があるというより，英語に大量に触れている中で「この
前置詞は終点フォーカスで使われている例によく ¦出会う／出会わない¦」
という経験値が自然とたまっていくというのが正確な言い方ですが。

　最後に，例文のbのような終点フォーカスの用法においても移動の意味
が完全には消えていないことを確認しておきます[8]。ここには視線の移動
が残っています。実際に人間や物体が移動するのを観察または想像して語

る場合，そこには移動主体の移動に加えて，観察・想像の主体である話し手の視線移動 —— （心の）目で追うという移動 —— も関与しており，この視線移動は例文の b でも十分生きていると考えられます。(25b) の話し手はクラヴィッツ家の位置を捉えるにあたって go across the street するような視線移動を心の中で行っているでしょう（そうでない人は across the street と言おうとは思わないはずです）。(28b) であれば，話し手は地球の裏側へグルっと go around the world するような視線移動を心の中で行っているのであって，いきなり終点をピンポイントで想像しているのだとは考えられません（そういう人は around the world と言おうとしないはずです）。

5. まとめ

　本章では，経路を表す前置詞というカテゴリーの特徴を，大掴みに見てきました。まず，日本語母語話者としては経路の情報は「入る」「出る」「通る」など動詞に込めて表現したくなるのに対して，英語母語話者はその情報を前置詞に込める傾向があるということを見ました。それでは英語の移動表現において動詞部分は経路ではなく何を表示していることが多いのかというと，色々ありますが中でも重要なのは「様態」です。「ぴょんと」という様態が入った hop や，「大股で」という様態が入った stride などを見ました。さらに，あまり認識されていないことですが，walk という動詞もよく考えてみると「走って」ではなく「歩いて」なのだという風に移動の様態が込められた動詞ですから，日本語では「トイレに歩いて入った」などとは言わないところで英語は walk into the bathroom のような言い回しを好んでするという事実も同様の観点から説明できます。このように考えると，英語には［様態込み動詞＋経路前置詞句］という抽象的なパターンが存在していると言うことができます。このパターンで使える様態込み動詞には非常に色々な種類があります。それらを覚えるのは大変ですが，覚えれば様々な移動を英語で表現できるようになって楽しいとい

う側面もあります。

　次に，「通常の手段による移動が困難な状況で，特殊な手段によりなんとか移動する」という場合には，動詞に移動の手段の情報を込めた［動詞＋one's way＋経路前置詞句］という形式が利用可能であることを見ました。ただし，［動詞＋one's way＋経路前置詞句］という抽象知識を想定することが可能とはいえ，実際に母語話者が発話する際には［push one's way＋経路前置詞句］や［talk one's way＋経路前置詞句］などの具体的なよくある言い回しの知識をそのまま使っていたり，それを少しだけ変えて使っていたりする可能性が高いということを指摘しました。

　最後に，経路の通過部分を表す前置詞のうち多くは（移動動詞ではなく）状態動詞と共に用いて「これこれの経路の終点にある，いる」という意味を表すことができることを見ました。しかし，byやviaなど通過部分を表す能力をもちながらも終点フォーカスの用法を持たない前置詞もあるので，結局のところ，各前置詞が終点フォーカスの用法を｜持つ／持たない｜という事実を多くの実例に出会う中で記憶する必要があります。

REVIEW

- 英語は経路情報を動詞ではなく前置詞に込めるのを好む。動詞には移動の様態に関する情報がよく込められ，［様態込み動詞＋経路前置詞句］というパターンが好まれるという特徴がある。この様態込み動詞を使いこなせると英語の移動に関する表現力が豊かになる。

- 「通常の手段による移動が困難な状況で，特殊な手段によりなんとか移動する」という場合には，動詞に移動の手段の情報を込めた［動詞＋one's way＋経路前置詞句］という形式（way構文）が利用可能である。自然な運用のためには［push one's way＋経路前置詞句］や［talk one's way＋経路前置詞句］などの具体的なよくある言い回しを覚える必要がある。

- 経路の通過部分を表す前置詞のうち多くは状態動詞と共に用いて「これこれの経路の終点にある，いる」という意味を表すことができる。ただしbyやviaなどこの用法を持たないものもある。

●注

1 日本語と英語が似た性質を持っているために日本語の影響で英語の習得が楽になることなんてあるのか，と驚かれた方がいらっしゃるかもしれません。言語学の訓練を受けないと気付きにくいことではありますが，実際そのようなケースはたくさんあります。たとえば，以下の実例を見てください。

[状況説明] Helen は飼い犬 Buzz と一緒に Dan の運転する車に乗っています。

She [=Helen] was dying for a cigarette but too ashamed to light one up **in front of** Dan. Instead she made do with the smell of sun-baked grass that carried on a hot wind from the plains. Buzz sat blinking and licking at it with his head poked out of the window behind her head.

(Nicholas Evans, *The Loop*)

ヘレンはタバコが吸いたくてたまらなかったが，ダンの前で一服するのも気が引けたので，かわりに，平原から吹いてくる熱風に乗って運ばれてくる干上がった草の香りを嗅いで我慢した。バズはヘレンの頭の後ろのドアから頭を出して，目をパチクリ，舌をペロペロしていた。

この例ではヘレンはダンの車の助手席に乗っていると考えられます。したがって，ヘレンはダンの front の位置には座っていないことになります。言ってみれば「ダンのいるところで，ダンのそばで」くらいの意味で in front of Dan と

言っていることになります。このように厳密には「前面の位置」ではないのに，皆さんはこの実例を見たとき，in front of が使われていることを自然と受け入れられたと思いますし，もっと言えば自分でこういう英語を使うこともできるという気さえするでしょう。これは日本語の「〈人〉の前で」が厳密な「〈人〉の前面の位置で」だけでなく「〈人〉のいるところで，〈人〉のそばで」の意味でも使えることの影響だと考えられます。

2 2 節の内容については松本（1997）（→ p.341 ⑨）から多くを学びました。

3 この in は前置詞的副詞（→ p. 26）です。

4 本書の way 構文の例は，空間的移動タイプにせよ，比喩的移動タイプにせよ，文の主語に「これこれの移動を達成したい」という意図があるものばかりでした。しかし，相対的には低頻度ながら drink one's way to the grave「酒の飲みすぎであの世に逝ってしまう」など，このような意図が含まれない例もあります。

5 倒れないように何かを掴むときの表現については第 2 章 7.3 節の (25)（→ p. 61）もご参照ください。

6 この forward は前置詞的副詞（→ p. 26）です。

7 この down は「…を下って」ではなく「〈細長い経路〉をまっすぐ進んで」の意味であることに注意してください（第 6 章 3 節 (pp. 122–124) も参照）。

8 この段落は Langacker (1998)（→ p. 343 ㉒）の発想に基づいています。

第4章 経路にまつわるあれこれ

第5章

will be P 構文

1. will be P 構文とは

　英語には，近い未来における移動を宣言したり約束したりするのによく用いられる will be P 構文（P = preposition「前置詞」[1]）とでも呼ぶべき構文があります。

> (1)　D.J., why don't you wait downstairs, and we**'ll be down** in a minute.　　(*Full House*, Season 1, Episode 13)
> D.J., 下で待ってたらどうだ。僕たちもすぐ降りていくから。

　実例をパターンに分けて提示する前に，will be P 構文の特徴を先にまとめておくと，以下のようになります。

① 主語は一人称代名詞 {I / we} の場合が多い。
② 状態動詞である be を用いているが，これから行う移動を表す。
③ P で指定される到着場所には聞き手がいる（聞き手への移動を表す）場合

が多い。

④「すぐに」の意味の right や in a {minute / moment} などの副詞表現と一
　緒に用いられることが多い。特に right が高頻度。

これらの条件が実例においてどのように満たされているのかを見ていきま
しょう。

　まずは P に out または in が入る例を見てみましょう。④の副詞表現に
は下線を引きます。

(2)　[状況説明] Jack はトイレに入りたくて仕方がないのですが，あい
　　にく妻 Joy が入っています。

Jack:　Hon?

Joy:　Yeah.

Jack:　Uh … if I could just get in there for a sec …

Joy:　I'm almost done. **I'll be** <u>right</u> **out**.

Jack:　"Be right out" is not really gonna work. Like …
　　　　uh … be right out right now.

(映画 *What Happens in Vegas*)

ジャック：ハニー？

ジョイ：　なあに。

ジャック：あのさ…ちょっと入ってもいいかな…

ジョイ：　あとちょっと。すぐ出る。

ジャック：「すぐ出る」じゃダメそうっていうか…その…今すぐこ
　　　　　の瞬間に出てほしいっていうか…

(3)　[状況説明] Frances が，暗室内にこもっている Paul に暗室の外
　　から話しかけます。

Frances:　You've been in there over an hour.

Paul:　　It'll be a minute or two. **I'll be** <u>right</u> **out**.

第5章　will be P 構文

> Frances:　Well, hurry up. I'm tired of waiting around.
>
> 　　　　　　　　　　　　　　　　　　　(*Columbo*, Episode 27)
>
> フランセス：あなた 1 時間以上も部屋にこもってるのよ。
> ポール：　　あと 1，2 分で終わる。すぐそっちに行く。
> フランセス：いいから早くしてよ。待ちくたびれたわよ。

(4)　[状況説明] Howard が部屋の外で大きな声を出しているので，
　　　Stephanie が中から出てきます。

> Stephanie:　Howard, is everything okay?
> Howard:　　Yeah, baby, **I'll be** <u>right</u> **in.**
>
> 　　　　　　　　　(*The Big Bang Theory*, Season 2, Episode 8)
>
> ステファニー：ハワード，何かあったの？
> ハワード：　　大丈夫だよ，ベイビー。すぐに中に入るからね。

(5)　[状況説明] 大豪邸の家主が庭にいると，庭に設置されている電話
　　　が鳴ります。電話に出ると，来客があることを告げられます。

> Yes? All right. **Be** <u>right</u> **in.**　　　(*Columbo*, Episode 4)
>
> 何かね。わかった。すぐに中に入る。

(2) (3) の out の例では話し手がトイレ・暗室から出る移動が表現されて
おり，その移動した先には聞き手がいます。(4) (5) の in の例では話し手
が部屋・豪邸の中に入る移動が表現されており，移動の先には聞き手がい
ます。なお，(5) では I'll が省略されています。

　次に，P に up または down が入る例を見てみましょう（(1) も見直して
ください）。

(6)　[状況説明] 2 階で留守番中の Louise が 1 階の物音に反応します。
　　　Louise:　　Samantha? Is that you?

106

Samantha: Oh, uh, hi, uh, hi, Louise. **I'll be** right **up**.

Louise: Oh, no, no, no, no, **I'll be** right **down**.

(Bewitched, Season 3, Episode 20)

ルイーズ：サマンサ？　帰ってきたの？

サマンサ：あ，えっと，あ，ただいま，ルイーズ。すぐに上に行く
わね。

ルイーズ：あー，いや，いいわよ，私が降りていくわ。

(7) Richard buzzes from the lobby. Mom rushes to the intercom and yells, "We**'ll be** right **down**! And happy birthday!" We walk downstairs [...]

(Rebecca Stead, When You Reach Me)

リチャードがマンションのエントランスからチャイムを鳴らした。
お母さんは急いでインターホンに出て，大声で「すぐ行くからね！
あとお誕生日おめでとう！」と言った。私たちは 1 階に降りてい
き［…］

(8) ［状況説明］Thomas は木陰にいる娘 Sabrina に，一緒に自宅（2
階）に帰ろうと声をかけます。

Thomas: Come along, Sabrina.

Sabrina: In a minute, Father. You go ahead. **I'll be up**
soon. (映画 <i>Sabrina</i>)

トーマス：さあおいで，サブリナ。

サブリナ：ちょっとしたらね。お父さん先に帰ってて。私もすぐ行
く。

第５章　will be P 構文

ここでもやはり，話し手が聞き手の元にすぐに移動するということが宣言
されています（(7) ではセリフの続きの部分で話し手たちが実際に移動し

ていくところも描かれています）。

　今まで見た例は will be {in / out}，will be {up / down} というように対義表現のペアが存在するものでしたが，そうでないケースとして，will be over と will be by，それから will be back をあげることができます。will be over は，電話やメールなどの相手に対して「すぐにそちらに向かいます」と言いたいときに用いられます。

---

(9)　［状況説明］話し手は飼い犬を預けている獣医と電話をしています。

He's moving. Oh, that's terrific. All right. **I'll be** <u>right</u> **over**. Thank you, sir. Thank you very much.

(*Columbo*, Episode 16)

元気に動いてるんですね。それは良かった。はい，すぐにそちらに向かいます。ありがとうございます。本当にありがとうございます。

---

(10)　［状況説明］女性が夫 Patrick の職場である警察署に電話をかけました。

　　'He's [= Patrick's] lying on the floor and I think he's dead.'

　　'**Be** <u>right</u> **over**,' the man said.

(Roald Dahl, "Lamb to the Slaughter")

「夫が倒れてるんです。息をしてないみたいなんです」
「すぐ行きます」と警官は言った。

ここで注意しなければならないことが2つあります。まず，聞き手は結構離れた場所（少なくとも話し手のいる領域の一部とは見なしがたいような場所）にいる必要があるということです。over が離れたところへの移動を好むというのは will be over に限った話ではありません。たとえば，

離れたところに立っている人を呼ぶのに Over here!「こっちこっち！」と言うのは自然ですが，ソファーですぐ横に座っている恋人を抱き寄せるながら「おいで」の意味で言うなら Come here の方が Come over here よりも自然です。他にも walk over to the window と walk to the window を比べてみると over を入れた方が窓までの距離がちょっと遠いような感じを受けます。注意点の 2 つ目は，will be over の over が「上に」の意味を担うことはない，つまり，will be over が「上に行くよ」の意味になることはないということです。これは will be P 構文という抽象知識と over という語単体についての知識だけを持っていても予測することができない事実です。will be over は will be over として覚える必要があります。

次に will be by について考えましょう。この表現の面白いところは，by の「そばに」の意味が生きているのではないということです。will be by は実は立ち寄りの by の用法（e.g. stop by, drop by（第 13 章 (38)（→ pp. 256–257) を参照）の一種であり，「あなたのところに寄る」という意味を表すのです。

(11) **I'll be by** first thing in the morning.

(*Bewitched*, Season 3, Episode 17)

朝一番にここに寄るからね。

(12) [状況説明] Joey が電話でクイズに答えて正解し，コンサートチケットをもらえることになった直後の電話です。

My name is Joey Gladstone.[2] **I'll be by** to pick the tickets up this afternoon. (*Full House*, Season 5, Episode 6)

ジョーイ・グラッドストーンと申します。今日の午後にチケットを受け取りに行きますので。

さらに will be by は，right や in a minute ほど急な「すぐに」を表す語句とは相性が悪く，first thing in the morning や this afternoon くらいのゆるい「すぐに」系表現と結びつくという特性を持つのですが，この特性も stop by など立ち寄りの by にも見られます。will be by が by の「そばに」の用法ではなく立ち寄りの用法で用いられるというこの事実は，will be P 構文という抽象知識と by 単体についての知識だけ蓄えていれば自力で予測できるものではないでしょう。

最後に P に back が入る場合を見ておきましょう。

(13)　Just wait here. **I'll be** <u>right</u> **back**.　　　　(*Columbo*, Episode 3)
ここで待っててくれ。すぐ戻る。

(14)　Don't go without me. **I'll be** <u>right</u> **back**.

(映画 *The Wizard of Oz*)
私をおいて行かないでくださいね³。すぐに戻ってきますから。

ここで表現されているのは，話し手が元の位置に戻ってきている状態（be back）がすぐに（right）達成されるということ，つまりすぐに戻ってくるということです。そしてその back の位置には聞き手がいることが想定されています。

2. will be P 構文の周辺

will be P 構文は——といってもどんな言語のどんな構文もそうだと思いますが——微妙に異なる変種がたくさん連なって連続体をなしています。境界線をはっきりさせるのは難しいですし，無理に区切ったところで，それで英語が上手になることはないと思います。それよりも，どんな

風に広がりうるのか，そのゆるやかさを知っておくことの方がはるかに役
に立ちます。

たとえば，頻度は低いですが，主語が一人称でない場合もありえます。

(15) I promise Danny **will be down** in just a second.

(*Full House*, Season 1, Episode 17)

ダニーは必ずすぐに降りてきますので。

(16) [状況説明] Simon は入院中，飼い犬を Melvin に預かってもらっ
ていました。以下は Simon の退院後に Simon のパートナー Frank
が Melvin に対して言うセリフです。

He [= Simon] definitely wants him [= his dog] back
right away. He**'ll be by** tomorrow.　(映画 *As Good As It Gets*)

サイモンはすぐに犬を返してほしがっているんだ。明日そっちに行
くと思うよ。

巷で「時制の一致」の名で知られている現象により will が would になる
ケースも（低頻度ながら）あります。

(17) I knocked. When she didn't answer, I knocked again
and asked if she was all right. She was coming, she
said, she **would be out** in a minute [...]

(Paul Auster, *The Book of Illusions*)

私はノックした。返事がないので⁴，もう一度ノックして，大丈夫
かと訊いてみた。いま行きます，すぐ出ますから，と彼女は言
い　[…]　(柴田元幸（訳）『幻影の書』)

また，P の部分が 2 語以上になる場合があります。(18)(19)のような例
は特に頻度が高く，will be with you 構文として認識しておいてもよいか
もしれません。

> (18)［状況説明］ある部屋の中で Franklin が雑誌記者のインタビューに
> 応じています。そこに刑事 Columbo がやってきます。話をしたい
> 様子の Columbo に Franklin が次のように言います。
>
> As soon as I finish here, **I'll be** <u>right</u> **with you**.
>
> (*Columbo*, Episode 3)
>
> これが終わったら，すぐ刑事さんの番になりますから。

> (19)［状況説明］Becky は早食い大会の練習中なので，Jesse の話の相
> 手ができません。
>
> Becky: **Be with you** <u>in a jiff</u>！
> Jesse: It's okay. I'll just stay here and snack.
>
> (*Full House*, Season 5, Episode 5)
>
> ベッキー：ちょっと待っててね！
> ジェシー：大丈夫。何かつまんで待ってるから。

ここで表現されているのは空間的な移動ではありません。なにせ話し手と
聞き手はすでに同じ部屋にいますから，「あなたのもとへ移動する」とい
うのは変です。ここで話し手が言っているのは「あなたの話相手をする，
あなたの面倒を見る」などの意味です。この意味で will be P 構文とまっ
たく同じとは言えないのですが，それでも，類似性の高さは明白です。主
語が一人称ですし，聞き手への何らかの意味での接近を表してはいます
し，「すぐに」の副詞も使われています。

　この他，指定された場所に行くことを約束する I'll be there (, I promise)
を関連付けて考えるのも自然でしょう。このように will be P 構文は輪郭

のぼやけた，広がりを持つ構文として捉えるべきものなのです。

3. be 動詞で変化を表すパターンは他にも

　英語には，will be P 構文以外にも，be 動詞で変化の結果状態であることを表す言い回しがたくさんあります。たとえば I want to <u>be</u> a doctor「医者に<u>なりたい</u>」の be a doctor の部分は，be 動詞なので字面上は単に状態を指しているわけですが，医者でない現在から見た未来の「医者である」は，状態は状態でも変化の結果状態に見えます。それによりこの英文の意味は I want to <u>become</u> a doctor と言っているような英文として解釈されるわけです（なお，want to become という表現は want to be と比べれば低頻度ですが，間違いというわけではまったくなく，ごく普通に用いられています）。will be P 構文も，P の位置にいない話し手から見た未来の「P の位置にいる」という状態は（移動という）変化の結果状態に見え，それにより移動の表現として解釈されるのだと思われます。

　どうやら英語は，変化の結果状態だということが明らかである場合には変化の部分は表現せず最終状態だけ表現するのを好む場合があるようです。『刑事コロンボ』では，「あなたの奥様は残念ながら亡くなられました」のような死亡報告シーンが多く出てくるのですが，このようなシーンに限って言えば Your wife <u>is dead</u> のような be 動詞表現の方が Your wife <u>(has) died</u> のような変化表現よりも頻繁に出てきます。死んでいる状態が変化の結果状態であるのは自明なので，わざわざ変化の部分を表現（してもよいのだけれども）しなくてよいということでしょう。日本語では（少なくとも死亡を報告する場面では）「｢?あなたの奥様は残念ながら ｛死んでいます，生きていません，etc.｝｣」は非常に不自然ですね。自然である「あなたの奥様は残念ながら亡くなられました」では「亡くなる」というように変化の部分が明示的に表現されています。こうした日本語からの影響か，日本語母語話者が書いた英文には，英語母語話者が書いた場合と比べ

ると，変化動詞の使用が多い印象があります。

　変化動詞が不要（be 動詞で十分）なのは変化を表す表現が文中に存在するためだ，と考えられるパターンもあります。たとえば until ... be ... を例にあげることができるでしょう。日本語だと「…であるまで」ではなく「…になるまで」と発想したくなるところです。

---

(20) I don't think I can wait 10 more days <u>until</u> I'm Mrs.
Darrin Stephens.[5] 　　　　　(*Bewitched*, Season 4, Episode 20)
待ちきれないわ，ダーリン・スティーブンズの奥さんになるまであと 10 日もあるなんて。

---

(21) And if all this is right, then the accomplice ── whoever
that might be ── waited <u>until</u> everyone **was** watching
the movie you showed that night and then got rid of the
body. 　　　　　(*Columbo*, Episode 51)
この仮説が正しいとすれば，共犯者は ── まあ誰だかわかりませんけど ── みんなが映画を見ている状態になるまで待ったんでしょう。あの日の夜，あなたが上映した映画をね。で，共犯者はそれを見計らってから死体を始末したんでしょう。

---

(22) [...] I waited <u>until</u> the dinner **was** over [...]
　　　　　(Emily Giffin, *Baby Proof*)
［…］夕食が終わるまで待った ［…］

副詞 again と結びついた be X again も，変化動詞を使う必要はありません。「再び X」と言っている以上，X でない状態が続いていたことは自明なので，再度の X 状態は変化の結果状態だとわかります。

(23) After six or seven months, Tom vanished. In Maria's story, he ran off with someone else; in Sachs's story, he died of an overdose.[6] One way or another, Lillian **was** alone <u>again</u>.　　　　　　　　(Paul Auster, *Leviathan*)

半年かそこらして，トムは消えた。マリアの説では，駆け落ち。サックスの説では，麻薬のやり過ぎで死亡。いずれにせよ，リリアンは再び1人になったのだ。

(24) ［状況説明］呪いが解けて人間に戻った息子 Chip を見た母親のセリフです。

Chip! Look at you! You**'re** a little boy <u>again</u>!

(映画 *Beauty and the Beast*（実写版）)

チップ！　あなた！　普通の男の子に戻れたのね！

副詞 suddenly も be 動詞とよく結びつきます。suddenly と言っている以上，何らかの変化があったことはわかるので，わざわざ become 系の表現を使うまでもない，ということなのでしょう。

(25) I **was** <u>suddenly</u> on the verge of tears.　(Paul Auster, *Leviathan*)

急に目に涙が浮かんだ。

(26) Van Smoot House was a gorgeous mansion right on the Hudson River. It had everything Marshall and Lily wanted for their wedding,[7] but it was never available. And then, <u>suddenly</u>, it **was**.

(*How I Met Your Mother*, Season 1, Episode 20)

> バン・スムート・ハウスはハドソン川沿いにある大豪邸。マーシャ
> ルとリリーが結婚式に望むすべてがそこにはあった。しかし予約は
> 常にいっぱいだった。と思っていたそのとき，急に空きができた。

　本章のメインテーマである will be P 構文は，このように可能なら変化
表現を使わずに be 動詞で済ませようとする英語の傾向の現れの 1 つとし
て捉えることができるわけです。

4. まとめ

　本章は will be P 構文の特徴を見てきました。will be P 構文は，典型的
には話し手が聞き手のいる位置にすぐに移動するということを表すのに用
いられる構文です。P には {in / out}，{up / down}，over，by などが入り，
副詞には（will be by の場合を除いて）right が用いられることが特に高頻
度です。この構文は主語が一人称以外であるパターンや，will be with you
などと連続的につながっており，広がりを持っています。そして，この構
文は「be 動詞で変化の結果状態を表す」という英語の大きな傾向の現れ
の 1 つとして位置付けられるものです。

　will be P 構文の全体的な特徴を記述するとこのようになりますが，will
be P 構文を使いこなすためには，結局のところ will be out や will be over
などの表現を一つひとつ覚えることが必要です。たとえば，will be over
では over が「上に」ではなく「相手側に」の意味を担うとか，will be by
では by が「そばに」ではなく「立ち寄って」の意味を担うとかいったこ
とを 1 つ前の段落の記述だけから確信をもって予測することはできませ
ん。will be P 構文全体の共通性を抽出して満足するのではなく，各表現に
ついての具体知識も蓄えるようにしましょう。

第5章 will be P 構文

- will be P 構文は典型的には話し手が聞き手の元にすぐに移動するということを表す。

- will be {in / out}「{中／外}（というあなたのいる場所）に行く」, will be {up / down}「{上／下}（というあなたのいる場所）に行く」, will be over「そちら（電話やメールの相手であるあなたがいる, 離れたところ）に向かう」, will be by「（あなたのいる場所に）立ち寄る」, will be back「（あなたのいる位置に）戻ってくる」などの個別表現を覚える。

- 主語が一人称でない場合や will be with you など, P が 2 語以上の場合もある。

- will be P 構文は「be 動詞で変化の結果状態を表す」という英語の大きな傾向の現れの 1 つして位置付けられる。

117

●注

1 P は preposition「前置詞」の P のつもりですが，主に前置詞的副詞（→ p. 26）ばかりが該当するので，文法用語に詳しい方は particle「不変化詞」の P だと考えていただいても構いません。ただし，前置詞的副詞なら何でも，または不変化詞ならば何でも，will be P 構文で用いることができるわけではありません。結局どの語なら will be P の P になれるのか（そしてその場合にはどのような意味になるのか）を一つひとつ覚えることが必要になるので，P のカテゴリー名にこだわっても仕方がないわけです。

2 My name is ... という表現は教科書の中でしか使われないという誤った指摘がなされることがありますが，実生活の中で普通に使われています。

3 日本語では「〈人〉をおいて（先に）行く」とはよく言いますが，「〈人〉なしで行く」は意味こそわかるものの普通の言い方とは違う感じがすると思います。一方で英語の go without *sb* はよくある言い回しです。この言い回しを知っていることは，without を知っていることの重要な一部だと思います。

4 when 節を自然な日本語に訳そうとして「ので」に落ち着くケースの 1 つが，今回のように，when 節内が「当然起こると思っていたことが起こらなかった」という内容になっている場合です。以下の実例でも「とき」より「ので」の方が自然でしょう。

"I'm doing it right this time," he

[= O'Connor] continued, **when** she [= Juliet] didn't speak.

（Mary McNamara, *Oscar Season*）

ジュリエットが黙っていた〔ので／？とき〕，オコナーは続けた。「今回はちゃんとやる」

5 夫のフルネームに Mrs. を付けることによって妻の側を指すというパターンです。実例を追加しておきます。

[状況説明] 語り手が数年ぶりに Mrs Witherspoon と再会したときのセリフです。語り手は Mrs Witherspoon が Orville Cox なる男と再婚したということはすでに知っています。

You look swell, Mrs Witherspoon. Really grand. Or should I be calling you Mrs Cox? That's your new name, isn't it? **Mrs Orville Cox.** （Paul Auster, *Mr Vertigo*）

元気そうですねえ，ミセス・ウィザースプーン。相変わらず綺麗だし。それともミセス・コックスって呼ぶべきかな？いま，そういう名前なんだよね？　ミセス・オーヴィル・コックス

（柴田元幸（訳）『ミスター・ヴァーティゴ』）

6 die of ... については第 12 章 1 節（→ pp. 230–232）もご参照ください。

7 want X for Y は第 10 章（→ pp.188–209）で扱う相対的未来にまつわる for の一例です。(26) で言えば，their wedding の時点はあれやこれやを want している時点に比べて未来です。

第6章

差分スロット

1. 差分の大きさを語ろう

　日本語にも英語にも，何かと何かの間に差があるということを含意する表現がたくさんあります。ここで言う「含意する」とは，意味の中に必ず含むということです。たとえば「AはBよりも背が高い」と言えば，AとBの間には必ず身長の差があることが必然的に伝わります。「レースで勝つ」と言えば勝者と敗者の間にタイムの差があることを含意します。

差分の大きさ

　このような表現を本章では**差分含意表現**と呼ぶことにします。英語の差分含意表現の例として，比較級をあげることができます。A is taller than Bと言えば，AとBの間に身長差があることが含意されます。その身長差をたとえば2インチだと明示したい場合には，どうしたらよいのでしょうか。方法はいくつかありますが，その1つがA is two inches taller than Bのようにtaller の直前にtwo inches という情報を置くというものです。比較級（e.g. taller）の前には差分情報（e.g. two inches）を入れることが

できる箱がくっついていると考えると良いと思います。この箱のことを本書では「**差分スロット**」と呼ぶことにします。差分スロットは空の場合もあれば（e.g., A is taller than B）差分情報で埋められている場合もある（e.g., A is two inches taller than B）ということになります。

　身長の差分が「頭1つ分」だった場合には，差分スロットを a head で埋めて(1)のような言い方をすることができます。なお，本章では実例内の差分情報に対応する部分を下線で，差分含意表現を**太字**で示します。

> (1) The boy, at least <u>a head</u> **taller** than my father, looked down at him with a cold, arrogant-laughing glare, and said nothing. (Roald Dahl, "Galloping Foxley")
> その少年は私の父親よりも少なくとも頭ひとつ分は背が高く，父親を馬鹿にするような冷たい目でギロリと見下ろしたが，何も言わなかった。

この考え方を使えば，「はるかに多くの本」は many more books であって* much more books ではないのに，「はるかに多くの牛乳」は much more milk が正しいのはなぜなのかもよくわかります。本の差分は many books であり，牛乳の差分は much milk だから，それぞれの差分スロットが many と much で埋められるというわけですね。それから，「クジラ構文」や「クジラの公式」の名で知られている A is no more B than C is D というパターンがありますが，この場合には差分スロットが no で埋められています。A が B である度合いと C が D である度合いの間の差分が no（ゼロ）だと言っていることになります（クジラ構文についてもっと詳しく勉強したい方は本多（2017）(→ p. 341 ⑦) を参照することをおすすめします）。

　差分含意表現に prefer をあげることもできます。prefer は「…の方が好き」という意味で，別のものを好きである度合いと差があるということが含意されます。次の例では，prefer の直前にある差分スロットが much で

埋まっていると考えられます。

> (2) You truly are prettier than she. I <u>much</u> **prefer** your eyes.
>
> (Emily Giffin, Something Blue)
>
> ホント，君の方が彼女よりもかわいいよ。君の目の方がはるかに好きだ。

さて，本書は前置詞に関する本なのに，どうしてこんな話をしているのかというと，いくつかの前置詞は差分含意表現として機能し，その直前に差分スロットを持っていると考えられるからです。以下，前置詞ごとに見ていきましょう。

2. 差分表現 + along ...

まずは along です。along ...は①「〈細長いもの〉に沿って進んで」（その細長いもの自体には乗っていない）の意味を表すこともあれば，②「〈細長いもの〉を進んで」（その細長いもの自体に乗っている）の意味を表すこともあります。場面・文脈なしに go along the river というフレーズを与えられても，その川の横にある，川でない何か（道など）の上を進んでいるのか，川そのものの上を進んでいるのか不明です。The cyclists went along the river と言えば①の解釈が優勢で，The boat went along the river と言えば②の解釈が優勢になります。

alongにはこのように2通りの解釈がありますが，そのいずれの場合も，どのくらいの距離を進むのかという差分情報を along の直前に置くことができます。(3)の例では along が②「〈細長いもの〉

① 「〈細長いもの（川）〉に沿って進んで」
② 「〈細長いもの（川）〉を進んで」

第6章　差分スロット

を進んで」の意味で用いられていて，shore という細長いものの上を進む
移動が想定されています。

> (3)　[状況説明] Helen という女性の海辺の散歩が描写されています。
>
> About half a mile **along** the shore was the hull of an old
> yawl that someone had once perhaps intended to rebuild
> but that had now rotted beyond salvation.
>
> (Nicholas Evans, The Loop)
>
> 海岸を半マイルくらい歩いたところに，古いヨール型帆船の船体部
> 分が放置されていた。誰かが修繕しようと思って置いておいたもの
> なのかもしれないが，もはや修復不可能なほど朽ちてしまってい
> た。

差分スロットが about half a mile という情報で埋まっています。海岸を進
むスタート地点と放置された船体部分の位置の間に半マイル（約 0.8km）
ほどの開きがあるということです。なお，海岸線の上を半マイル進む移動
の終点に船体があるということなので，これは第 4 章 4 節（→ pp. 96–101）で
扱った終点フォーカスの例だと言えます。

3. 差分表現 + down …

down …は「〈細長いもの〉をまっすぐ進んで」という意味を持ちます。
along …の②の意味を down も持つということなのですが，話し言葉・口
語的な文体では down …の方がはるかに高頻度です。ただし，along …の①
の意味は down …では表すことができませんので，①の意味を表したい場
合には話し言葉・口語的な文体であっても along …が用いられます。

　この down については，down the {street / road}「｜通り／道路｜を｜進
んで／進んだところに｜」はもちろんのこと，down the hall「廊下をまっ

すぐ ｜進んで／進んだところに｜」もよくある言い回しであることに注意しましょう。hall には「ホール，会館」など細長いとは限らないものを指す用法もありますが，down the hall と言うと hall は細長いものである「廊下」の意味に限定されます。

(4) (5) の例では，down ...「〈細長いもの〉をまっすぐ進んで」の直前の差分スロットが「どのくらいの距離を進むのか」という差分情報で埋められています。

---

(4)　Why did you drive <u>three miles</u> **down** Route 23 and take a pee behind a convenience store?

(*How I Met Your Mother*, Season 1, Episode 9)

なんで国道 23 号線を 3 マイルも走ってコンビニの裏でおしっこなんてしてたの？

---

(5)　[状況説明] Deep Purple のギタリストの Ritchie Blackmore がバンドを脱退し，Rainbow という新しいバンドでやっていく決意をしたときについての記述です。

Blackmore's gamble —— for such it was, walking out on a highly successful business to set up shop <u>just a couple of doors</u> **down** the road —— had paid off.

(Dave Thompson, *Smoke on the Water*)

ブラックモアのギャンブルは —— ギャンブルとしか言いようがないだろう，波に乗っている仕事を辞めて道路沿いのほんの数軒先で新しい事業を立ち上げようとするなんて —— 成功をおさめていた。

---

(5) は少し難しいと思うので，本題に入る前に全体を丁寧に解説します。主語は Blackmore's gamble，述語は had paid off です。ダッシュで挟まれた部分は，ブラックモアの決心を gamble という言い方で言い表すのが妥

当である理由を説明する挿入節です。for は接続詞で「というのも…だからだ」の意。接続詞の for はこんな風に直前の言葉選びが妥当であると言える理由を挿入するのにもよく用いられます[1]。such it was は it was such の such を前に出したもので，such は gamble を指します。it が指すのは続く walking out on a highly successful business to set up shop という動名詞部分です。walking out on a highly successful business「大成功をおさめている仕事を辞める」は比喩的にディープ・パープルからの脱退を指し（walk out on ... については平沢（2022b）(→ p. 341 ⑥) を参照），to set up shop just a couple of doors down the road「道路沿いのほんの数軒先で新しい事業を立ち上げようとする」はレインボーという成功するかどうかわからない新バンドの立ち上げを指します。

　さて，本題の差分の話です。down the road は移動の経路を表現しているわけですが，その直前の just a couple of doors により，その経路を移動する距離，位置上の差分が表現されています。この「ほんの数軒」という差分の小ささは，ディープ・パープルとレインボーの音楽的な近さに対応しているものと思われます。なお，数軒分の移動の終点で店を出すということなので，これも (3) と同じく終点フォーカスの例です。

4. 差分表現 + through ...

　第15章 (→ pp. 285–298) の通り抜けない through「〈3 次元空間〉を進んで」も直前に差分スロットを持っていると言えます。(6) では差分スロットが seven miles という落下距離（位置的差分）で埋められています。

(6)　［状況説明］語り手の妻 Helen と息子 Todd は，Helen の父親の見舞いに向かう途中，飛行機事故で命を落としてしまいます。語り手は，息子の学校の校長が欠席許可を出さなければ Todd は命を落とさずに済んだのではないかと考えています。

The principal was reluctant but understanding, and in the end she gave in. That was one of the things I kept thinking about after the crash. If only she had turned us down, then Todd would have been forced to stay at home with me, and he wouldn't have been dead. At least one of them would have been spared that way. At least one of them wouldn't have fallen <u>seven miles</u> **through** the sky [...].　　　　　（Paul Auster, *The Book of Illusions*）

校長先生は欠席許可を出すのを渋っていたが，理解のある先生で，最後には折れて許可を出した。事故があってからどうしても考えてしまうことの１つがこのことだった。校長先生が欠席許可を出すのを拒否してくれてさえいれば，トッドは私と家に残るしかなくなり，死なずに済んだはずだ。そうすれば少なくとも１人は無事だったんだ。そうすれば少なくとも１人は空を１万メートルも落下することはなかったんだ［…］

5. 差分表現＋in（to ...）

　into も差分表現と頻繁に結びつきます。もちろん drive ten miles into town「車で町に入り 10 マイル進む」のような言い方もできますが，特に多いのは［差分＋into＋領域，SV］「〈領域〉に〈差分〉だけ入ったところで，SV」というパターンです。ここには three miles into the country で「その国に３マイルほど入ったところで」のような空間用法も含まれるのですが，はるかに高頻度なのが (7) のような時間用法です。

(7)　We scored <u>two minutes</u> **into** the second half and played more creatively and that's why we won.

（https://edition.cnn.com/2008/SPORT/football/12/13/club.comeback/）

後半 2 分でゴールを決めて，そこから頭を使った試合運びができ
たので，それが勝因だと思いますね。

(8)　She was planning to get a degree in education and become
　　　a schoolteacher, but <u>one month</u> **into** her first term, she
　　　discovered that she was pregnant.　　(Paul Auster, *Timbuktu*)
　　　彼女は，教育学の学位を取って学校の先生になるつもりだったのだ
　　　が，大学の最初の学期が始まって 1 ヶ月が経ったころ，妊娠が発
　　　覚した。

(9)　[状況説明]「どうあがいても不可確定の試験でやるべきこと」とい
　　　うリストにある項目の 1 つです。
　　　<u>15 min.</u> **into** the exam, stand up, rip up all the papers
　　　into very small pieces, throw them into the air and yell
　　　out "Merry Christmas." If you're really daring, ask for
　　　another copy of the exam. Say you lost the first one.
　　　Repeat this process every 15 min.
　　　　　　　(http://www.cs.cmu.edu/~jbruce/humor/fail_exam.html)
　　　試験開始 15 分後，立ち上がって用紙をすべて細かくビリビリに裂
　　　いて，宙に投げ，「メリー・クリスマス」と叫びましょう。勇気が
　　　あれば，問題をもう 1 枚もらえないか聞いてみましょう。はじめ
　　　にもらったやつはなくしてしまったので，と言って。これを 15 分
　　　おきに繰り返します。

サッカーの試合の後半（45 分），学校の 1 学期（たとえば 3 ヶ月），試験
（たとえば 60 分）という時間領域を空間的な領域のように捉えましょう。
その領域に 2 分，1 ヶ月，15 分だけ入った時点のことを two minutes into
the second half, one month into her first term, 15 min. into the exam と表現

しています。これらはすべて副詞要素の塊になっており，主節を修飾していますから，［時間的差分 + into + 時間的領域，SV］「〈時間的領域〉が始まって〈時間的差分〉だけ経過したときに SV」という風にパターン化することができます。このパターンを使わないとなると，when 節や after 節など時の副詞節を用いることになると思うのですが，日本語母語話者が英語を使うとき，つい時の副詞節を使いすぎて，表現が単調と言いますかワンパターンになってしまうということがあります。この into のパターンを覚えておけばちょっとしたスパイスとして利用することができます。

　さらに発展的な内容に踏み込んでみましょう。「…に入る」という移動を表すにあたって，どこに入るのかが場面や文脈から自明である場合には go into ...や come into ...の to ...の部分を端折って go in, come in だけで済ませることが多いですね。それと同じように，［差分 + into + 領域，SV］も，どの領域の話をしているのかが自明である場合には，to ...の部分を端折って［差分 + in, SV］というパターンが用いられます。

第6章　差分スロット

(10) At first, things looked fine as an elderly Czech man started his trek across some train tracks… But <u>only a few steps</u> **in**, he realized he'd made a terrible mistake.

(https://boredomtherapy.com/close-call-with-train/)

はじめ，ある年配のチェコ人男性が線路の向こう側に渡ろうと歩き出したとき，特に問題はなさそうに思われた…しかし老人は，線路にほんの数歩入ったところで，大変な過ちを犯してしまったことに気が付いた。

(11) <u>One paragraph</u> **in**, he understood that it wasn't merely hard going, it was no going at all. I'm not ready for this, he said to himself. I'll have to wait until I'm older.

(Paul Auster, 4 3 2 1)

一段落進んだところで，アーチーはこの本は理解が難しいというよりもまったくもって理解不能であることを悟った。僕にはまだ早い，もっと大人になるのを待たないと，と心の中で思った。

(12) ［状況説明］Lindy Gardner が語り手に聞かせたいという CD をセットして再生ボタンを押します。すると，弦楽器の音が響き渡ります。なお Ben Webster は実在したサックス奏者の名前です。

A few measures **in**, a sleepy, Ben Webster-ish tenor broke through … (Kazuo Ishiguro, "Nocturne")

そして 2，3 小節入ったところで，眠気を誘うベン・ウェブスター的なテナー・サックスが割り込んできて …

［差分 + in, SV］のパターンは知らないと読解することすら難しく（ひょっとすると誤植のように？）感じられるかもしれません。自分で使うことのハードルが非常に高く感じられると思います。まずは［時間的差分 + into ＋時間的領域，SV］を使えるようになるのが先決でしょう。

6. 差分表現 + away from …

　away from … も差分含意表現です。walk two miles away from the park のように使うこともできますが，頻度が非常に高くぜひここで紹介したいの

が［人間＋be＋差分表現＋away from 場所・状態］「〈人間〉があと〈差分〉で〈場所・状態〉に到達するような位置・状態にいる」です。このパターンは差分が小さい場合に用いられやすいという傾向があります。素直に空間的な用法で用いて We were only three miles away from the village「我々はあとほんの3マイル進めば目的地の村に着くような位置にいた」のように言うことができます。しかし，それと同じくらい，いやひょっとするとそれよりも頻度が高いのが以下のような比喩的用法です。

(13)　［状況説明］草野球の実況です。

　　　Strike two! Well, the Giants are one strike **away from** winning this game.　　　(*Full House*, Season 4, Episode 22)
　　　ツーストライク！　さあ，ジャイアンツは勝利まであとワンストライクです。

(14)　［状況説明］Torres は以前，宇宙空間に Paris と一緒に放り出され命の危険にさらされたときに，Paris に愛の告白をしました。

　　Paris:　　About what you said ... I mean ... the part about ... being in love with me. I realize you were suffering from oxygen deprivation and we were literally seconds **away from** death, so I know you probably didn't mean it.
　　Torres:　Oh, no, no, I meant it.

　　　　　　　　　　　　　(*Star Trek: Voyager*, Season 4, Episode 5)
　　　パリス：この前言ってたことなんだけど…あの…その…僕のことを好きだって話。あのときはほら，酸素が足りなくて死にそうで，大げさじゃなくあと数秒で死ぬってとこだったじゃん。だからきっと本気で言ったわけじゃないだろうってわかってるから。

129

トレス：え，いやいや，本気で言ったのよ。

---

(15) She's sobbing her heart out, and he [= her husband] looks like he's about five minutes **away from** a heart attack.　　　　　(Larry Collins, "Baby-sitting Ingrid")
妻は泣きじゃくり，夫の方はもうあと5分もすれば心臓発作を起こしそうである。

このパターンにおいて到達する先とされている状態は(13)のように良い状態の場合もあれば，(14)(15)のように好ましくない状態の場合もあるわけですね。よくある言い回しに be {a / one} phone call away from ... というのがありますが，これも You're just a phone call away from {your family, help, support, rescue, etc.} という風に使えば「たった電話1本で{家族とつながれる，助けてもらえる，援助がもらえる，救助が来る，etc.}」というように良い意味になりますが，We are one phone call away from nuclear war「我々はたった電話1本で核戦争が始まってしまうような世界で生きているのだ」のように悪い意味で用いられることもあります。

　それから，(13)の例から学んでおくと便利なことがあります。このパターンの from の目的語には動名詞を置くことができるということです。これによって使い勝手がさらに良くなりますね。では，練習問題です。「今や何でもワンクリックで買える」を英語で言うとどうなるでしょうか？たとえば We are now just one click away from buying anything のように表現できます。

　最後に，自分で表現する必要に迫られるかはわかりませんが，ニュース記事などを読んでいて出会うかもしれない高頻度表現として be one paycheck away from ...を紹介しておきたいと思います。たとえば次の英文の意味がわかるでしょうか？

(16) Most Americans are <u>only one paycheck</u> **away from** the street, according to a new survey by personal finance website Bankrate.com.

(https://www.williambranham.com/americans-one-small-emergency-away-from-the-street/)

これは，「たいていのアメリカ人はたった1回給料をもらえなかっただけで路頭に迷うような状態であるということが，個人金融サイトのBankrate.comの最近の調査によりわかった」の意で，要するに大半のアメリカ人が貯金をせずその日暮らしをしているということです（本当にそうなのかどうかは知りませんが少なくとも英文の意味はそういう意味です）。ここでの the street は純粋に空間的な意味での道ではなく，自分の家を持たない路上暮らしの状態を指しています（第1章5節（→ pp. 41–42）参照）。もっとストレートに only one paycheck away from {being homeless / homelessness} などと表現することも可能です。

　本節の冒頭で述べたように［人間 + be + 差分表現 + away from 場所・状態］のパターンは差分が小さい場合に用いられやすいという傾向があります。away という語を使っているのに，言いたいのは「人間が場所・状態に近い」ということなのです。学習者にとってはこの点が混乱の元になりえます[2]。

7. 差分表現 + ahead (of ...)

　「（…よりも）先を行ったところにいて」の意味の ahead (of ...) も差分含意表現です。直前に差分スロットがついており，そこに one step などが入ります。

(17) ［状況説明］自分の新しい髪型を鏡で見て感動した Kimmy のセリフです。

Finally, I'm <u>one step</u> **ahead** of Madonna.

(*Full House*, Season 5, Episode 18)

これでやっとマドンナの一歩先を行けた。

(18) I thought he'd be behind everyone because he hadn't gone to school before. But in most things he's <u>way</u> **ahead** of me. (R. J. Palacio, *Wonder*)

僕はてっきり，学校に行っていなかったオーガストはみんなに遅れを取っているものと思っていた。でもたいていのものはオーガストの方が僕なんかよりもはるかに上手にできる。

(19) ［状況説明］少年 Marty と科学者 Doc の別れのシーン。Doc はタイムマシンで移動しようとしています。

Marty: So <u>how far</u> **ahead** are you going?

Doc: About thirty years. It's a nice round number.

(映画 *Back to the Future*)

マーティー：で，どのくらい遠くまで？

ドク： 30 年ってところか。切りが良いからな。

(18) の way は副詞で「はるかに」を表します（第4章 (24) (→ p. 97) も参照）。比較級と一緒に用いられることも多いです (e.g., *They're way worse than you think they are*)。(19) からは差分を疑問の対象にしたい場合には how far を使えばよいということが学べます。ahead (of ...) 以外の差分含意前置詞も同様で，<u>How far</u> {**along** / **down** / **through** / **into** / **away from**} ... are you going? のように言うことができます。

8. 差分表現＋ out（of ...）

　はじめはちょっと意外に思われるかもしれませんが，out（of ...）も差分含意表現です。ある領域を出るという移動をした場合，その領域と移動の終点の間に距離という差分が発生することになるからです。そしてその差分の情報が out の直前の位置で提示されます。実例を見てみましょう。差分スロットを埋めているのは，(20) では about two miles，(21) では（7節で登場した）way，(22) では far です。(22) についてはイラストも参照してください。

(20) "My great-grandmother's estate is <u>about two miles</u> **out** of town," Helen said. "Go down Main Street and turn right at the fork."
(Carolyn Keene, *The Hidden Staircase*)
「ひいおばあちゃんの土地は街を出て 2 マイルくらい行ったところにあるの」とヘレンは言った。「メイン・ストリートをまっすぐ進んで，三叉路で右に曲がったところ」

(21) Peter:　　 I'm sorry about poor Bryce being killed, but it has gotten Beth out from under his thumb.
Columbo:　Oh, yeah. Yeah. <u>Way</u> **out**, huh?
(*Columbo*, Episode 7)
ピーター：ブライスが死んでしまったことは残念ですが，これでベスも彼の支配から逃れられたことになります。
コロンボ：そうですね，随分と遠くまで逃れることができましたね。

(22) ［状況説明］食いしん坊の Augustus が，水ではなくチョコレートが流れる不思議な川に接近します。

> [...] Augustus was deaf to everything except the call of
> his enormous stomach. He was now lying full length on
> the ground with his head <u>far</u> **out** over the river, lapping
> up the chocolate like a dog.
>
> （Roald Dahl, Charlie and the Chocolate Factory）
>
> [...] オーガスタスは巨大な腹の空腹の叫び以外は何も聞こえなく
> なっていた。全身をしっかり伸ばして地面に寝そべり，身を川の方
> に大きく乗り出して，まるで犬のようにチョコレートをぴちゃぴ
> ちゃと舐めた。

なお，(22) の far out over the river は位置の2段階指定の例になっていま
す（第1章(pp. 26–44) 参照）。(far) out が第1ステップで大雑把な位置指定
を行っており，over the river がより具体的な位置情報を提供する第2ス
テップになっています。

9. まとめ

　本章では，差分含意表現にはその直前に差分スロットとでも呼ぶべき箱
がくっついていて，その箱に差分情報を入れることができるようになって
いる，という見方を提示しました。この［差分表現＋差分含意表現］とい
うパターンには，［差分表現＋比較級］や［差分表現＋prefer］に加えて，
［差分表現＋前置詞句］というパターンが含まれます。そして［差分表現＋
前置詞句］には［差分表現＋along ...］，［差分表現＋down ...］，［差分表

現 + through ...]，［差分表現 + in(to ...)]，［差分表現 + away from ...]，［差分表現 + ahead (of ...)]，［差分表現 + out (of ...)] が含まれます。

　アウトプットを自然なものにするためには，これらよりももっと具体的な知識を身につける必要があります。たとえば［差分表現 + away from ...]は差分が小さい場合に好まれるとか，差分を疑問の対象にしたい場合には差分スロットを how far で埋めるとかいったことは自力で予測できるようなことではないでしょう。図の枝分かれ先にある具体知識を身につけて，なるべくそれに似た形で用いるように心がけることが大切です。

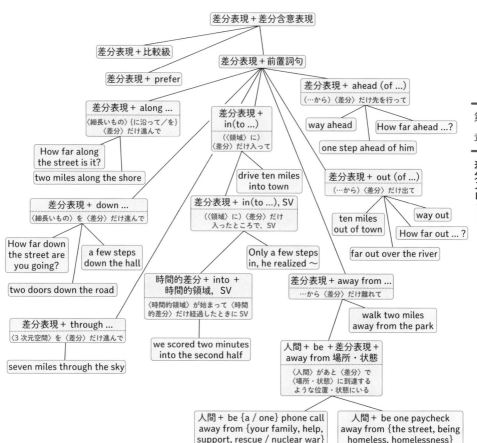

REVIEW

- 前置詞の中には差分含意表現として機能するものがあり，その直前に差分スロットを持つと考えられる。
- ［差分表現 + {along ... / down ... / in(to ...) / away from ... / ahead (of ...) / out (of ...)}］などの形で前置詞が使用される。
- be one phone call away from ...「電話 1 本で…できる」や［時間的差分 + into + 時間的領域, SV］「〈時間的領域〉が始まって〈時間的差分〉だけ経過したときに SV」など具体性の高いパターンをしっかり覚える。

●注

1 本文で述べたように，接続詞の for は直前の言葉選びが妥当であると言える理由を挿入するのによく用いられます。形式としては for that is ... という形を取ることが多いです。

(i) ［状況説明］「君」とその姉の許されざる同居生活についての語り。

[...] you never say a word about what is happening, refuse to explore the ramifications of your monthlong affair, your monthlong marriage, **for** that is finally what it is, you are a young married couple now [...] (Paul Auster, *Invisible*)

［…］起きていることについて一言も言わず，1 ヶ月続く結婚から派生しうる意味を探ろうともしない。そう，結婚。つきつめればこれはそういうことなのだ，いまの君たちは若い結婚したカップルなのだ［…］（柴田元幸（訳）『インヴィジブル』）

(ii) ［状況説明］日曜にランチ会を開く習慣を持つ女性 Anna が Luca という男性と仲良くなりました。

Two weeks into the relationship —— **for** that's what it was: Anna had heard Luca describe her as his girlfriend [...] —— and it was time for the next Sunday Lunch Club. (Juliet Ashton, *The Sunday Lunch Club*)

交際が始まって 2 週間が経って —— そう，交際なのだ，なにせルーカがアナは恋人だと言っているのを聞いたのだから［…］—— 次の日曜ランチ会がやってきた。

(iii) Trin Tragula —— **for** that was his name —— was a dreamer, a thinker, a speculative philosopher or, as his wife would have it, an idiot.

(Douglas Adams, *The Restaurant at the End of the Universe*)

トリン・トラギュラは —— なにせ彼はそういう名前なのだ —— 夢想家と言ってもいいし，思想家と言ってもいい。憶測の得意な哲学者と言ってもいいし，はたまた彼の奥さんの立場に立って，阿呆と言ってもいい。

2 これは野中大輔氏の指摘によります。

関連付けの自由

　以前，非常勤講師として勤めていた大学で言語学概論の授業をしていたときのエピソードです。その日は多義と同音異義の違いがテーマでした。

　多義と同音異義は，１つの形式（典型的には発音）に複数の意味が結びついている点ではどちらも同じなのですが，その意味と意味の間に関連性が感じられる場合には多義と呼ばれ，感じられない場合には同音異義と呼ばれます。たとえば英語の名詞の [bæŋk] に結びついた「銀行」の意味と「土手」の意味には関連性が感じられない人が多いので，bank は同音異義語として扱われることが多いです。一方で，[aɪ] の「眼球」の意味と「目線」の意味は密接に関連しているように感じられるため eye は多義語だと言われています。

　さて，その日，私は多義語の例として日本語の動詞の「実る」を出そうとしていました。まずは「実る」の複数の意味に関連性が感じ取れるということを実感してもらおうと，「努力が実る」と「梨が実る」の「実る」に関連性が感じられるかどうかを学生たち（ほぼ全員が日本語母語話者）に向かって問いかけました。すると，当時の私の予想に反して，かなり多くの学生が「関連性は感じられない」と答えたのです。びっくりした私は，慌てて，「え，え，あ，う，その，梨が実るっていうのは梨にとって種の存続の成功みたいなもので，努力が実るのも成功の一種で…」のようなことを説明したところ

●●●

（動揺していたので本当にこう説明したのか記憶があやしいところですが），何人かの学生が「ハハハ，先生うまいこと言うなあ」のような反応を示したのです。

　授業後，講師の控え室に戻って落ち着いて考えてみたのですが…いやあ，そりゃそうですよね。日本語母語話者が周囲の日本語母語話者と同じように「努力が実る」と「梨が実る」という表現を使いこなせるようになるために必要な知識の中に，これら2つの表現の関連性の知識なんて含まれていないですよね。もちろんその知識を持っていてもいいのですが，持っていなくても問題はありません。これらの表現がどういう場面で，どういう発音（イントネーション含む）で，何を伝達するために使われるのかを知っていれば十分です。

　今の例は学生に気付かせてもらった話でしたが，ごく最近自分で気付いた例もあります。実は「知識を身につける」と「ネックレスを身につける」ってどっちも「身につける」を含んでいるのですよね。私はこれらのフレーズに「身につける」という共通部分が含まれていることに最近までまったく気が付いていませんでした。そして，気が付いてもなお，これらのフレーズを発するときに「身につける」に関する同じ知識を使っているという感じはまったくしません。私が使っている知識は，言語化を試みると，たぶん「〈知識・能力など〉を身につける」と「〈衣類・アクセサリーなど〉を身につける」の知識じゃないかという感じがします。

　歴史的には「努力が実る」と「梨が実る」は関係しているのでしょうし，「知識を身につける」と「ネックレスを身につける」も関係しているのでしょう。しかし，現代の母語話者にとって母語の歴史など知らないのが普通なのです。歴史的に間違った関連付けをしていることだって多くあります。たとえば，これは知人から教えてもらって驚いた例なのですが，「けりをつける」の「けり」は，正しくは，キックの意味の「蹴り」ではなくて和歌や

●●●

俳句の結びに用いられる詠嘆の助動詞「けり」なんですよね。「正しくは」というのは，歴史的に正しくは，ということです（『広辞苑』や『日本国語大辞典』などを確認してもこのような記述が見られます）。しかし現代日本語母語話者の中には，「蹴り」だと思って関連付けている人が実は多くいるのではないかと思います（かつての私のように）。何かこう，バーンとバケツか何かを蹴飛ばして，「このバケツみたいに片付けてやるぜ！」みたいな。

　ここで重要なのは，歴史的真実に照らしてみて「正しい」関連付けをしている話者と「間違っている」関連付けをしている話者の間で，その言語の使い方に違いが生じることは少ないということです。たとえば，歴史的に「正しい」関連付けをしている人（結びの詠嘆の助動詞派の人）がその関連付けを利用して，「今日は別の結びの言葉にしてみよう」と思い立って「今度こそ，めでたしめでたしをつけてやるからな，待ってろよ」と言ったり，詠嘆の助動詞の部分を現代語版にしたい気分になって「今度こそ，『たなぁ』をつけてやるからな，待ってろよ」と言ったりすることはまずないでしょう。逆に，歴史的に「間違った」関連付けをしている人（キック派の人）がその関連付けを利用して「今日は足じゃなくて手の動作にしてみようかな」と思い立ち，「今度こそパンチをつけてやるからな，待ってろよ」と言うこともないでしょう。

　結局のところ，「けりをつける」の「けり」を他のどのような表現とどう関連付けていても，その関連付けを発話に応用しない限り大丈夫なのです。それでは発話には何が重要なのかというと，「けりをつける」という表現がどういう場面で，どういう発音（イントネーション含む）で，何を伝達するために使われるのかという知識です。たとえば，長時間に及ぶ対戦や争いが関わる文脈で用いられやすいとか，「けりをつけてやる」という風にやや荒っぽい宣言の形で用いられやすいとか，そういった知識は多くの日本語母語話者が持っていて，かつ発話に利用している知識でしょう。

●●●

　このように，表現の意味と意味の「関連付け」はしてもしなくてもいい
し，する場合には，どういう風にしたっていいわけです。ここには自由の世
界が開けているわけで…なんて言うと何だか楽しいことのように響きます
が，逆に言うと，ここをこだわって追求したところでその表現を適切に使え
るようになるわけではない，ということでもあります。このコラムの内容を
英語の前置詞の学習に当てはめるとどういうことになるか，ぜひ考えてみて
いただきたいと思います。

●●●

Part II

II 部では，いくつかの前置詞を選び，
その前置詞ごとに議論します。

as

1. 前置詞の as は「…として」か

　英語を嫌いになってしまうきっかけは色々あると思います。関係代名詞とか仮定法とか，いくらでも思い浮かびます。そのうちの1つがこの as という単語でしょう。中学で学習するべき基本的な用法に話を限定しても，そして品詞という非常に大雑把な区分の仕方に絞っても，接続詞と副詞と前置詞という3種類は絶対におさえなくてはなりません。もしも as に続くのが SV という要素だったら，「この as は接続詞だ！　意味的には〈理由〉かな？　〈時〉かな？　〈様態〉かな？　それとも…」のように考えていくことになります。もしも as に続くのが形容詞要素，副詞要素，あるいは many, much だったら「この as は副詞で，同等比較の as ... as ... の1つ目の as だ！　意味的には，何と何をどういう観点から比較しているのかな？」と考えていくことになります。そして，もしも as に続くのが名詞要素だったら「この as は前置詞だ！」と考えることになります。

　さて，本章で扱いたい問題は「この as は前置詞だ！」の続きです。前置詞の as はどのような意味を持つと考えたらよいのでしょうか。おそらく一般的な答えは「…として」ではないかと思います。何かと何かがイ

コールの関係であることを表すということですね。確かに，以下のように，「…として」と捉えてまったく何の問題もない実例もあります。

(1)　[状況説明] Cécile の母親と Walker という男性のやりとりが描かれています。

Be careful with her [= Cécile], Mr. Walker, she [= Cécile's mother] says. She's a complex, fragile person, and she has no experience with men.

I like Cécile very much, he says, but not in the way you seem to be suggesting. I enjoy being with her, that's all. **As** a friend.　(Paul Auster, *Invisible*)

あの子のことは気をつけてね，ムッシュー・ウォーカー。複雑な，壊れやすい子で，男性の経験もないのよ。

僕もセシルのことは大好きですが，あなたがおっしゃっているらしい意味でではありません。一緒にいて楽しいというだけです。友だちとして。　(柴田元幸（訳）『インヴィジブル』)

しかし，「…として」という日本語で捉えることが困難な場合も多いです。たとえば，おそらく中学・高校の授業でも言及されることがあるのではないかと思われる例をあげると，as a child や as a student などがあります。多くの人が一度は経験する身分に言及するのに用いられることが多いパターンです。多くの人が人生で一度は子どもだったり生徒だったりしますね。

(2)　I had always been poor **as** a student [...]

(Siri Hustvedt, *The Blindfold*)

学生時代はいつもお金がなかった […]

(3)　I read to her **as a child**.　　(*8 Simple Rules*, Season 1, Episode 13)
僕は，ケリーがまだ子どもだったころ，読み聞かせをしてあげていたんだ。

(4)　　　　[...] "It's snowing, Aunt Claudia!"
　　　　"Really?" I say.
　　　　"Yeah! Come look," she says.
　　　　I follow her over to the window, remembering how thrilling snowfalls were <u>as a child</u>.　　(Emily Giffin, *Baby Proof*)
　　　[…]「雪が降ってるよ，クローディアおばさん！」
　　　「ほんと？」と私は答える。
　　　「うん！一緒に見ようよ」とゾーイは言う。
　　　私もゾーイのあとに続いて窓辺に行ってみる。そして，ああそういえば子どものころは雪が降るたびに大興奮だったなあと思い出す。

　この用法では，日本語の「…として」が自然に響きません。「…だったころ，…時代」といったように理解するのがよいでしょう。
　ここで，「…として」という訳語暗記がいけないのであって，何かと何かがイコールの関係であることを表すという本質・抽象知識を掴んでいれば大丈夫ではないか，と思われた方がいるかもしれません。確かに，as の実例はほぼすべて，その「本質」の抽象知識さえあれば一応わかったような気にはなれます。しかし，as を含んだ英文を見てわかった気になれるかどうかという次元ではなく，英語母語話者と同じようにして as を使えるかという次元で考えてみてください。何かと何かがイコールの関係であることを表すのが as の本質だという抽象的な知識さえ持っていれば，(2)-(4)の場面で ── そして本章でこれから見ていく実例の場面で ── as が自然に響くはずだと確信を持って判断できるでしょうか。以下の実例

（または，ここでは紙幅の関係で紹介できていない実に多様な使用例）は，慣習化している as の使用パターンや言い回しが色々あるということ，それを一つひとつ覚えないと as を母語話者と同じように使えるようにはならないということを示してくれます。早速見ていきましょう。

2. なりきりのパターン ── 変装・仮装・モノマネ ──

英米の TV ドラマや映画，小説に触れていると，ハロウィンの話になるとやけに前置詞の as が出てくるということに気が付きます。英語母語話者は，ハロウィンに限らず変装や仮装について語るときには as を好んで用います。実例を見てみましょう。

(5)　In homeroom we all talked about what we were going to be for Halloween. Charlotte was <u>going **as**</u> Hermione from Harry Potter.[1] Jack was <u>going **as**</u> a wolfman.

(R. J. Palacio, Wonder)

ホームルームの時間，ハロウィンには何に仮装するかという話で盛り上がった。シャーロットはハリー・ポッターのハーマイオニーの格好をしていくつもりだと言った。ジャックは狼男にするらしい。

(6)　On Halloween night Ruth took me to a party somewhere below Canal Street. [...] Because we had no money for costumes, Ruth borrowed clothes from her brother and we <u>went **as**</u> men.　(Siri Hustvedt, The Blindfold)

ハロウィンの夜，ルースは私をキャナル・ストリートより南のどこかで開かれるパーティーに連れていってくれた。[…] コスプレをする金などなかったので，ルースが弟から借りた服を利用して，男装して行った。

(7) Stuart: So are you guys coming to my New Year's Eve costume party?

Sheldon: Of course. We're <u>coming **as**</u> the Justice League of America.

(*The Big Bang Theory*, Season 4, Episode 11)

スチュアート：みんな大晦日のコスプレ・パーティー来る？

シェルドン：　もちろん。みんなでジャスティス・リーグの格好をしていくよ。

(8) [...] 'Josh, I don't ... <u>you're dressed **as**</u> a ...'

'**As** a woman.' He nodded vehemently. 'I'm transgender, Anna.' (Juliet Ashton, *The Sunday Lunch Club*)

[…]「ジョッシュ，まさか…あなたその格好…」

「女性だよ。」ジョッシュは断固たる態度で頷いた。「僕はトランスジェンダーなんだよ，アナ。」

(9) It was Hannibal, Missouri, boyhood home of Mark Twain, where I'd worked summers growing up[2], where I'd wandered the town <u>dressed **as**</u> Huck Finn [...]

(Gillian Flynn, *Gone Girl*)

その場所はミズーリ州ハンニバル。マーク・トウェインが幼少期を過ごした場所だった。私は子どものころここで夏の小遣い稼ぎをしていた。ハックルベリー・フィンの格好をして町を歩き回り［…］

(5)-(7) で用いられている {go / come} as ...「…の格好をして（パーティーなどに）{行く／来る}」と，(8) (9) で用いられている be dressed as ...「…の格好をしている」はよくある言い回しです。日本語では「ハー

マイオニーとして行く」とか「ハックルベリー・フィンとして服を着ている」とかいった言い方はしないことに注意してください。

　これらの例はすべて，なりきりたい対象の格好をするということを表しているものでしたが，格好以外に声や言動などの点で何かになりきる（いわゆるモノマネのような）場合も as がよく用いられます。以下に実例をあげます。

（10）［状況説明］Joey はお笑い芸人です。

Patty:　Because, despite all the fun we were having, I needed some romance in my life. I needed someone to sweep me up in their arms and say, "I love you."

Joey:　*I* said, "I love you."

Patty:　Yeah, **as** Bullwinkle, Yosemite Sam, Elmer Fudd. I wanted *you* to say it. （*Full House*, Season 2, Episode 19）

パティー：　だって，ジョーイといるのはすごく楽しかったけど，でも恋愛がしたかったんだもの。誰かの胸に飛び込んで，I love you. って言ってもらいたかったんだもの。

ジョーイ：　僕が言ったじゃないか，I love you. って。

パティー：　ええ，言ったわ，ブルウィンクルや，ヨセミテ・サム，それからエルマー・ファッドのモノマネをしながらね。そうじゃなくて，あなた自身に言ってほしかったのよ。

（11）Sheldon:　I heard a woman laughing.

Leonard:　Oh, uh, yeah, I was trying to see if I could laugh **as** a woman. （*The Big Bang Theory*, Season 4, Episode 6）

シェルドン：　女性の笑い声がしたんだけど。

レナード：　あ，えっと，うん，女性の笑い声の真似できるかなと思ってやってみてたんだ。

第7章　as

---

(12)　［状況説明］以下のツイートに埋め込まれた動画では，Kylie
　　　Jenner が口ずさんでいた *Rise and Shine* という歌を投稿者の女
　　　性が色々な歌手のモノマネで歌っています。「...」の部分にはその
　　　モノマネが入ります。（なお，すべて小文字で表記されているのは
　　　原文ママです。）

rise and shine by kylie jenner but **as**: britney ... shakira ...
lorde ... christina ... nicki

　　　　　　　（https://twitter.com/_ellieee14/status/1184595503469776899）

Rise and Shine を歌います。カイリー・ジェンナーの歌ですが，
モノマネで。まずはブリトリー…次はシャキーラ…そんでもって
ロード…お次はクリスティーナ…最後はニッキー

日本語の会話だとしたら，これらの状況で「として」を使うことはまずな
いでしょう。たとえば「Britney のモノマネで歌います」の意味で「Britney
として歌います」と言うのは非常に不自然に感じられます。

　ここまで見てきたのは，格好上のなりきりとモノマネ的なりきりを表す
as の用法でした。これに加えて，cast A as B「A を B 役に抜擢する」や，
『刑事コロンボ』シリーズの冒頭で必ず大きく映し出される PETER FALK
AS COLUMBO「コロンボ：ピーター・フォーク」に見られるような，俳
優の名前と役名を結ぶ as もある種の「なりきり」の用法と考えることが
できます。

3. 理由を表すパターン

　接続詞の as に理由の用法があるのと同じように，前置詞 as にも理由の
用法があります。文頭で（正確には節の頭で）用いられることが多く，
「（当該の文の主語が）…であるので」の意味を表します。

(13) **As** a left-handed person, he tends to cross his left leg over his right leg far more often than his right leg over his left [...]
(Paul Auster, *4 3 2 1*)

左利きのため，彼は脚を組むときに左脚を右脚の上に乗せることの方が右脚を左脚の上に乗せることよりもはるかに多く [⋯]

(14) Simon, like 90% of deaf children, was born to hearing parents. His parents learned enough American Sign Language (ASL) to communicate with their son, but **as** non-native signers, their ASL skills were imperfect.
(Adele E. Goldberg, *Explain Me This*)

聾の子どもの 90% がそうだが，サイモンも耳が聞こえる親のもとに生まれた。両親は息子とやりとりができる程度にアメリカ手話（ASL）を覚えたが，手話のノンネイティブなので，ASL の能力は完璧とは言えなかった。

(15) ［状況説明］医療ドラマのナレーション部分です。

As surgeons, we live in a world of worst-case scenarios. We cut ourselves off from hoping for the best[3] because too many times the best doesn't happen.
(*Grey's Anatomy*, Season 3, Episode 14)

外科医である私たちは，最悪の事態ばかり起こる世界で生きている。なんとか奇跡が起こってはくれないかと祈るのもいつかやめてしまう。祈ったところで奇跡が起こらないことがあまりに多いからだ。

(16) ［状況説明］独身の Barney が帰宅すると，友人の Lily が勝手に上がりこんでいました。

> You are in the heart of bachelor country, and **as** a woman, you are an illegal immigrant here.
>
> (*How I Met Your Mother*, Season 2, Episode 5)
>
> ここは独身男地帯のど真ん中だ。君は女だから，不法移民ということになる。

(13) では，文の主語である「彼」が a left-handed person であることが，he tends to cross his left leg over his right leg far more often であることの理由になっています。(14) では，サイモンの両親 (やはり主語) が non-native signers であることが，their ASL skills were imperfect であることの理由になっています。日本語の「として」も「親として嬉しく思うよ」のように〈理由〉の意味要素がちょっとだけ関与してくる場合がありますが，(13) と (14) で「としては」は変でしょう。(15) と (16) にも同様のことが言えます。やはり「として」という訳語で満足していてはダメで，前置詞の as をこういう風に理由の意味で使えるのだということを覚える必要があります。

　この理由用法の前置詞の as を含んだよくある言い回しとしてカウントするべきなのが，主に文頭で (正確には節の頭で) 用いられたときの as such です。「(直前に言及した人や物が) そのようなものであるので」の意味を表します。

(17) ［状況説明］宇宙船の保安部長が指示に従わない異星人を力でねじふせながら言うセリフです。

> It is going to be a long and perilous journey. **As such**, I will need your full cooperation. Understood?
>
> (*Star Trek: Voyager*, Season 3, Episode 19)
>
> ここから長く危険な道のりになる。したがって (＝ここからはそういう道のりであるから)，あなたの全面協力が必要なのだ。わかっ

ていただけただろうか。

(18) ［状況説明］男性 Ben は語り手（女性）の恋人で，Lucinda は Ben の母親です。

Ben is her [=Lucinda's] clear favorite [...] perhaps because he's the only boy. **As such**, she is desperate for us to change our minds about having a baby [...]

（Emily Giffin, *Baby Proof*）

［…］ベンは，唯一の男の子だからか，ルシンダが産んだ子どもの中で，どう見ても一番気に入られている。だから（＝ベンとはそういう人であるから），ルシンダはベンと私の「子どもは産まない⁴」という決断を考え直してほしくて必死になっているのだ［…］

(19) ［状況説明］ガキ大将である Foxley に関する説明です。

He [= Foxley] was doing his last year, and he was a prefect [...] and **as such** he was officially permitted to beat any of the fags in the house.

（Roald Dahl, "Galloping Foxley"）

フォクスリーは最終学年で，しかも風紀委員［…］だった。そのため（＝フォクスリーはそういう人であるから）彼は同じ寮のどの下級生に対しても自由に暴力を振るうことが公然と認められていた。

第7章

as

(17) の As such は As such a journey の意味であり，さらに噛み砕くと（前置詞ではなく接続詞の as になりますが）As this journey is such a journey ということでしょう。この such a journey は「前のセンテンスに出てきたような journey」の意です。(18) の As such は As such a person の意味であり，さらに噛み砕くと As he (= Ben) is such a person (= Lucinda's clear favorite) ということでしょう。(19) の as such は as such a person の意味で

あり，さらに噛み砕くと as he was such a person ということでしょう。この用法は英和辞典に掲載されていない場合があるので，注意しておきたいところです[5]。

4. まとめ

　この章では，前置詞 as の実例を見てきました。どの用例も，大雑把に言えば日本語の「…として」に対応し，何かと何かがイコールであることを表すと言えます。しかし，そのような漠然とした抽象知識だけでは上にあげた用例を自分で使えるようにはなりません。

　もちろん，as が使われた英文に初めて出会って，理解し始める段階では，「として」という訳語や「イコール」の抽象知識などは大いに役に立つでしょう。しかし，自分で as を英語母語話者と同じように使えるようになりたいと思ったら，重要なのは，この大雑把な理解だけで満足せず，高頻度であるために英語母語話者であれば丸ごと覚えているであろう言い回しを自分も丸ごと覚えよう，そして丸ごと使おうという姿勢を持つことなのです。以下のように図にまとめるならば，アウトプットの際にはできる限り枝分かれの先にある知識を利用することが大切だということです。

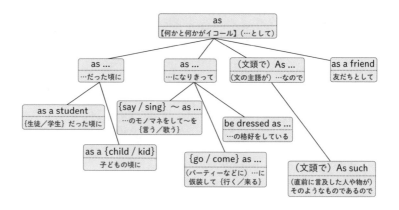

REVIEW

● 前置詞 as の表す抽象的な意味は「何かと何かがイコールであることを表す」という形でまとめられる。

● イコールを表す日本語訳「…として」では対応できない,「…だった頃,…時代」「…になりきって(変装・仮装・モノマネ)」「…なので(理由)」のような場面にも as が多く使われている。

● よくある言い回しには,{go / come} as ...「(パーティーなどに)…に仮装して{行く／来る}」や(文頭で)As such「(直前に言及した人や物が)そのようなものであるので」などがある。

◉注

1 Hermione from Harry Potter は[登場人物 from 作品]「〈作品〉に出てくる〈登場人物〉」というよくある言い回しの例になっています。

2 growing up「子どもの頃に」はよくある言い回しです。「大人になる」の grow up を分詞構文で用いたもので,日常会話や小説で非常に高い頻度で用いられます。

3 hope for the best は「望ましい事態が起こることを願う」という意味のよくある言い回しで,特にそのような良い事態にはならなさそうなときに使われることが多いです(第 13 章注 2 (→ p. 261) hope for X「X を願う」参照)。

4 子どもを産ま「ない」という訳が気になった方がいるかもしれません。原文には not がないのに「ない」を入れると自然になる。これは実は前置詞 about の性質と密接に関わる問題で,重要な問題です。詳しくは平沢(2019b)(→ p. 340 ③)をご覧ください。

5 ちなみに,認知科学者の Thom Scott-Phillips は, *Speaking Our Minds* (→ p. 343 ㉖)という本の中で —— 研究書としてはそう分厚くない本であるにもかかわらず ——,この用法の as such を何十回も用いています。ページによっては見開き 1 枚に 4 回出現します。よくある言い回しといえどもさすがにここまで頻繁に as such を使う書き手,話し手はそう多くないので,個人的な口癖のようなものと言えます。

第8章

away

1. ハグ離れ？

　awayは前置詞的副詞(→p. 26)で，空間的に「離れて，いなくなって」の意味を表すことができることは皆さんご存じでしょう。ここでは，その基本的な用法とはちょっと違った[1]，しかし小説やドラマ，映画などでよく出てくる用法を紹介します。まず次の実例を見てください。

---

(1)　Danny:　Do you mind if I hug you?
　　　Karen:　Hug **away**.　　　　　（*Full House*, Season 3, Episode 15）

カレンのセリフの意味を正しく解釈できるでしょうか？　「もういい加減ハグ離れしてよ」でもなければ「ハグしたら帰って」でもありません。本章ではこのようなawayの意味・用法を明らかにした上で，awayの他の意味・用法とどのようにつながっているのかを考えていきます。

2. 外界から切り離される［動詞 1 語 + away］構文

　Hug away. の話にはあとでまた戻ってくるとして，まずは以下の［動詞 1 語 + away］構文の実例を見てください。ここで away が担っているのは純粋に空間的な「離れて，いなくなって」の意味ではありません。ではどのような意味か，場面・文脈も考慮に入れつつ考えてみてください。

(2)　［状況説明］Lisa が婚約者に会いにその男性の自宅まで来ましたが，家の 1 階，2 階を探しても見当たりません。大声で呼んでも返事がありません。そこで Peck 夫人（この家の家政婦）がある可能性に思い当たります。

Mrs. Peck:　He could be in the new gym, I suppose.

Lisa:　　　I bet it's that electric bicycle I got for him. Oh, isn't he absolutely adorable? I bet he's down there² right now just rowing **away**.

(*Columbo*, Episode 17)

ペック夫人：ひょっとしたら（地下の）新しいスポーツルームにいるのかも。

リサ：　　　きっと私が買ってあげたエアロバイクだわ。まったく，あの人ったら，かわいいわよね！　きっと今ごろ地下で夢中になって漕いでるんだわ。

(3)　［状況説明］老犬（この小説の主人公）が公園で Henry という少年と出会い，40 分ほど一緒に歩いたところで，地面に横たわり，くんくん鳴き始めた場面です。

"You're bushed," Henry said. "Here I am blabbing **away**, and you're all worn out and hungry, and I haven't even bothered to feed you.　(Paul Auster, *Timbuktu*)

155

「疲れたんだね」とヘンリーは言った。「君が疲れてお腹も空かせて
るっていうのに，僕ったらべらべら喋りまくって。まだご飯も食べ
させてあげてなかったね」　　　　　（柴田元幸（訳）『ティンブクトゥ』）

(4)　[状況説明] 父親 Danny と長女 D.J. が2人で真剣に話をしようと
　　　しているのに割り込んでしまった次女 Stephanie が，次のように
　　　言って反省して部屋を出ていきます。

　　　Oops. There I go again. Chattering **away**. Silly me.

　　　　　　　　　　　　　　　　　　（*Full House*, Season 2, Episode 17）

　　　おっと。またやった。喋りまくっちゃった。もう私ったら。

(5)　[状況説明] 語り手（女性）と Marcus は商業施設の家具売り場で，
　　　Dex と Rachel を見かけます。この2人には遭遇したくなかったの
　　　で，声をかけずにその場を去ります。

　　　He [=Marcus] pointed behind me at the staircase
　　　leading to the ground floor. We had an easy escape
　　　route. Clearly, we hadn't been spotted yet. Dex and
　　　Rachel were cheerfully chatting **away**, completely
　　　oblivious to the furniture-shopping coincidence of the
　　　century.　　　　　　　　　　（Emily Giffin, *Something Blue*）

　　　マーカスが私の後ろを指差すので見てみると，1階へ続く階段が
　　　あった。このルートなら簡単に逃げられる。間違いなく，私たちは
　　　まだ気付かれていない。デックスとレイチェルは陽気にぺちゃく
　　　ちゃ喋っている。今まさに今世紀最大の家具集めタイミング一致事
　　　件が起こっているなんて，これっぽっちも気付かずに。

　これらの実例に共通しているのは，away が「しまくる」のような意味を
担っていることです。これは該当箇所の訳を見るだけでもわかることかと

思います。しかし，場面・文脈を含めて考えると，さらに気が付くことがありませんか。それは，「しまくる」は「しまくる」でも，「注意を向けてしかるべき他者がいるのに，構わず夢中・一生懸命になって，外界から切り離されたようにある行為をしまくる」という意味が表されているということです。(2) は「私の声が聞こえてもいいのに」，(3) は「君のことを考えて，ご飯をあげるべきだったのに」，(4) は「パパとお姉ちゃんの気持ちを考えて，黙ったり出ていったりするべきなのに」，(5) は「マーカスと私の存在に気が付いてもおかしくないのに」という状況です。こういった外界への注意を忘れて，自分の世界に入り込んで，夢中になって喋ったり，一生懸命エアロバイクを漕いだりしてしまっているわけです。

　上とは違って特に注意を向けてしかるべき他者がいる状況でなくても，「外界とは切り離されて自分の世界に没頭するようにして，何かを夢中・一生懸命になってやっている」ということを表すのであれば，同じ［動詞1語 + away］の構文が用いられます。

(6)　［状況説明］主人公 Charlie たちが不思議なチョコレート工場の中を見てまわっています。以下は「くるみの部屋」の中を覗いた場面です。

It was an amazing sight. One hundred squirrels were seated upon high stools around a large table. On the table, there were mounds and mounds of walnuts, and the squirrels were all <u>working</u> **away** like mad, shelling the walnuts at a tremendous speed.

(Roald Dahl, *Charlie and the Chocolate Factory*)

なんとも不思議な光景，百匹のリスが，大きなテーブルをかこんで，背の高いベンチに，チョコンとすわっているではありませんか。そのテーブルの上には，くるみの山が，いくつも，いくつもあって，リスたちは，目にとまらぬはやさで，くるみの殻をむくの

に，無我夢中で，せっせと，働いているのです。

（田村隆一（訳）『チョコレート工場の秘密』）

---

(7)　[状況説明] ある映画のワンシーンのカメラワークを説明している
場面です。

Martin is sitting at a desk in one of the upstairs rooms,
pounding **away** at a typewriter. We listen to the clatter
of the keys, watch him work on his story from a variety
of angles and distances. 　　(Paul Auster, *The Book of Illusions*)

マーティンは二階の一室で机に向かい，タイプライターを叩いてい
る。キーのカタカタ言う音を我々は聞き，彼が物語に取り組むのを
さまざまな角度や距離から眺める。　　　（柴田元幸（訳）『幻影の書』）

これらの場面ではリスとマーティンが誰かに注意を向けてしかるべきだと
いう想定はたぶん成り立ちません。しかし，外界とは切り離されたように
して，自分の世界に入り込み，行為に没頭しているという点では，(2)−
(5)の例と似ています。

　ここまで見てきた例では，注意を向けてしかるべき他者がいるケースで
あれそうでないケースであれ，［動詞1語＋away］構文は「外界とは切り
離されて自分の世界に没頭するよう
にして，何かを夢中・一生懸命に
なってする」という意味を表してい
ました。そしてその行為の主体は人
間（または人間のようなものと見な
せる動物）でした。無生物を主語に
することもできますが，その場合に
は擬人化している感じになります。
Ray Jackendoff という言語学者の例

自分の世界に没頭して「しまくる」away

文と説明を見ておきます。

> (8)　The light flashed **away** (despite all our attempts to turn
> it off).　　　　　　　　(Jackendoff 1997: 540) (→ p. 342 ⑰)
> （僕たちが消そうと思ってあれやこれやしているのもむなしく）明かり
> はひたすら点滅を続けた。

Jackendoff によるとこの文には as though the light didn't care about us （明
かりは僕たちのことなんてお構いなし）というニュアンスがあるそうで
す。この説明は本節の分析と合致しています。

3. ［動詞 1 語 + away］構文のよくあるパターン

　前の節では，純粋に空間的な移動を表さない ［動詞 1 語 + away］ の
away に，「外界とは切り離されたようにして，自分の世界に入り込み，行
為に没頭している」という意味があることを見ました。しかし，英語母語
話者が発話の際に利用している知識はこれよりももっと細かく具体的であ
ると考えた方が実態に即していると思います。以下でいくつかのパターン
を見ていきましょう。

3.1. ［無駄話 ［æ］ 動詞 1 語 + away］

　たとえば，(3)–(5) を見直してみると何か気が付かないでしょうか。こ
れらの例では動詞部分が「話す」系動詞になっています。しかも，話すは
話すでも，重要な内容を伝達するようなタイプのものではなく，無駄話や
雑談，お喋りの類です。さらに，第 1 母音が ［æ］ です。第 1 母音が ［æ］
で取るに足らない話をする（しまくる）ことを表す動詞が英語には jabber
や yammer, natter, prattle, rattle, babble, ramble などたくさんあり，こ
れらのことを仮に無駄話 ［æ］ 動詞と呼ぶことにすると，これらの動詞は

away とよく結びつくので，［無駄話［æ］動詞 1 語 + away］という知識
が利用されることが多いと言えると思います[3]。さらに具体的には，［無駄
話［æ］動詞 1 語 + away］の中でも chatter away と chat away は耳にする
頻度が高いので，これらのフレーズは丸ごと記憶・利用されている可能性
が高い，ということも言えます。

　なお，［話す系動詞 1 語 + away］ならば必ず［無駄話［æ］動詞 1 語 +
away］になるとは言っていませんので，お気をつけください。たとえば，
動詞 talk の発音は［tɔːk］または［tɑːk］であって［tæk］ではないですが，
「喋りまくる」の意味で talk away と言うのはごく普通です。

3.2.　［努力関連動詞 1 語 + away］

　それから，(6)の work away「せっせと仕事をする」もよくあるパター
ンの一例と言えます。類例として，肉体的に大変な仕事であることを強調
する toil away をあげることができます。

(9)　［状況説明］話し手は，自身が専務を務め父親が社長を務める会社
　　 Stanford Chemical の所有する化学工場の中を，刑事 Columbo に
　　 案内しています。なお，この話し手は頭はずば抜けて良い（20 歳
　　 のときに化学の博士号を取得するなど）ものの，他人の気持ちがわ
　　 からない人間として描かれています。

　　 Okay, and for your information, Lieutenant, there are 30
　　 Ph.D.'s in this plant, and over 60 qualified chemists.
　　 Yes, there're 10 private experiment rooms just like mine
　　 back there[4]. And that is not even to mention the main
　　 laboratory building, right over there, where 2,000 more
　　 employees toil **away** like merry little gnomes.

　　　　　　　　　　　　　　　　　　　　　(*Columbo*, Episode 8)

　　 ちなみにですね，刑事さん，この工場では博士号所有者が 30 名，
　　 特別な資格をもった化学者が 60 名以上働いています。それから，

> さっきお見せした僕の個人実験室，あれと同じようなのが 10 部屋
> あります。これ，メインの実験棟を除いての話ですからね。実験棟
> はあそこにあるやつで，さらに二千人の従業員がまるで陽気な小人
> みたいにせっせと働いてます。

この話し手はどうして単に work と言うのではなく toil away「せっせと
（肉体）労働に没頭する」と言ったのでしょうか。博士号をもって重役に
就いており，かつ他人の気持ちがわからない存在として描かれていること
を考えると，おそらくこの話し手は，従業員の仕事を知的な鋭敏さを要し
ない単純労働として見下しており，自分のいる知的な世界から切り離され
たものとして捉えているのでしょう。続く like merry little gnomes「まるで
陽気な小人みたいに」では，より露骨に，従業員が人間未満の存在として
表現されています。merry「陽気な」という言葉選びも示唆的です。他人
の気持ちのわからない話し手の目には，単純な肉体労働を押し付けられた
従業員が楽しそうに働いているように見えているわけです。toil away の
「没頭」感と響き合っている感じがします。このように，(9) では，toil
away という表現の選択が話し手のキャラ設定や後続の比喩と密接に関
わっているという点で非常に意味のある選択になっています。toil away
の感覚を掴むのにうってつけの実例だと言えるでしょう。

　work away と toil away の類例として，そこまで高頻度で使われる表現
ではないですが，labor away というのもあります。これらは，[動詞 1 語 +
away] に属しつつ，[努力関連動詞 1 語 + away] というサブカテゴリー
を形成していると言えます。

3.3. [打撃関連動詞 1 語 + **away** + **at** ...]

　[動詞 1 語 + away] に含まれるよくあるパターンとしてぜひ紹介してお
きたいのが，[打撃関連動詞 1 語 + away + at ...] です。(7) の pound
away at ...「…をばんばん叩きまくる」がその例です。類例には chip away

at ...「（のみなどを使って）少しずつ…を削っていく」, chop away at ...
「（斧などを使って）…を切っていく」, hammer away at ...「（金槌などを
使って）…をばんばん叩きまくる」などがあります。これらは［打撃関連
動詞1語 + away + at ...］というサブカテゴリーを形成していると言えま
す。これらのパターンでもやはり，行為者が没頭して夢中・一生懸命な状
態になっているところが想起されますから，「外界から切り離されている
ように」という感じと無縁ではないでしょう。

　ただしここで注意していただきたいのは，この［打撃関連動詞1語 +
away + at ...］のパターンに含まれる具体的な表現の中には，「叩きまく
る」のような意味に加えて比喩的な意味も持つものがあるということで
す。たとえば hammer away at ...は，「（金槌などを使って）…をばんばん
叩きまくる」の意味に加えて，「（説得しようと思って）〈人〉に何度も繰
り返し主張する」などの意味を持ちます。

---

(10)　［状況説明］語り手は，妻に妊娠中絶を考え直すよう説得を試みて
　　　います。

We went on talking for another two hours, and in the
end I wore down her resistance, <u>hammering **away** at her</u>
until she gave in and promised to keep the child. It was
probably the worst struggle we'd ever been through[5]
together.
　　　　　　　　　　　　　　　　　　　　(Paul Auster, *Oracle Night*)
私たちはそこからさらに2時間ぶっ通しで話し合い，最後には私
が粘った甲斐あって妻の反抗も力を失った。妻が折れて「中絶はし
ない」と約束してくれるまで，力説を続けたのだ。これほどまでに
厳しい難局を夫婦で経験したのはおそらく初めてだった。

他にも chip away at ...は，「（のみなどを使って）少しずつ…を削っていく」
に加えて，「〈こと〉が〈自信・幸福感など〉を少しずつ蝕んでいく」など

の意味を持ちます。このように，動詞ごとに異なる熟語化が起こっていることから，英語母語話者は［打撃関連動詞 1 語 + away + at ...］よりもさらに具体的な知識，動詞が特定された知識を利用して英語を使っているということがわかります[6]。

3.4. 命令文の ［動詞 1 語 + away］

［動詞 1 語 + away］は，会話で，命令文の形で用いられることも多いです。その場合には「こちらの気持ちなんて構わず，思う存分 X してくれ」という意味になります。聞き手が X という行為を望んでいることが明示または示唆された場合に使われます。本章冒頭の Hug away. はこのパターンの例だったわけです。以下に実例を追加します。「流れ」も含めてじっくり読んでください。

(11) Robin: I've been out with your type before, and it always gets me into trouble, Jesse.

Jesse: Oh, I'm a type? [...] Go ahead, go ahead, **type away**.

Robin: All right. I'll tell you what exactly what your type is. You're the guitar-playing, leather-wearing, Elvis-loving, motorcycle-riding, girl-chasing, blow-drying, baby-toting, tough-guy type. How's that? (*Full House*, Season 1, Episode 14)

ロビン： あなたみたいなタイプの男と付き合ったことが何度もあるの。毎回うまくいかなかったわ。

ジェシー： え，俺が「タイプ」なんてもんにおさまる男だって？[…] さあさあ，どうぞ思う存分俺をタイプとやらにおさめてください。

ロビン： わかったわよ。それじゃしっかり教えてあげるわよ，あんたのタイプを。ギター弾いて，革ジャン着て，エ

> ルビス・プレスリー大好きで，バイク乗り回して，女
> の子追っかけて，髪をブローでセットして，赤ちゃん
> を持ち歩く，やんちゃ者，そういうタイプでしょ。違
> う？

---

(12) Kirsten:　Can I use your bathroom? I've got to do a
　　　　　　　quick hair check.
　　　Danny:　　<u>Check **away**</u>.　　　　(*Full House*, Season 4, Episode 25)
　　　カーステン：　トイレ借りていい？　サッと髪型チェックしたくて。
　　　ダニー：　　　思う存分チェックしてくれ。

---

(13) [状況説明] Michael の昇進祝いのパーティーで，Ammer が
　　　Michael の夫婦仲について質問しようとするのを Ammer の恋人
　　　Janine がさえぎります。

　　　Janine:　　It's none of our business. Let's let Michael
　　　　　　　　bask in his glory. Cheers.
　　　（Ammer が Michael の方を向く）
　　　Ammer:　　<u>Bask **away**</u>, partner.　　　　　　（映画 *Click*）
　　　ジャニーン：　私たちが首を突っ込むようなことじゃないわ。マイ
　　　　　　　　　ケルには勝利の喜びに浸らせておいてあげましょう
　　　　　　　　　よ。おめでとう。
　　　エイマー：　　好きなだけ浸れ，マイケル。

---

(14) [状況説明] Tim と妹 Kit Kat が暮らす家に，Kit Kat の恋人のいと
　　　こである Charlotte が 2 ヶ月間泊まりに来ました。以下はその最
　　　後の夜のやりとりです。

　　　Tim:　　　As it's your last night, can I ask you a question?
　　　Charlotte:　Oh, yeah. <u>Ask **away**</u>.　　　　（映画 *About Time*）

> ティム：　　　明日には帰っちゃうじゃん。だからちょっと聞い
> ておきたいことがあるんだけど。
> シャーロット：うん，何でも聞いて。

「こちらの気持ちを考えて遠慮するなどということなく，思う存分やって
くれ」という意味が共通していることがわかります。たとえば Ask away.
なら，「こちらが答えにくくないかなとか，たくさん質問したら迷惑じゃ
ないかなとか，そういうことに構わずに気軽にどんどん質問してくれ」と
いうことです[7]。聞き手の「あなた」に対して，「私」という外界の事情を
考慮せずやりたいことをやっていいんだよと言っているわけですから，こ
れは言ってみれば，外界から切り離されて自分 1 人で生きているかのよ
うな自分勝手な行動——通常は許されなかったり良い顔をされなかったり
する行動——を取ることを促しているようなものです。

　上の例の肝心のところだけ抜き出すと，hug away, type away, check
away, bask away, ask away となります。このうち ask 以外のものに関して
は，話し手は，［動詞 1 語 + away］の動詞部分に hug, type, check, bask を
はめ込む操作を発話の現場で行っていると思われます。これに対し，ask
away はよくある言い回しなので丸ごと記憶・利用されている可能性が高
いです。つまり，いちいち発話の現場で ［動詞 1 語 + away］ に ask をは
め込むのではなく，ask away の知識を丸ごと取り出してきているのでは
ないか，ということです。英語を外国語として勉強している我々も，［動
詞 1 語 + away］ と ask away の両方を，命令文でよく使われるものとして
覚えておくとよいでしょう。

　この Ask away. と同じ意味を表す熟語に Fire away. があります。母語話
者の頭の中では Ask away. の類似品として記憶されているのではないかと
思います。

> (15) Adam:　Darrin, can I ask you a question?
> Darrin:　Fire **away**.　　　　　(*Bewitched*, Season 2, Episode 3)
> アダム：　　ダーリン，聞きたいことがあるんだけど。
> ダーリン：なんでも聞いて。

fire の意味と away の意味を別々に覚えているだけではこのような表現が存在することは予測できませんから，確かに熟語であり，丸ごと覚えるべき表現だということになります。しかし，だからといって，fire と away のそれぞれがまったく何の働きもしていないということにはなりません。away は明らかに本節で見てきたような「しまくる」の意味を担っていますし，動詞 fire の方も「戦争でライフルや大砲を発射するように勢いよく，矢継ぎ早に」という風に様態的意味を担っているものと思われます（英語が動詞に様態情報を込めようとする傾向については第 4 章 2 節（→ pp. 82–89）も参照）。

　ここで 1 点注意しておきたいことがあります。それは，ここまで見てきた［動詞 1 語 + away］を拡張して［2 語以上からなる動詞句 + away］にすることはできないということです。その観点で (13) を見直してみましょう。bask は本来であれば 1 語で意味が通じるものではありません。「何に」(In what ?) にあたる情報が必要です。それなのに (13) の例で話者はこの情報を省いています。これは話し手が［動詞 1 語 + away］という形式を用いるのが普通であるという言語慣習を知っているからこそです。実際，同様の意味を表すのに次のような英語を言うことはできません。

　(16)　＊Bask in it **away**, partner.

［動詞 1 語 + away］という形式をしっかり守る必要があるということですね。

4. まとめ

　ここまで見てきた［動詞 1 語 + away］の用例では，「誰か（の気持ち）に構わず」というニュアンスがあるかどうかはものによって違いましたが，広い意味で外界と切り離されたようにある行為をする点は共通していました。この点は，空間的な「離れて，いなくなって」の意味と無関係ではないと考えることが可能です。

　特に「夢中」や「没頭」が関わるパターンでは，［動詞 1 語 + away］構文と空間的な「離れて，いなくなって」との関連がわかりやすくなります。日本語でも「彼氏はいつもスマホに夢中。そばにいるのに，まるで遠くにいるみたい」とか「あいつは DIY が大好きで，トンテンカンテンやってる間は頭がどっか行っちゃうみたいなんだよね。何言っても返事してくれない」とかいったように，何かに夢中になっている状態を，空間的に遠くに行ってしまったかのように見立てることがよくあります。これと同じことが英語の away にも起こっているのだと考えることができるでしょう。

　しかし，だからといって，本章で見た用法や熟語，よくある言い回しを覚えなくてよいということにはなりません。たしかに，空間的な分離と関連する用法として捉えるのはこの種の表現を覚えやすくしてくれますし，学びを楽しくしてくれます。しかし自分でアウトプットできるようになるには，そのような考え方は補助輪のような役目しか果たさないことを認識しておきましょう。

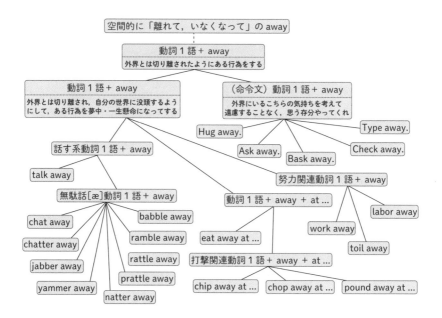

REVIEW

● [動詞 1 語 + away] 構文における away の抽象的な意味は「外界とは
　切り離されたように」である。

● [無駄話 [æ] 動詞 1 語 + away] や [打撃関連動詞 1 語 + away +
　at ...], [努力関連動詞 1 語 + away], [(命令文) 動詞 1 語 + away] と
　いった具体的なパターン，さらには，それらの具体事例である chat
　away や chip away at ..., ask away などの表現を覚える必要がある。

●注

1　第 6 章 6 節 (→ pp. 128–131) で扱った
away from ... も「…から離れて」という
意味を覚えるだけでは使えるようになら
ない言い回しです。

2　この例の down there では，第 1 章 (→ pp.

26–44) で扱った「位置の 2 段階指定」が
使われています。

3「無駄話 [æ] 動詞」は，[無駄話 [æ]
動詞 1 語 + away] に加えて，[無駄話
[æ] 動詞 + on + about ...] という構文

でもよく使われます。喋りまくることを表す点はどちらも同じですが，どの意味的側面にスポットライトが当たるかが異なり，前者は「夢中になって喋る」という側面，後者は「不必要に長く，えんえんと喋る」という側面が強調されることが多いです。後者の構文についての詳細は平沢（2022a）（→ p. 340 ⑤）をご参照ください。

4 この例の back there は第 1 章の (18)（→ p. 32）の back there とまったく同じ使われ方をしています。

5 この例の have been through ... については第 14 章 5.2 節（→ pp. 277–282）をご参照ください。

6 なお，［動詞 1 語 + away］の直後に at ...が続くならば必ず［打撃関連動詞 1 語 + away + at ...］であるというわけで

はありません。たとえば，eat away at ...「〈負の感情・痛み・病など〉が〈人など〉を蝕む」という熟語がありますが，eat は打撃に関連する動詞とは言いづらいでしょう。したがって，eat away at ...は［動詞 1 語 + away + at ...］の事例ではあるけれども［打撃関連動詞 1 語 + away + at ...］の事例ではない，ということになります。ややこしくなってきたので，左の図もご覧ください。

7 English Language Learners Stack Echange（https://ell.stackexchange.com/questions/90979/ask-away-what-does-away-mean）というウェブサイトでも同趣旨のことが書かれています。このサイトは英語質問サイトの中でも特に信頼できる回答者が多いと思います。

第 8 章 away

169

第9章

by

1. by doing ... の探求

　個人的な話になりますが，私がbyのことを調べ始めたのは2010年なので10年以上by研究に携わっていることになります。実例に触れていると，とにかくよく出てくる用法の1つがby doing ...で，以前から興味を持っていた表現なので，ぜひとも丁寧に記述して論文を書きたいと思いました。はじめ修士論文で扱うと指導教員の先生に宣言しましたが，あまりにも手強いので結局「やっぱり無理でした。博論で頑張ります」と発言撤回。そしていよいよ博士論文の執筆という段階になって理解が進んだかというと，まあちょっとくらいは進んでいますが論文が書けるレベルの理解には到底及びませんでした。結局，byについての博士論文なのにby doingは扱わず，ということになりました。私は言いました。「先生，すみません，by doingについては何十年後かに書きます！」

　やはり何十年か必要なようで，現時点でも論文を書けるほどの理解には全然至っていません。何がそんなに難しいかというと，本章の最後の節でちょっとだけお話しますが，by doing ...を抽象化して論じるには「行為の哲学」という言われる哲学分野が絡んでくるのです。

　そんなに難しくてよくわからないものなのにこの本の中で扱うのはどうしてかというと，下記の3つの理由をあげることができます。

① by doing ... は実例において非常に高頻度であるから。
② by doing ... には日本での標準的な教え方であろう「…することによって」との対応付けでは使えるようにならない使用パターンがとても多いから。
③ 高度な抽象化ができていなくても，非常に頻度が高い使用パターンを覚えているだけでも by doing ... の使い方を多少改善できるから。

「多少改善できるから」程度にしかならない情報であっても，その情報はないよりあった方がよい，だって言語習得は「ほんのちょっとの上達」の無限の積み重ねなのだから，というのが本書のスタンスです。

2. 日本語の「…することによって」

　おそらく，by doing の訳語およびラベルとして真っ先に思いつくのが「することによって」と〈手段〉でしょう。しかし，あとに見るように，英語の A by doing B は日本語の〈手段〉の「B することによって A」とは大きく異なります。このことを理解するために，まずは〈手段〉を表す日本語の表現である「B することによって A」についてある程度深く考えておくのが有益でしょう。
　〈手段〉の「B することによって A」は（いつもではないですが）典型的には以下のような特徴を持ちます。

日本語の〈手段〉の「B することによって A」の典型的な特徴
(i)　やや硬い言葉遣いであり，日常会話では低頻度である。
(ii)　B は意図的行為である。
(iii) 行為者は A という結果を引き起こすことを狙って B をしている。

(iv) B 時点と A 完了時点の間に時間差があるほど自然である。

　たとえば「彼は前もって社長室に毒ガスを充満させておく<u>ことによって</u>社長を殺したのだ」は文語的な印象を与えますし，毒ガスを充満させるのは意図的行為です。この意図的行為は社長殺害を狙って行ったものです。そして毒ガス充満時点と社長殺害完了時点には「前もって」の時間差があります。この例文をちょっと変えて「{ナイフで刺す／銃で撃つ}<u>ことによっ</u><u>て</u>社長を殺した」にすると，ちょっと大げさで不自然であるように感じられます（自然なのは「{ナイフで刺し／銃で撃っ}<u>て</u>社長を殺した」でしょうか）。これはナイフで刺したり銃で撃ったりした時点と社長殺害が完了する時点の間の時間差が短くなるからだと考えられます。

　これで準備完了です。以下ではいよいよ英語の実態を観察して，(i) – (iv) のような特徴が A by doing B には見られないということを見ていきます。

3. by doing ... は硬くない

　英語の A by doing B は以下のように会話で普通に用いられます。意味的には〈手段〉といって間違いないですが，会話であるために，日本語で「ことによって」を使うと不自然に響くことを確認してください。

> (1)　Buddy, we're going to save so much money **by** cementing this driveway ourselves.
>
> 　　　　　　　　　　　　　　　　　(*Full House*, Season 7, Episode 2)
>
> 　おい，車庫の前をセメントで固めるの自分たちでやったら，金がすごい浮くぞ。

(2)　［状況説明］誘拐された女性が犯人に言うセリフです。

'Do you think you'll make me love you **by** keeping me prisoner?'　　　　　(John Fowles, *The Collector*)

「監禁すれば惚れるとでも思ってるの？」

なお，by doing ...を上手に使えるようになるためのコツとして，(1)と(2)から学べることは，手段 B を未来において行使する場合に日本語では「B したら／すれば」と言うことがあり，それを英語では by doing ...で言えるのだということです。次の例も会話で by doing が用いられている例です。

(3)　［状況説明］死後の世界の管理人の 1 人の発話です。人間が死後に地獄（the Bad Place）ではなく天国（the Good Place）に振り分けられるためにはどうしたらよいかを調べています。

Not an exaggeration. I actually tried one billion and 12 different ways. But the only way into the Good Place is **by** being a good person on Earth.

(*The Good Place*, Season 2, Episode 9)

誇張ではない。本当に 10 億 12 通りの方法を試したんだ。それでもやっぱり，天国に行くには地上で善良な人間として生きるしかないんだ。

(4)　Now, let me make something quite clear, Stephens. I've got 10 million dollars in the bank. And the way I got it there was **by** refusing to make any useless expenditures.

(*Bewitched*, Season 4, Episode 5)

スティーブンズさん，ちょっと 1 つだけはっきり言っておきたいのだがね。私の口座には 1000 万ドル入っている。それだけの金額を貯めるのにどんな方法を使ったかって，私は無駄な出費を避けてきたのだよ。

(3) と (4) からは，the way ~ is by doing ...「～のための方法は…することだ」というパターンを覚えておくと便利です。

4. A by doing B の B は意図的行為でなくても OK

実例に触れていると，A by doing B の B が意図的行為でない例にはいくらでも出会います。たとえば以下のようなものです。

(5)　[状況説明] 語り手 Rachel は Dex と最後の夜を過ごそうとしている。
I keep telling myself not to ruin the last night **by** being sad.
(Emily Giffin, *Something Borrowed*)
私は「悲しんでばかりで最後の夜を台無しにしちゃダメだ」と自分に言い聞かせた。

(6)　[状況説明] インターネット上で有名人になっている Carl に対して同僚が言うセリフです。
I kind of felt, like, famous **by** knowing you, you know.
(映画 *Chef*)
なんか，カールさんと知り合いってことで俺まで有名人になったような気分になっちゃいましたよ。

悲しんでいる状態であること，カールと知り合いであることが原因・理由

となって，最後の夜が台無しになるとか自分も有名人になったように感じるとかいった結果が引き起こされる，という因果の図式が想定されています。悲しんでいる状態であることや人と知り合いであることは意図的な行為ではありません。こうした用法ではもはや〈手段〉というラベルを貼るのは無理という感じがしてくると思います。

5. A by doing B は A を狙っていなくても OK

A by doing B は行為者が A という結果を引き起こすことを狙っていなくても使うことができます。以下の実例の点線部に注目してください。

> (7) [状況説明] Helen はある特定の狼を捕まえるために罠を仕掛けたのですが，一向にかかってくれず，悩んでいます。
>
> At night she [= Helen] would lie awake, wondering why she was having no luck. Maybe it was people, she thought. Maybe there were others up in the forest[1] who were somehow deterring the wolf from stepping into one of her traps? Not deliberately, just **by** being there.
>
> (Nicholas Evans, *The Loop*)
>
> ヘレンは，夜は横になるも眠らず，どうして罠にかかってくれないのかとつい考えてしまうのだった。もしかすると人間が原因なのかもしれない，と思った。もしかすると，森にいる他の人たちが何かしらの形で妨げになって，あの狼が罠に足を踏み入れるのをやめてしまっているのかもしれない。意図的に妨げているということではない。そこにいるだけで妨げになるということだ。

点線部で，意図的に deter していると言いたいのではない，ということが示されています。森の中の人々が deter することを狙って be there してい

るのではないわけです。それでも A by doing B が使用可能なのです。

　「そもそも be there は状態表現であって意図的行為を表すものではない
のだから，何かを狙っているわけでないのは当然でしょ」と思われた方も
いるかもしれません。それでは，B が意図的行為である実例をどうぞ。

(8)　Keren surprised me **by** sitting up and slapping Kristene
on the face.　(Daniel L. Everett, *Don't Sleep, There Are Snakes*)
ケレンが身を起こしてクリスティーンの顔をぴしゃりと叩いたとき
には，私も驚いてしまった。

(9)　Then he surprises me **by** reaching into his back pocket
for his wallet and pulling out a snapshot of her.

(Emily Giffin, *Love the One You're With*)
すると彼は，ズボンの後ろのポケットに手を突っ込んで財布を取
り，中からその女性のスナップ写真を取り出すので，私は驚いてし
まう。

(10)　[状況説明] 憎きスパイダーマンに命を助けられた Harry が，吐き
捨てるように言うセリフです。
He humiliated me **by** touching me.　(映画 *Spider-Man 2*)
触りやがって，屈辱的だ。

(8)でケレンが身を起こして（sit up）クリスティーンを引っ叩いたり
（slap），(9)で男性がズボンの後ろのポケットに手を突っ込んで（reach
into ...）写真を取り出し（pull out ...）たり，(10)でスパイダーマンがハ
リーに触ったり（touch）することは意図的行為です。しかし，これらの
意図的行為は，語り手を驚かせることやハリーに屈辱を与えることを狙っ

ての行為ではありません。それでも A by doing B は使用可能なのです。これらの例に関わっているのは，4 節同様，手段と目標の関係ではなく原因と結果の関係でしょう。

なお，上の例から by doing を使いこなすためのコツとして学べることは，［人を特定の心理状態にさせることを表す動詞句 + *sb* + by doing ...］「…して，その結果，人が特定の心理状態になる」というパターンがあるということです。この中で頻度が高いのは［surprise + *sb* + by doing ...］です。

6. A by doing B は A と B が同じ時間幅を占めていても OK

2 節の (iv) で見たように，日本語の「B することによって A」は A と B に時間差がある方が自然になるのですが，英語の A by doing B にはそのような傾向は見られません。それどころか，A と B がまったく同じ時間幅を占めている場合が非常に多いとすら言えます。それはなぜかというと，A と B が同一の行為の捉え直しの関係にあるような用法の頻度が非常に高いからです。

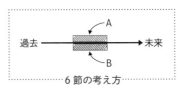

6 節の考え方

私が by doing ... に最初に興味を持ったのは，高校生のころに塾の英語の授業で *He killed a cockroach by hitting it with a slipper.* のような例文に出会ったときでした。このときに日本語だと「…することによって」とは絶対言わないよな，変なの，と思ったのです。この違和感を，今の私なら，（文体上の硬さという観点に加えて）時間差の有無の観点から次のように説明します。日本語の「…することによって」は時間差を好むが，英語の A by doing B は，A と B が〈スリッパでゴキブリを叩く行為〉と〈ゴキブリを殺す行為〉のように同一の行為の捉え直しになっている（ため A と B がまったく同じ時間幅を占める）場合にも――いや，そういう場合に特

に —— 好んで用いられる。次の (11) も高校生の自分が見たら驚いていた
はずです。

> (11) ［状況説明］幼稚園の先生が園児たちに言うセリフです。
>
> Why don't we thank Michelle **by** clapp<u>ing</u> our hands?
>
> (*Full House*, Season 3, Episode 16)
>
> みんなで拍手をしてミシェルちゃんにお礼をしましょう。

この例では thank Michelle する行為と clap our hands する行為は同一の行
為を指しており，したがって占める時間幅も一致します。3.45 秒の拍手
をするならば感謝を伝える行為の継続時間も 3.45 秒です。

　同一の行為の捉え直しの A by doing B に戸惑うのは私だけではないよ
うです。知り合いの日本語研究者に「B することによって A」についての
議論に付き合ってもらっていたときに，私が次の英英辞典の例文を提示し
たところ，「by を start とか end とかと一緒に使うこういう英文，なんか
不思議だなって前から思ってたんですよね」とかつての英語学習体験を教
えてくれたのです。

> (12) I'd like to <u>end</u> my speech **by** thank<u>ing</u> the people who
> made this conference possible.
>
> (https://www.macmillandictionary.com/dictionary/british/end_2)

日本語だと「今回の学会の開催のために尽力して下さった皆様に感謝を申
し上げる<u>ことによって</u>スピーチを終えたいと思います」とはいかにも言わ
なさそうです（自然なのは「最後に，今回の学会の開催のために尽力して
下さった皆様に感謝を申し上げたいと思います」でしょうか）。end my
speech という行為と thanking the people who ... という行為は結局のとこ

ろ同じ行為を指しており，したがって同じ時間幅を占めています。こういう場合には「ことによって」は不自然に響くわけです。

A by doing B の A が start や end になるケース——B をすることが何かを始めたり終わりにしたりすることと一致するケース——は非常に多く，明らかによくある言い回しと言えます。日本語に訳す場合には「…することによって ｛始める／終える｝」ではなく，「｛まず（手）始めに／最後に｝…する」を土台の訳[2]とするのがよいと思います。逆に「｛まず（手）始めに／最後に｝…する」に相当することを英語で言いたいときには {start / end} by doing ...が使えないか考えてみるとよいでしょう。

それでは実例です。行為の同一性に注意してください。たとえば (13) の話し手はゴールディーが市長になるまでの道のりを歩み始めることを start と言っていますが，その「歩み始める」行為と sweep the floor する行為は同一の行為です。

(13) ［状況説明］カフェの店員 Goldie と店長 Lou の会話です。

    Goldie: You wait and see, Mr. Carruthers. I will be Mayor. I'll be the most powerful man in Hill Valley and I'm gonna clean up this town.

    Lou: Good. You can start **by** sweeping the floor.

（映画 Back to the Future）

    ゴールディー：見ててくださいよ，カラザーズさん。市長になってみせますから。ヒル・ヴァリーで一番偉い人になって，そしてこの街をきれいにするんです。

    ルー：   よし。それじゃまずは床掃除から始めようか。

(14) ［状況説明］ストレスのせいでつい乱れた不規則な食生活を送ってしまう人に対するアドバイスとして，日記をつけることをすすめています。

If you aren't into writing at length[3] or you feel that you don't have the time, start **by** jotting down one or two notes in a day planner every day.

(Susan Albers, *50 Ways to Soothe Yourself without Food*)

もし長い文章を書くのが好きでなかったり，時間がないと感じられたりする場合は，まず手始めに，手帳に毎日1つか2つメモを書き留めるということをやってみましょう。

(15)　[状況説明] Lily は女友達の Robin に「ボーイフレンドに対してもっと恋人らしい振る舞いをした方がいい」とアドバイスをしています。

Robin:　Okay, well, what am I supposed to do, buy him a giant teddy bear or something?

Lily:　How about you start **by** sharing dessert?

(*How I Met Your Mother*, Season 1, Episode 6)

ロビン：それじゃあ何をしたらいいの？　でっかいテディベアをあげるとか？

リリー：まずはデザートのシェアとか？

(16)　[状況説明] 学校の教室での一場面です。

Ms. Petosa told us a little about who she was. It was boring stuff about where she originally came from […]. She ended **by** asking if anyone had any questions, and Julian raised his hand.　(R. J. Palacio, *Wonder*)

ペトーサ先生は軽く自己紹介をした。どこの出身かとか […] つまらない話だった。最後に「質問ある人いますか」と尋ねると，ジュリアンが手をあげた。

(13)−(15) から，start by doing ...は「まず手始めに…したらどう？」と勧めたり提案したりする場合に使われやすいということにも気が付きますね。これに対し，end by doing ...の場合には特にそうした傾向はありません（(16) を参照）。start と end は単体で比較すると始めと終わりという時間的な違いしかないように感じられるかもしれませんが，フレーズのレベルで比べてみると，それ以上の違いがあるということがわかり，面白いですね。

A by doing B の A が「返答する，反応する」を表す respond や react である頻度も高いです。{respond / react} by doing B「返答として B する，B という反応を示す」というパターンが定着していると言えます。

(17) Every time I'm asked that question, my first inclination is to respond **by** simply saying that I wish I knew.

(William O'Grady, *How Children Learn Language*)

その質問をされるたびに，返答として真っ先に言いたくなるのは「残念ながらわかりません」という一言だ。

(18) Why had I reacted **by** going nuclear? Hurt pride, pre-exam stress, isolation? (Julian Barnes, *The Sense of an Ending*)

どうして私はあんなに怒り狂った反応を示してしまったのか。プライドが傷つけられたから？ 試験前のストレス？ 孤立させられたと思ったから？

(19) [状況説明] 2010 年にアメリカ議会図書館が世界中のすべてのツイートを保存する方針を発表したときのことが書かれています。

Many reacted **by** posting tongue-in-cheek instructions or commentary to future historians. Several people took

advantage of the opportunity to make the august
institution expand its holdings of choice[4] four-letter
words, while others asked, "What's up, posterity?" [...]

(Gretchen McCulloch, *Because Internet*)

この発表を受けて，多くの人が未来の歴史家たちに向けて皮肉のこ
もったアドバイスや意見をツイートしました。他には，せっかくな
ので偉大なるアメリカ議会図書館様に貯蔵されている大変お上品な
お言葉をたっぷり増やして差し上げようと，fxxx だの sxxx だのと
ツイートしまくった人もいれば，「おっす，元気にやってるかい，
後世のみんな」と話しかける人もいて [...]

　本節でこれまで見てきたパターンをまとめると，A by doing B の A が
漠然としたラベルとして機能していて，そのラベルの内実が doing B のと
ころで示されていました。次のように図示できます。

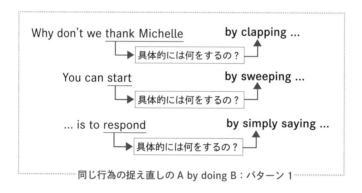

同じ行為の捉え直しの A by doing B：パターン 1

　A by doing B の A と B が同一の行為の捉え直しになるパターンにはも
う1つあります。それは「B するとは A することに等しい」というよう
に行為の同一性をまさに文意の焦点にするパターンです。

(20) You did good, Darce. You did the right thing **by** calling her.

(Emily Giffin, *Something Blue*)

よくやった，ダース。お母さんに電話をかけたのは正しかったと思う。

(21) You made a real smart move **by** hiring him.

(*Full House*, Season 5, Episode 6)

ジョーイを雇うとは，本当に賢い選択ですよ。

(22) Your Captain has made a tactical error **by** attacking us. Our weapons are substantially superior to yours.

(*Star Trek: Voyager*, Season 2, Episode 13)

艦長さんが私たちを攻撃したのは戦術ミスだ。我々の武器の方がそちらの武器よりも段違いに強力だ。

これらの例の話し手は，B する（call her, hire him, attack us）行為は A する（do the right thing, make a real smart move）という良い行為に等しいと肯定的に評価したり，逆に A するという悪い行為（make a tactical error）に等しいと否定的に評価したりしています。You did the right thing by doing ...「お前が…したのは正解だったな」や She made a mistake by doing ...「彼女は…したが，あれはするべきでないことだった」などという形で覚えておくと使い勝手が良いでしょう。他に，「B していれば A をしていることになる」というように，行為の同一性がよりはっきりと前に出た言葉遣いを和訳にそのまま使える例にも出会います。

第9章 by

(23) ［状況説明］理論物理学者の Sheldon が神経生物学者の Amy を馬鹿にしています。

You think you're doing science **by** cutt<u>ing</u> up that brain? (*The Big Bang Theory*, Season 5, Episode 16)

そうやって脳を切り刻んでいれば科学をやっていることになるとでも思ってるのかい？

(24) ［状況説明］他人を傷付けない限り何をしてもよいというスタンスで子育てをしている異星人に対するセリフです。

You're not going to do your son any favors **by** indulg<u>ing</u> him. You need to make him understand that there are consequences to[5] his actions.

(*Star Trek: Voyager*, Season 7, Episode 18)

そうやって甘やかしていても，子どものためになることをしていることにはならないのよ。何か行動をすれば周りに大きな影響を与えてしまうんだってことを，わからせてあげないといけない。

(20)-(24) で見てきたように行為の同一性をまさに文意の焦点とするような用法についてまとめると，以下のように図示できます[6]。

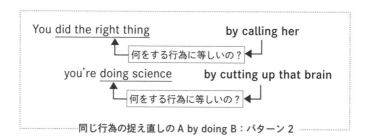

———————同じ行為の捉え直しの A by doing B：パターン 2 ———————

7. まとめ

　本章では英語の A by doing B が「B することによって A」よりもはる
かに広い使われ方をしている実態を個別具体的に見てきました。しかしこ
れらの用法の共通性を抽出して抽象化しようとすると，行為の哲学という
領域に足を踏み入れざるを得なくなります。たとえば，時間差がある〈手
段〉の関係は〈同一の行為の捉え直し〉ではないと断言できるのかと考え
てみると，社長室に前もって毒ガスを充満させる行為は本当に社長を殺す
行為そのものではないと言えるのか，あやしく感じられてくるのではない
でしょうか。それから，〈同一の行為の捉え直し〉の用法は因果の用法の
一種とも言えないか？　この問いも考えてみると難しいです。学会の人た
ちに感謝の言葉を贈る行為とスピーチを締めくくる行為は同一の行為であ
るわけですが，前者が原因で後者が結果だと言え…るような…言えない…
ような…モヤモヤした感じを抱くでしょう。冒頭にも述べた通り，私には
はっきりとした答えが見いだせていません。いつかちゃんとわかって，学
術論文を書きたいものです。

　しかし，ここで重要なことは，行為の哲学をわかっていなくても by
doing ... を使えるようにはなるということです。そもそも行為の哲学を明
示的に理解できていないと by doing ... が使いこなせないなら，英語母語
話者は全員が大変な哲学者であるということになってしまいます。実際に
はそんな風にはなっていませんね[7]。

　つまり，哲学者ではない日本語母語話者の私たちも，具体的な言い回し
のパターンを覚えていけば英語母語話者の表現に近づくことができる，と
いうことです。本章で扱った少数の用法を覚えて練習してみるだけでも，
ちょっとくらいの上達なら見込めるはずです。そしてどうか，言語の習得
は，そのほんのちょっとの上達の無限の積み重ねだということを忘れない
でください。

第9章
by

185

REVIEW

● A by doing B は硬い言い方ではなく日常会話でも普通に使われている。

● B が意図的行為でなくても使用可能である。

● 行為者が A という結果を引き起こすことを狙っていなくても使われる。[surprise + *sb* + by doing ...]「…して，その結果〈人〉が驚く」はよくある言い回しである。

● A と B が同一の行為の捉え直しの関係にある場合がとても多い。よくある言い回しには {start / end} by doing ...「{まず（手）始めに／最後に}…する」，{respond / react} by doing B「返答として B する，B という反応を示す」，You did the right thing by doing ...「お前が…したのは正解だったな」，She made a mistake by doing ...「彼女は…したが，あれはするべきでない行為だった」などがある。

●注

1 この up in the forest は第 1 章（→ pp. 26–44）で扱った「位置の 2 段階指定」の例です。

2「土台の訳」という発想については第 3 章注 1（→ p. 80）をご参照ください。

3 If you aren't into ... では［人間 is into 人間・物事］「…は〜が大好きである，〜に夢中になっている」という話し言葉でよく用いられる言い回しが使われています。So や this で程度を強調して *He's so into you.*（彼ってあなたのことホント大好きなのよ）や *I knew that my son liked music, but I didn't know he was this into it.*（息子が音楽が好きなのは知ってましたけど，これほど夢中になっているなんて知りませんでした）のようにも使えます。否定文で使うこともできますが，このとき「大好きってほどではない（でも普通に好き）」の意味ではなく「あまり好きではない，どうも好みではない」の意味になることに注意が必要です。実例で確認しましょう。

Paul:　Look, Jason. How come you're not with your family on Thanksgiving anyway?

Jason: Well, Thanksgiving weekend's a really big deer hunting weekend. My dad and my brother always bring home these bucks and I'm not really **into** it. I'd kinda rather not be there.

（*8 Simple Rules*, Season 1, Episode 11）

ポール：あのさあ，ジェイソン。そもそも一体どうして君は感謝祭の日に自分の家族のところにいないんだい？

ジェイソン：
　いや，感謝祭の週末は大シカ狩り大会

186

注

をやるんですよ。いつもパパと兄ちゃんが雄ジカを持って帰ってきて，それが僕はあまり好きになれなくて。なんか家にいたくないなっていう感じで。

最終文の I'd kinda rather not be there から，I'm not really into it の部分が「大好きってほどではない（でも普通に好き）」という意味を表しているのではないことがよくわかりますね。

4 choice をこのように形容詞的に用いると，「慎重に選ばれた極上の」の意になることが多いですが，choice word や choice phrase という熟語ではこれが皮肉として機能します。つまり「お上品なお言葉」と言っているように見せて実は「下品な言葉」というのが真意です。(19) も august「敬意を抱かせるような」→ choice「極上の」→ four-letter words「(fxxx だの sxxx だのといった) 汚い言葉」というドンデン返しが楽しい一節となっています。

5 この to は第 16 章 (→ pp. 299–320) で扱う用法で用いられています。その to の意味合いを明示して訳せば「行動には，それと切っても切り離せない一部として，結果というものがついてまわるのだ」のようになります。

6 英語には行為の同一性を表現するための言い方がいくつもあります。by doing の他には，第 11 章の 1–2 節 (→ pp. 210–217) で紹介する in の用法や，友澤 (2004) (→ p. 343 ㉘) が詳しく分析している「行為解説の進行形」(e.g., *I'd be lying if I said no*「答えはノーだと言ったら嘘になるなあ」) を挙げることができます。

7 もし，英語母語話者の全員が大変な哲学者であるならば，by doing ...の問題なんてその中の誰かがパパパっと解決して辞書とか文法書とかにその内容を書いてくれているはずでしょう。実際にはそんな風にはなっていません。なのに英語母語話者は by doing ...を使いこなしている。それはなぜか。「本書が推奨する学習姿勢」(→ pp. 7–23) で紹介した認知文法という言語理論，および使用基盤モデルという言語モデルで想定されているように，英語に限らず言語の母語話者は非常に具体的な使用パターン，言い回しを大量に記憶して，基本的にはその覚えたパターンを組み合わせたりちょっとだけ変えたりして言語を使っているからです。

第9章

by

187

第10章

for

1. チャンスがあれば痛い目に遭わせてやる

　ちょっと物騒なタイトルをつけてしまいましたが，その意味はこの節の終わりまで読んでいただければわかっていただけるはずです。

　さて，ここで注目する表現は have it in for *sb* です。口語的な表現で，おおまかに言えば「〈人〉に対して恨みを持っている」くらいの意味です。実例を見てください。

---

(1)　[状況説明] 語り手 Perkins が Foxley という上級生に5回（4回のはずが1回増えて5回）お尻を叩かれた直後の場面です。友人たちに同情されています。

　　　 'You got an extra one for flinching, didn't you?'

　　　 'By golly, old Foxley's really got it in **for** *you*, Perkins.'

　　　　　　　　　　　　　　　　（Roald Dahl, "Galloping Foxley"；斜体は原文）

　　　「ひるんだからっつって，もう一発食らったんだろ？」

　　　「まったく，フォクスリーのやつ，お前にはよっぽど恨みがあるみたいだな，パーキンズ」

---

(2) ［状況説明］刑事 Columbo が，Alan という人物が殺された事件の
捜査の一環で，Miss McCrea に聞き込み調査をしています。

Columbo: Actually, I'm interested in the activities of one particular person, a Mr. Reilly Greenleaf.

Miss McCrea: Oh, you picked a beauty, Lieutenant. If anybody had it in **for** Alan, it was Reilly Greenleaf. (*Columbo*, Episode 22)

コロンボ： 実はある特定の人物の行動を追っているんです。
ライリー・グリーンリーフという名前の男です。

ミス・マックリー： あら，刑事さんったらお目が高い。アランに恨
みを持っていた人がいるとしたら，それはまさ
にライリー・グリーンリーフよ。

(3) ［状況説明］話し手は聞き手と一緒に乗馬をした際に，落馬して腰
を痛めてしまいました。以下は帰宅直後の発話です。

That horse had it in **for** me. I tried to be nice to him. I gave him a sugar cube. [...] I was nice to him and how does he thank me? He throws me in the mud. And then he laughs at me. (*Full House*, Season 3, Episode 3)

あの馬のやつ，俺に恨みを持っていやがったんだよ。優しくして
やったのによ。角砂糖あげたんだぜ。［…］優しくしてやったのに，
なんだあの礼の仕方は。俺のこと泥に投げ込んだんだぞ。しかもそ
のあと笑いやがってよ。

(4) ［状況説明］あるレストランのシェフが，自分のことを悪く書くグ
ルメブロガーたちについて語っています。

> They don't like me. They got it in **for** me because I got
> a lot of good write-ups when I started out.[1]　　（映画 *Chef*）
> 俺はブロガー連中から嫌われてる。駆け出しのころ新聞・雑誌でち
> やほやされたから，痛い目に遭わせたいんだろう。

　実はこの have it in for *sb* という表現についてはすでに『アメリカ口語辞
典』(→ p. 341 ⑧) が非常に優れた記述を与えてくれています。

---

have it in for *someone* [hǽvɪtí(:)nfər ～] 話 ～に対して恨みを持っている
　よく似た言い方に have a grudge against *someone* があり，日本語にすれ
　ば両者は同じ訳になるが，そのニュアンスは微妙に異なる。こちらが感
　情だけなのに対し，見出しの表現は言外に「チャンスがあれば仕返しす
　る」の意味合いまで含んでいる。例えば I don't understand George's attitude
　recently. He seems to have it in for me for some reason. （最近のジョージ
　の態度は理解に苦しむ。彼はどういうわけかぼくに対して恨みを持って
　いるようだ）のジョージは，「私」に対してひどいことを言ったりした
　りしていることが察せられるし，Professor Green has had it in for Charlotte
　ever since he heard her say that his class wasn't very interesting. （シャー
　ロットがグリーン教授の授業はさほど面白くないと言ったのを耳にして
　以来教授は彼女に対して恨みを持っている）は，「彼はどうしてシャー
　ロットに辛くあたるんだろう」という問いに対する答えと考えられる。
　（以下省略）　　　　　（ジャン・マケーレブ＆安田一郎『アメリカ口語辞典』p. 540）

　この記述からは，in に強勢が置かれる（そして場合によっては長めに読
まれる）こと，have a grudge against *sb* という表現との間に意味の差があ
ることも学ぶことができます。
　言外に「チャンスがあれば仕返しする」の意味合いまで含んでいるとい
うのは，実例の (1)－(4) を見ても確かに成り立っています。主語の人間・

動物が実際に他者に対して「お尻を叩く」「殺害する」「泥の中に投げ込んで笑う」「ブログで悪く書く」という行為に及んでいるわけですので。ただし，私の語感では，日本語の「仕返し」というのは以前に同じくらいひどいことをされた場合に使う表現であって，have it in for *sb* に関しては必ずしもそれが成り立たないので，本書では少し広げて「チャンスがあれば痛い目に遭わせてやる」くらいにしたいと思います。すると，have it in for *sb* が have a grudge against *sb* と異なっている点は「チャンスがあれば痛い目に遭わせてやる」という気持ちが含まれている点——抽象化して言えば相対的未来における行為を匂わせている点——だということになります。私の考えでは，この含意を持つ表現に前置詞 for が含まれているのは偶然ではありません。このことを理解するために，次の節では have it in for *sb* という熟語の仕組みを考えてみましょう。

2. have it in for *sb* の仕組み

　have it in for *sb* は have と it と in と for それぞれの意味を深く理解していたらそれだけで意味が予測できるような代物ではないので，熟語だと言うべきです。have it in for *sb* を丸ごと覚える必要があるのは明らかです。しかし，だからといって，have と it と in と for のそれぞれが have it in for *sb* 以外の英語表現で持っている意味とまったく無関係というわけでもありません。

　この熟語の意味は1節ですでに見たように「〜を恨んでおり，チャンスがあれば痛い目に遭わせてやりたいと思っている」ですが，これを言い換えて「相対的未来において〈人〉に食らわせるための大目玉・罰などを自分の中に持っている」と考えると，have と it と in と for のそれぞれの意味がどのように関わっているかわかりやすくなります。以下，順を追って説明していきます。

　まずは it から考えます。have it in for *sb* の it は「大目玉・罰・叱るこ

と・叱られること」などの意味を担っていると考えられますが，これも以下の例にあるように get it や be in for it, give it to *sb* などいくつかの言い回しに現れる意味で，have it in for *sb* に限定されるものではありません。

(5)　[状況説明] Paul は 3 人の子どもの父親です。子どもたちは年齢の高い方から順に Bridget, Kerry, Rory です。以下の場面では Paul が誰かを叱ろうとする気配を見せ，Bridget と Kerry がそれに勘付きます。

Paul:　　Oh, boy.

Kerry:　　Uh-oh, he's pinching the bridge of his nose. He's mad at somebody.

Bridget:　Hope it's you. Hope it's you. Hope it's you.

Paul:　　Rory Joseph Hennesy.

Kerry:　　Ha. The whole name.

Bridget:　Oh, he's gonna get **it**.

(8 Simple Rules, Season 1, Episode 13)

ポール：　　まったく。

ケリー：　　おっと，鼻の付け根つまんでる。誰かに怒ってる。

ブリジット：ケリーでありますように。ケリーでありますように。ケリーでありますように。

ポール：　　ローリー・ジョゼフ・ヘネシー。

ケリー：　　きたー，フルネーム。

ブリジット：ローリー，フルボッコ。

(6)　I knew I'd **be in for** it later. I knew Mom would probably ground me again for not apologising [...]

(Susin Nielsen, My Messed-up Life)

後で叱られることはわかっていた。[…] ごめんなさいと言わな

かったことでどうせまたお母さんに外出禁止令を出されてしまうことはわかっていた。

(7) She was always <u>giving **it** to him</u> about the radishes and the vegetable skins in the garbage disposal.

(https://www.lexico.com/definition/give_it_to_someone)

彼女は，彼が生ごみ処理機[2]にラディッシュや野菜を剥いた皮を捨てるたびにガミガミ叱っていた。

(5) ではローリーがフルネームで呼ばれたことにより，it（大目玉）を食らうことになるのがローリーであることが明らかになっています[3]。

次に in に移りましょう。日本語だと，これからする行為（ここでは大目玉や罰を与えること）を自分の中に持っているという言い方をあまりしないのでピンと来にくいかもしれませんが，英語にはいくつか類似パターンがあります。たとえば，以下の例を見ていきましょう。

(8) [...] he is fully confident that she <u>has it **in** her to</u> go on to medical school[4] one day and become a doctor.

(Paul Auster, *Sunset Park*)

[…] 彼は，彼女にはきっとメディカルスクールに進学して医者になるだけの素質があると信じている。

(9) [状況説明] 語り手はミュージシャンです。

My manager, Bradley Stevenson, who in his way has been a good friend over the years, maintains I <u>have it **in** me to</u> be big-league. (Kazuo Ishiguro, "Nocturne")

193

> マネージャーのブラッドリー・スティーブンソンは，昔からの腐れ
> 縁なのだが，僕のことを「大物になる素質がある」と言ってきかな
> いのである。

これらは have it in *sb* to do ...「…する素質・能力を持っている」という言
い回しの使用例です。「…する素質・能力を持っている」という日本語を
見てしまうと，それに引きずられて，it に素質・能力を指す用法があるの
だと思ってしまうかもしれませんが，正しくはこの it は to do ...の部分を
指しています。将来行う「…」という行為を自分の中に秘めているという
図式です。そしてこの in の図式が，have it in for *sb*「チャンスがあれば
〈人〉を痛い目に遭わせてやりたいと思っている」と共通しているわけで
す。他に，have *sth* left in *sb*「まだ〈人〉の中に〈もの〉が残っている」の
sth が行為名詞であるケースも，「将来行う行為を自分の中に秘めている」
という図式に則った表現と見なすことができるでしょう。

> (10) ［状況説明］犬の散歩の最中にトラブルがあり，話し手は疲れ切っ
> た状態で帰宅します。同居人に何があったのか聞かれますが…
> [...] I have no explaining left **in** me. My legs will not
> hold me up.　　　　　　　　　　（Maile Meloy, "Madame Lazarus"）
> ［…］説明する体力なんてもう残っていない。もう脚が限界だ。

> (11) [...] Willy still had some fight left **in** him [...]
> 　　　　　　　　　　　　　　　　　　　（Paul Auster, *Timbuktu*）
> ［…］ウィリーにはまだ闘志が多少残っていた［…］

これらの英文では，人間の中に explaining や fight という行為が残ってい
るとかいないとかいった書き方がなされています。これは，見方を変換す
れば，これからそういった行為をするだけの力（体力や気力など）が残っ

ているかどうかということなので，日本語に訳すと「力」「闘志」といっ
たように行為それ自体を指す名詞ではない名詞が出てくることがあります
し，英和辞典や英英辞典を引くと学習者にとってわかりやすいように
have fight left in *sb* の fight に「闘志」の意味が与えられていたりします。
しかし，英語では行為が人間の中に残っているかどうかを問題にしている
ような言い方をすることにより，当該の行為をこれからすることが可能か
どうかを語ることができる，という事実は変わりません。そしてその事実
に注目すると，「ああ，この in も have it in for *sb* の in と似ているな」と
思えてくるわけです。

　最後に前置詞 for についてですが，この for は「相対的未来において
誰々に食らわせるため」というように相対的未来の経験主体（大目玉を経
験する人）を導く役割を果たしていると考えることができます。for がこ
のような役割を果たす表現は数多くあります。次の節で具体的に見てみま
しょう。

3. 相対的未来における経験主体を導く for

3.1. have a question for *sb*

　まず，よくある言い回しに have a question for *sb*「〈人〉に答えてもらい
たい質問・疑問がある」がありますが，これの for *sb* の部分は，〈人〉が
相対的未来において当該の質問に答えることが想定されているということ
を示しています。

---

(12)　[状況説明] 大学の学長から研究員たちへの発話です。

　　Boys, I've got a question **for** you.

　　　　　　　　　　　　　　　（*The Big Bang Theory*, Season 2, Episode 4）

こんにちは。実は皆さんに質問があります。

> (13) You will come with me to speak to the Captain. I am
> certain she will have questions **for** you.
>
> 　　　　　　　　　　　　(*Star Trek: Voyager*, Season 4, Episode 7)
>
> 　私と一緒に艦長のところに来るのだ。艦長はお前に聞きたいことが
> たくさんあるだろう。

have a question for *sb* の for *sb* の部分は，誰に答えてもらいたい question
であるかを明示する働きをするわけですが，(12)(13)のように，わざわ
ざ明示しなくても誰に答えてもらいたい question なのかが状況・文脈か
ら自明であるような場合でも，for *sb* を添えることが少なくありません。
このように，言語は時に「必要はないけれど添える」というゆるさを持っ
ていたりするものです。

3.2. {see, imagine, envision, etc.} ... for X

　次に，{see, imagine, envision, etc.} ... for X というパターンを見てみま
しょう。これは［想像動詞＋...＋for X］とまとめることができます。意
味は「相対的未来において X に…が起こる，降りかかるだろうと想像す
る」で，相対的未来において想像内容を経験する主体が X です。以下の
例を見ましょう。

> (14) I cannot see a good future **for** us, because my husband
> doesn't work that often while we have to eat every day.
> For me as a woman it's been very tiring because I have
> a lot of kids, and my husband doesn't make a lot of
> money, and I feel really tired.
>
> 　　　　　　　　　(https://www.bbc.com/news/business-28570422)

> 私たちに明るい未来がやってくるところなんて想像できません。毎日ご飯を食べないといけないのに，夫が働きに出る回数はそう多くない。女性の私はくたくたになっています。子どもがたくさんいるので。それなのに夫の稼ぎは良くない。心底疲れています。

(15) My own feelings were more complicated. I <u>saw a disordered future **for** the country</u>.

（V.S. Naipaul, A Bend in the River）

　私自身の気持ちはもっと複雑だった。この国には混乱した将来が待っているように思えたのだ。

(16) ［状況説明］Eddie の父親は浜辺で酔っ払った状態で亡くなりました。

Like most workingmen's sons, Eddie had <u>envisioned **for** his father a heroic death to counter the commonness of his life</u>.[5] There was nothing heroic about a drunken stupor by the beach.

（Mitch Albom, The Five People You Meet in Heaven）

　たいていの労働者の息子がそうであったようにエディーも，自分の親父は日頃の生活の平凡さを打ち消すかのごとく，英雄みたいに格好良く死ぬのだ，と想像していた。浜辺でベロンベロンに酔っ払って死ぬなんて，ちっとも英雄みたいではなかった。

　たとえば (14) では，発話時から見た相対的未来において us が a good future を経験しているところなど想像できない，ということが言われています。(15) の the country は，相対的未来において a disordered future を経験する主体として想定されています。(16) の his father は，相対的未来において a heroic death to counter the commonness of his life を経験する主体

として想定されています。

3.3. set a {goal, task, mark, etc.} for oneself

　相対的未来の経験主体を導く for は目標設定に関する表現にもよく現れ
ます。覚えておくと便利な言い方は set a goal for oneself「目標を立てる」
で，for oneself の部分は，自分が相対的未来においてそれを達成すること
が想定されている，ということを表します。

> (17)　I set a goal (**for** myself) to lose 15 pounds by the end of
> 　　　 the year.　　(https://www.learnersdictionary.com/definition/set%20[1])
> 　　　 年末までに 15 ポンド（約 6.8kg）痩せるという目標を立てた。

カッコがついていることからもわかるように，この表現においては for
oneself「自分が達成するべきものとして」は言っても言わなくても文意
に大きな違いが生じません（3.1 節参照）。
　以下の例でも，相対的未来において task や mark を達成する主体として
想定されているものが oneself 部分に現れています。

> (18)　Never before had Ferguson shown such dedication and
> 　　　 singleness of purpose, such a fervent commitment to the
> 　　　 tasks he had set **for** himself [...].　　(Paul Auster, *4 3 2 1*)
> 　　　 ファーガソンがこれほどまでに何かに身を捧げ，目標に向かって脇
> 　　　 目も振らず突き進み，自らに課したノルマを達成しようと必死に努
> 　　　 力している姿を見せたことは，かつてなかった［…］。

> (19)　I know I shouldn't expect everyone to come up to the
> 　　　 mark I set **for** myself.　　(Kazuo Ishiguro, "Cellists")

> 私が自分の目標にしてるレベルにみんながみんな到達できるわけ
> じゃないって，わかってはいるんだけどね。

3.4. {make, buy, build, etc.} ... for *sb*

さらに，二重目的語構文（SVOO）の書き換えで to が出てこないということでお馴染みの {make, buy, build, etc.} ... for *sb* も，この for の使用例と考えることができます。何かを誰かのために作ったり買ったり建てたりする場合，①その誰かは当該の物体を受け取る主体（経験主体）であり，かつ，②その受け取りの時点は作成・購入・建築の時点に比べて相対的未来に位置します[6]。②に特に注意してください。たとえば，

(20) I {made, bought, built, etc.} it **for** my son.

では，息子が it を受け取る時点は話し手が it を {作る，買う，建てる，etc.} 時点と比べて未来側にズレています。

(20) の for はよく「恩恵の for」などと呼ばれ，上の例で言うと my son に当たる人物が何か得を

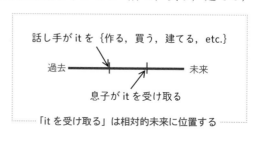

話し手が it を {作る，買う，建てる，etc.}

過去 ————————————— 未来

息子が it を受け取る

「it を受け取る」は相対的未来に位置する

することがポイントなのだと言われていますが，私としては，得をすること自体よりも相対的未来の経験が想定されているかどうかの方がきいているのではないかと考えています[7]。たとえば，言語学者の Adele E. Goldberg は以下の例文をあげています。

(21) Sam baked a cake **for** Chris.   (Goldberg 2019: 30) (→ pp. 342 ⑮)

Goldberg は，この例文はサムがケーキを焼く目的はクリスに食べてもらうことに限定されず，クリスの顔に投げつけるためにケーキを焼いたという解釈も可能であると述べています。このことは「恩恵」の概念では説明がつきません。クリスがケーキを食べるにせよ，顔にぶつけられるにせよ，何らかの形でケーキを受け取る経験が bake よりも相対的未来の位置にあることがポイントなのだと考えるべきでしょう。

　上の段落では被害なのに for が使える事例を見ましたが，逆に，恩恵なのに for が使えない例を作ることもできます。次の (22) をご覧ください。

(22) I kissed Susan on the cheek, and she did the same {**to** / ***for**} me.

この英文では，話し手がスーザンにキスされて喜んでいたとしても to が自然で，for は使えません。このこともまた「恩恵」仮説では説明がつきません。ここで for が不自然なのは，スーザンが話し手にキスをする時点から見て，話し手がキスを受け取る時点が未来側にズレていない（2つの時点が完全に一致して重なってしまっている）ためであると考えられます。

　二重目的語構文の書き換えで for が出てくる場合と to が出てくる場合の違い（の少なくとも一部）はこの「未来側へのズレ」の有無にあります。

(23)　　I {gave, sold, told, taught, etc.} it **to** my son.

たとえば (23) では，当該のモノ（gave, sold の場合には物体，told, taught の場合には情報）が話し手のもとから息子のもとへと移動する時点と，息子がそれを受け取る時点が完全に一致して重なっています。

　このように {make, buy, build, etc.} ... for *sb* には相対的未来が関わって

いるわけですが，だからといって，「相対的未来」という抽象的なラベル
だけ覚えておけば {make, buy, build, etc.} ... for *sb* という具体的な言い回
しを覚える必要はないということにはなりません。英語を使う際に利用す
るべき知識はあくまでも具体知識です。もしも for が相対的未来と結びつ
きやすいという抽象的な知識だけに頼ってしまったら，動詞 send を for
と一緒に使ってしまうでしょう。なぜなら，たとえば send a letter の場合
には手紙を投函するタイミングと相手がその手紙を受け取るタイミングに
は明確にズレがあり，後者は時間軸上で相対的未来に位置するからです。
しかし，正しくは send は for 型ではなく to 型の動詞です（John sent a
letter {to / *for} Mary）。これに対し，できる限りたくさんの具体知識を蓄
え，かつアウトプットの際にできる限り具体知識を利用するようにしてい
れば，「send ... to *sb*」という言い回しの知識を利用することになるので，
send を for と一緒に使ってしまうという誤りはせずに済みます。

4. 「相対的未来」はここにも

　ここまでは，have it in for *sb* が熟語として丸ごと覚えるべきものである
ことを認めつつも，各パーツがそのパーツらしい役割をまったく果たして
いないわけではないことを見てきました。中でも，前置詞の本ということ
もあって，for が相対的未来の経験主体を導くことがあるという点を強調
しました。4 節では，観察する for の用例をさらに広げて，「経験主体」と
いう言い方は妥当ではないけれども「相対的未来」がポイントであるとは
言えるパターンを見ていきます。

　よく「目的の for」などと呼ばれているものかと思いますが，for X は頻
繁に「X に関連する何らかの行為・出来事を実現するために（ための）」
の意味を表します。しばらくはこのことを確認していきます。「相対的未
来」との関係については，この節の最終段落で論じます。

　まずは以下の実例を見てください。

(24) When he came in **for** his egg he wiped the sweat from his brow with a ragged blue bandanna.　(Daniel Wallace, *Big Fish*)

彼は，スクランブルエッグを食べようと家に戻り，ボロボロの青いバンダナで額から汗を拭った。

(25) I need something **for** the egg shells.　(*Columbo*, Episode 3)

卵の殻を入れるものが欲しいのですが。

(26) ［状況説明］ある食べ物を持った Charles が仕事に向かう Kate を呼び止めます。

Charles:　Kate. Uh, Kate!

Kate:　　What?

Charles:　I… I just thought maybe you'd want a… a kiwi **for**… **for**… **for** the subway.

Kate:　　That's a papaya, Charlie.　(映画 *Kate & Leopold*)

チャールズ：ケイト。おい，ケイト！

ケイト：　　何？

チャールズ：あのさ，キ，キウイ，いらないかなあと思ってさ。ち，ち，地下鉄で食べたら？

ケイト：　　それ，パパイヤよ，チャールズ。

(27) ［状況説明］語り手（12 歳の女の子）は初めて 1 人で長距離バスに乗って長旅に出ようとしています。アパートを出ると，そこにはチョコレート菓子 Devil Dogs を持った友だちの Zander がいます。

　　[...] Zander was sitting on the steps eating Devil Dogs. He handed me two unopened packs.

　　"**For** the road," he said.　(Sarah Weeks, *So B. It*)

> ［…］ザンダーは階段に座ってデビル・ドッグズを食べていた。すると，私に未開封のものを 2 パック渡して言った。
>
> 「バスで食えよ」

(24) の for his egg は「his egg <u>を食べるために</u>」，(25) の for the egg shells は「the egg shells <u>を入れるための</u>」，(26) (27) の for the {subway / road} は「{the subway / the road} <u>で食べるために</u>」の意味を表します。下線を引いた「を食べる」とか「で食べる」とかいった部分は文脈や常識によって柔軟に解釈されます。逆に話し手は「聞き手は，柔軟に解釈した結果として，正しい解釈に行き着いてくれるだろう」と思って発話していることになります。文脈や常識がなかったら解釈が定まらないということについて，(28) を例に考えてみましょう。

(28) ［状況説明］Snoopy が犬用のご飯皿の写真を撮って，Charlie Brown に 1 枚渡します。

I have photos of all my supper dishes. Do you want one **for** your wallet?

(Charles M. Schultz, *The World Is Filled With Mondays*)

ご飯のお皿を全部写真におさめてあるんだよね。財布に 1 枚どう？

for your wallet の部分は常識的に考えれば「your wallet <u>に入れておくために</u>」だろうとわかるのですが，もしも財布の表面に写真を貼り付けるのが普通の文化だったり，あるいは写真で革財布を擦ると財布がきれいになることが発見され，それが常識になっていたりしたら，for your wallet は「your wallet <u>に貼り付けるために</u>」とか「your wallet <u>を磨くために</u>」とかいった意味を持ちうることになります。

とはいえ，解釈がほとんど固定的になっている「お決まりパターン」もあります。無数にあるのでいくつか選んで提示します。まずは reach for

第10章 for

203

X「X に物理的に接触するために手を伸ばす」です。この「X に物理的に接触する」には，単に触る他，X をいじって変更を加えたり，X を手に取ったりする行為が含まれます。

(29) Reaching **for** the light, she heard a sound in the living room [...]　　　　　　　　　　（Mary McNamara, *Oscar Season*）
明かりをつけようと手を伸ばしたとき，リビングで物音がした […]

(30) He turned and reached behind him **for** the candy bar [...]
　　　　　　　　　（Roald Dahl, *Charlie and the Chocolate Factory*）
店員さんは振り返って後ろのチョコバーに手を伸ばしました […]

次のパターンは［名前系名詞 for X］です。「これから X につけるための名前」のような意味を表します。

(31) ［状況説明］子どもたちがクラスバンドの名前を考えて，先生に検討してもらおうとしています。
We have a name **for** the band.　　　　　（映画 *School of Rock*）
バンド名，考えたんです。

(32) ［状況説明］食洗機を作っている会社の社長（と思われる男性）の発話です。
I thought of a great slogan **for** my dishwasher today.
　　　　　　　　　　　　　　（*Bewitched*, Season 2, Episode 14）
わしは今日な，今度の食洗機につけるのに素晴らしいキャッチコピーを思いついたんじゃ。

次のパターンは，Are we still on for X?「日時 X の約束ってポシャって
ないよね？」です。説明的に言い換えると，「自分たちは，依然として，
日時 X にイベントやデートなどを行うための準備計画スイッチが ON の
状態のままであるか」と聞いていることになります。実例を示しますが，
(34) では are we ...の are が省略されていることに注意してください。

(33) "Are we still on **for** tonight?" [...] "I'm so sorry, I have
to cancel," she said evenly. [...] "Okay. I'm sorry to
miss our dinner." (Charlaine Harris, "Small Signs")
「今晩，約束通り会えるよね？」[…]「本当にごめんなさい，キャ
ンセルさせてほしいの」と彼女は平坦な調子で答えた。[…]「わ
かった。ディナー楽しみにしてたから残念だ」

(34) Flash, we still on **for** after school today?
(映画 *Amazing Spider-Man*)
フラッシュ，今日の放課後の約束，大丈夫だよね？

これは *sth* is {planned / scheduled} for X「…は日時 X 開催ということで計
画されている」と関連付けて理解するとよいでしょう。
　以上見てきた例はすべて，「X に関連する何らかの行為・出来事を実現
するために（ための）」と考えられる for X の例として出したものでした。
ここで確認しておきたいのは，「X に関連する何らかの行為・出来事」が
主節の時点よりも相対的未来にズレているということです。たとえば
reach for X の例では，電気をつけたりチョコを手に取ったりする時点は
手を伸ばす時点よりも未来です。バンド名をつける例では，the band にそ
の名が与えられる時点は We have a name の時点（発話時）よりも未来で
す[8]。デートの約束について確認する例では，tonight にデートを実行する

時点は，Are we still on の時点（発話時）よりも未来です。同様のことが
それよりも前に見た (24)–(28) の例でも言えますので，確認してみてく
ださい。そして，相対的未来が関わる for の実例をたくさん見てきたこの
タイミングで，本章の議論の出発点である have it in for *sb* の実例を見直
してみてください。はじめは不思議なものに思えた have it in for *sb* の for
が，今や，実に英語らしい自然な働きをしているように感じられるのでは
ないでしょうか。

5. まとめ

本章ではまず，have it in for X「人間 X を恨んでおり，チャンスがあれ
ば痛い目に遭わせてやりたいと思っている」という熟語において，it, in,
for のそれぞれが何らかの意味を担っていると言えることを確認しまし
た。特に前置詞 for が「相対的未来における経験主体」を導く機能を果た
していることは have a grudge against *sb* との違いを理解する上で重要なの
でした。さらに，for を含む実に多くの表現が相対的未来という意味要素
を内包していることを見ました。しかし，for は相対的未来という概念と
結びつくことが多いということを覚えたところで，わかった気が増すだけ
で，for の使い方は上達しません。英語母語話者と同じように for を使え
るようになるためには，for を含んだ様々なよくある言い回しを覚え，で
きる限りそのままの形で使おうとすることが必要です。このような具体知
識を覚えず，for は相対的未来と結びつくことが多いという抽象知識だけ
を利用すると，「ジョンに手紙を送る」の意味で * send a letter for John の
ように不自然な英語を使ってしまう危険性があります。

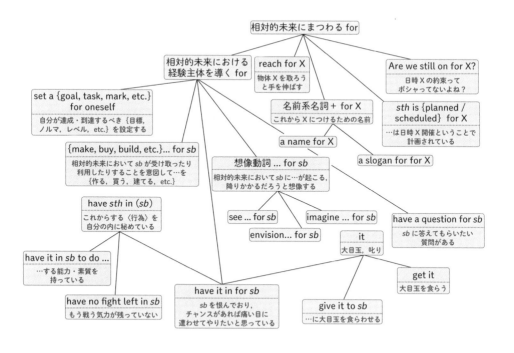

- have it in for *sb* は「〈人〉を恨んでおり，チャンスがあれば痛い目に遭わせてやりたいと思っている」という意味であり，「〈人〉が相対的未来において経験することになるような it（大目玉，叱り，仕返し）を自らの中に秘めている」と解釈できる。
- for X が相対的未来と結びつくケースは多く，X が相対的未来における経験主体に相当するケースもある。
- 相対的未来という概念に結びつけつつ，for を含んだよくある言い回しをたくさん覚えて，できる限りそのままの形で用いるようにする。

第10章 for

●注

1 「持っている」の意味の動詞 have は口語的には have got になることがありますが，この have got がさらに口語的に（もはや俗語的に）なると got になります（といっても，have got の have は助動詞であるため基本的に弱く雑に読まれるので，速い発音だと have got と言っているのか got と言っているのか区別がつかないこともありますが）。この実例で言うと1つ目の got が，have got の意味であり have の意味である got です。2つ目の got は「得る」の意味の動詞 get の過去形です。

2 「生ごみ処理機」と言われてもピンとこない方は，YouTube で "garbage disposal" と検索してみてください。アメリカのキッチンに備え付けられている便利な機械について勉強できます。

3 英語では，このように，重い話をしたり叱ったりする前に相手をフルネームで呼ぶことがよくあるのです。日本語ではそのようなことは（特に家族間では）普通しませんね。「平沢慎也，英語以外のこともやりなさい」…？

4 アメリカの medical school は学部卒業後に入るものなので，日本で言うところの「（大学の）医学部」とは異なるものです。

5 この1文は文法的にやや複雑に感じられるかもしれません。次のページに図示するように，to counter ...「…を打ち消すような」が a heroic death にかかり，「日頃の生活の平凡さを打ち消すような英雄的な死」という名詞句ができています。この名詞句全体が envision「…を頭の中で映像化する」の目的語なのです

が，for his father よりも後ろの位置に飛ばされています（その理由は，a heroic death to counter the commonness of his life の方が for his father よりも長く，かつ新しい重要な情報を担っているからかもしれません）。

6 受け取りの「時点」，作成・購入・建築の「時点」というように「時点」という言葉を使っていますが，これは説明のための方便です。受け取りも作成・購入・建築も一瞬でなされるものではなく，数秒，数分，場合によっては数年かかるものです。このことを踏まえた厳密な言い方は「受け取りのプロセスが占める時間幅」「作成・購入・建築のプロセスが占める時間幅」となりますが，まどろっこしいので単に「時点」と表現することにします。

7 ここで私は「恩恵の for」などというものは存在しないのだと言っているのではありません。次の実例を見ればわかるように，for が恩恵の意味を担っていることが明白な例は確実に存在します。

(i) Tony: What did she just do to me?
　　Fury: What did we just do **for** you?　　(映画 *Iron Man 2*)
　　トニー：この女，何しやがった？
　　フューリー：何をしてくれた，だろうが。

(ii) Yet the creatives must have been pleased that Jobs pushed so hard——not on them; **for** them.

(*Time—Steve Jobs: The Genius Who Changed Our World*)

それでも，クリエーターたちはジョブズがこれほどまでに押しの強い人間で良かったと思っていたに違いない。ジョブズに押されたというより，ジョブズが押し•て•く•れ•た•，という風に。

8 この例では「どういう名前がいいかなあ」と考えているタイミングが実際に存在しているので，「これから名前をつける」という相対的未来の感じが掴みやすいですが，このようにわかりやすい例ばかりではありません。たとえば，Lang さんという言語学者がいるとして，その人が自分の名前について *My name's Lang. I think it's a good name for a linguist.*「私の名前は Lang です。言語学者（language を研究する人）にぴったりの名前だと思います」と言うことができます。この場合には，話し手に名前をつけるとしてどんな名前が良いかを考えるという仮•想•的•なプロセスが想定されていると考えられます。そして，話し手が Lang という名前を与えられるタイミングは，そのプロセスから見て相対的未来に位置することになります。

注5　参考図

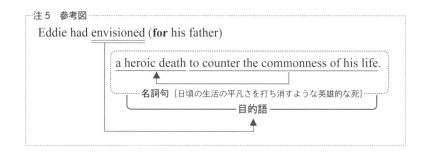

Eddie had envisioned (**for** his father)

a heroic death to counter the commonness of his life.

名詞句［日頃の生活の平凡さを打ち消すような英雄的な死］

目的語

第11章

in

1. in an {effort / attempt} to do ...

　英語には in an {effort / attempt} to do ...というよくある言い回しがあります。発音はそれぞれ [ɪnə nɛfər tə ...] と [ɪnənə tɛmp tə ...] で，[ɪnə] と [ɪnənə] はかなり速い速度で読まれます。意味は「…する試みの中で」ではなく「…するつもりで，…するために，…しようと思って」です。(1) – (3) を見てください。

> (1) [...] he is tapping Mr. Blank on the shoulder **in an effort to** wake him. (Paul Auster, *Travels in the Scriptorium*)
> […] 男はミスター・ブランクを起こそうと肩をトントンと叩いている。

> (2) [状況説明] 知的障害を持つ Sam は養育権をめぐる聴聞の最中に娘（Sam と暮らすことを切望している）と一緒に家庭裁判所を抜け出してしまいました。以下は Sam を擁護する弁護士の発話です。

> What parent in their right mind seeing their child's pain, their yearning for contact, wouldn't take them **in** an effort to comfort them? (映画 *I am Sam*)
>
> まともな親なら誰だって，自分の子どもが苦しんでいるのを見たら —— 自分の子どもが「パパ・ママに会いたい」と言っているのを見たら —— 安心させてあげようと思って連れて帰るでしょう。

(3) **In** an attempt to ferret out the truth, I looked Phoebe straight in the eye[1] and asked in a volume way louder than necessary [...] (Emily Giffin, *Something Blue*)

真実を暴き出してやろうと，私はフィービーの目をまっすぐに見つめ，こんな大声を出す必要がどこにあるのかというくらいの大声で尋ねた [...]

おそらく，単語として effort と attempt を知っている人であっても，前置詞として in が用いられていることに納得がいかないということがあるでしょう。これらの表現はよくある言い回しですから丸ごと覚える必要があるのは確実ですが，だからといってこの in を理解するのを諦める —— in の他の用法とは一切何の関係もない離れ小島的な存在だと決めつける —— のは尚早です。本章では in an {effort / attempt} to do ... が in の様々な用法と密接に関連していること，それらと一緒に覚えるべきものであることを示します。

2. 同一の行為の捉え直しの in

in an {effort / attempt} to do ... と関連していると考えられる他の表現にはどのようなものがあるでしょうか。「他の表現」に踏み出るためのポイントは，in an {effort / attempt} to do ... において in の前後で行為の捉え直

しが行われていることに気付くことです。たとえば (1) では tap Mr. Blank on the shoulder という行為が an effort to wake him として捉え直されています。ミスター・ブランクの肩を叩く行為は，ミスター・ブランクを起こすための試みなのです。(2) では take them「子どもを連れて帰る」という行為が an effort to comfort them「子どもを安心させるための試み」と捉え直されており，(3) では look Phoebe straight in the eye and ask ...「フィービーの目をまっすぐ見つめて尋ねる」という行為が an attempt to ferret out the truth「真実を暴き出そうとする試み」として捉え直されています。

「同一の行為の捉え直し」というポイントを掴むと，in an {effort / attempt} to do ... と他の色々な表現の関連性が見えてきます。たとえば [in one 動作名詞] という構文を見てみましょう。これはある行為が素早く滑らかな 1 回の動作でなされたことを言うのによく用いられるパターンです。「動作名詞」の部分にはまさに「動作」の意味の motion がよく現れますが，他にも swallow「飲み込むこと」や leap「跳ぶこと，跳躍」なども見受けられます。

(4)　The repairman took the pager out of my hand, flipped open the battery door, turned the battery around, and handed the now functional pager back to me **in** one well-practiced motion.　(Scott Adams, *The Dilbert Principle*)
修理屋は私の手からポケベルを奪い，バッテリーのふたをパカッと開け，バッテリーをひっくり返し，ちゃんと動くようになったポケベルを私に返すという動作を，慣れた手つきで一気にやってみせた。

(5)　[状況説明] 語り手はバーで近くに座った警察官の拳銃を奪おうとしています。

Should I take it out slowly, or pull it from him **in one swift motion?** (Siri Hustvedt, *The Blindfold*)

ゆっくり抜くのが良いだろうか，それとも一気にサッと抜くべきだろうか。

(6) ［状況説明］空港の搭乗待合室にいる Emily は，吸おうとしたタバコを落としてしまいました。

She [= Emily] stamped it out with her heel, then reached for the plastic cup on the seat beside her and **in one swallow** finished what remained of the scotch and water she had purchased at the airport bar.[2]

(Stephen Frey, "Paranoia")

エミリーは落としたタバコをかかとで踏みつけると，横の席に置いていたプラスチックのカップに手を伸ばし，空港のバーで購入したスコッチの水割りの残りを一気に飲み干した。

(7) ［状況説明］少年 Charlie の買ったチョコレートに「アタリ」の券（伝説のチョコレート工場の見学チケット）が入っていたので，祖父の Joe は大興奮しています。

[...] **in one fantastic leap**, this old fellow of ninety-six and a half, who hadn't been out of bed these last twenty years, jumped on to the floor and started doing a dance of victory in his pajamas.

(Roald Dahl, *Charlie and the Chocolate Factory*)

［…］すると見事なひとっ飛び。20 年ベッドを出たことがなかったこの 96 歳と 6 ヶ月のおじいさんが，床に飛び降りました。そして，いつものパジャマのまま勝利のダンスを始めました。

これらの例でも同一の行為の捉え直しがなされています。(4) では took the pager out of my hand ... handed the now functional pager back to me 全体が one well-practiced motion と捉え直されています。これら2つは明らかに同一の行為を指しています。(5) でも pull it from him と one swift motion は同じ動作を指しています。(6) では finished what remained of the scotch and water ... という行為が one swallow という風に捉え直されています。(7) では jumped on to the floor と one fantastic leap が同一の動作に対する異なる2つの捉え方を反映した表現となっています。

　この捉え直しの in は gesture「感情などを示す振る舞い，動き，言動」ともよく結びつきます。in a ... gesture とか in a gesture of ... とかいったパターンを覚えておくと使い勝手が良いです。実例を見てみましょう。

(8)　As she looked at her surroundings she bit her lips gently together, then opened them and lightly ran the tip of her tongue along the back of her upper teeth, **in a reflexive, thoughtful gesture.**　(Susan Thornton, "Border Crossing")
少女は，周囲を見ながら，両唇をそっと噛み，口を開いて舌先で上の歯の裏を軽くなぞった。それは物思いに耽る無意識の仕草だった。

(9)　Brick raises his hands **in a gesture of surrender**, but it doesn't do him any good. The first bullet hits him in the leg, and he falls down [...]　(Paul Auster, *Man in the Dark*)
ブリックは降参を示すべく両手をあげたが，無意味だった。1つ目の弾丸が彼の脚を捕らえ，彼は倒れ込む […]

(10)　Quinn stood up, raised his hand **in a gesture of peace**, and told her not to worry. He wasn't going to hurt her.

（Paul Auster, *City of Glass*）

クインは立ち上がり，片手をあげて敵意がないことを示し，彼女に
怖がらないでください，危害を加えるつもりはありませんと告げた。

(8) では，in の前に書かれている動作・行為全体が a reflexive, thoughtful gesture「物思いに耽る無意識の仕草」であるわけです。(9) と (10) では両手をあげる動作そのものが a gesture of surrender「降参を示すジェスチャー」と a gesture of peace「敵意がないことを示す仕草」として再記述されています。

さらに，これまで見てきた表現ほど高頻度ではないですが，ある出来事なり状態なりが当人の意図しない意味合いを持ってしまう場合にも in が使われます。どういうことか，実例で具体的に確認していきましょう。

(11) ［状況説明］主人公の Anna は Sam と離婚したあとも頻繁に会っています。以下では Anna が開いている昼食パーティーでの Sam の様子が描かれています。

He was in his chair. Or rather, what used to be his chair when they were married. Six years after the divorce, Sam still colonised the frayed blue velvet cushions whenever he visited, long legs stuck out **in a potential trip hazard**. （Juliet Ashton, *The Sunday Lunch Club*）

サムは自分用の椅子に腰掛けていた。いや，正確に言えば，離婚するまでサム用だった椅子だ。離婚して 6 年経ってもなお，サムはアナの家に来るたびに，擦り切れた青のビロードのクッションを占領して，長い脚を放り出し，そばを通る人を転倒の危険にさらしているのだ。

(12) ［状況説明］Reggie Jackson という野球選手についての文章です。

When Jackson had joined the Yankees, in 1977, it was not a picnic. He immediately conflicted with manager Billy Martin. Of course, Martin was known throughout baseball for being difficult. Things came to a head in June of that year when the Yankees faced off against the Boston Red Sox and Jackson and Martin got into a physical confrontation in the dugout **in a fight that was broadcast all across the country.**

〈http://www.500hrc.com/500-hrc-articles/mr.-october-was-called-that-for-a-reason.html〉

ジャクソンが 1977 年にヤンキースに加わってからの道のりは，決して平坦ではなかった。まず，すぐに監督のビリー・マーティンと対立するようになった。言うまでもないことだが，マーティンが気難しいことは球界ではよく知られていた。それで，ついにその年の 6 月，ヤンキース対ボストン・レッドソックスの試合で最悪の事態が起こり，ジャクソンとマーティンはベンチで取っ組み合いの争いを起こし，その喧嘩がアメリカ全土で放送されてしまった。

(11) では，long legs が stuck out になっている状態が a potential trip hazard「いつ人がつまずいて転んでもおかしくない危険な状態」と捉え直されていますが，おそらく Sam は別に人を転ばそうと思ってこういう座り方をしているわけではありません。(12) では Jackson and Martin got into a physical confrontation in the dugout という出来事が a fight that was broadcast all across the country として捉え直され再記述されていますが，喧嘩した当の 2 人は別にアメリカ全土で放送されるような喧嘩をしようと意図して喧嘩したのではないでしょう。これらの例の「別に in 以降のようなことを意図したのではない」というところは，たとえば (10) の Quinn stood up,

raised his hand in a gesture of peace のような例とは決定的に異なります（敵意がないことを伝えようと思って手をあげているわけですから）。しかし，同一のもの（行為・状態・出来事）が in の前後で 2 通りに捉えられ表現されているという点は見逃すわけにはいかない共通点です。

3. 実は「形状の in」も…

3.1. そもそも「形状の in」って何？

　ここまでは行為・状態・出来事が再記述されるパターンに注目してきましたが，今度は人間や物体が捉え直され再記述されるパターンを見てみます。しかし，その前に，人間や物体と前置詞 in と言えば普通の英語学習者は John is in the park とか The knife is in the red box とかいった用例を思い浮かべると思うので，こうした用例に見られる in の基本的性質について一応確認をしておきます。

　前置詞 in は X が Y の「中」にあるという関係を表すのが典型的です。この場合，X と Y は一致しません。X がなくなっても Y は依然としてそこにあります。当たり前ですが，ジョンが公園内にいるとか，ナイフが赤い箱の中にあるとか言っている人が，ジョンと公園を同じものと思っていたり，ナイフと赤い箱を同一視していたりすることはまずありません。ジョンがいなくなっても公園は依然としてそこにあるし，ナイフがなくなっても赤い箱は存続します。

　ところが，ここで注目したい「形状の in」と呼ばれるものについては話が別です。「形状の in」とは，ある人間なり物体なりがどのような形状を取っているかを語るために in が用いられる用法のことです。おそらく，日本でよく教えられている使い方は「列になって ¦立つ／座る¦」の {stand / sit} in (a) line や「輪になって ¦立つ／座る¦」の {stand / sit} in a circle など人間の並び方を描写する表現ではないかと思いますので，こうした表現を例に取って深く考えてみましょう。たとえば 28 人の中学生が校庭に一

217

列に並んでいるとします。英語で They're standing in (a) line という風に描写できる状況です。ここでポイントになるのは，列と呼べるものが28人の生徒たちとは独立にそこにあるわけではないということです。生徒たちそのものが「列」になっているのです。この2者は同じものなのです。生徒たちが消えてしまったら列も消えることになります。この点において「形状の in」は John is in the park や The knife is in the red box の in とは決定的に異なります[3]。

　「形状の in」は人間の並び方を語る場面以外でも大活躍します。たとえば集団行動について語るとき，in a group「集団を作って，グループになって」という言い方を覚えておくと便利です。形容詞を足したり複数形にしたりもできます。「夫婦揃って一緒に」なら in a couple です。

(13)　Their ships travel alone or **in** small groups.

(Star Trek: Voyager, Season 4, Episode 16)

彼らの船は単体かもしくは小グループを作って移動します。

(14)　[状況説明] Leonard は，バーで一緒に飲んでいる元恋人の Penny に，店内にいる女性客をナンパすることを勧められたのですが，ひるんで次のように言います。

They're **in** a group. I'm scared.

(The Big Bang Theory, Season 5, Episode 9)

あの女の子たち，かたまってんじゃん。怖い。

(15)　We're psychologists here, Lieutenant. Our patients come to us with sexual problems, sometimes alone, sometimes **in** couples.　　(Columbo, Episode 48)

刑事さん，私たちは心理学者なんです。患者さんはセックスに悩み

を抱えてここにいらっしゃるんです。お一人のこともあれば，夫婦
一緒にということも。

ここで in a group と as a group の意味の違いが気になった方がいるかもし
れません。簡単に言えば，in a group は複数の人が位置的に一緒にいると
いうことを表し，as a group は団結して 1 つの機能を果たすということを
表します。たとえば Let's all look for it {in / as} a group「よし，みんなで
探そうぜ」で考えてみると，in の場合には探す側の人たちが固まって行
動することになりますが，as の場合，捜索のための計画や作戦を共有し
ていることが重要なのであって，位置的にはバラバラであってもかまいま
せん（日本語の「手分けして探す」のようなケースであってもよいという
ことです）。

in → 探す人は固まって行動

as → 探す人は位置的にバラバラでも OK
　　（固まって行動しても OK）

3.2. 積み重ねパターン

物体の積み重ね方を語るのにも「形状の in」が用いられます。ただし，
前置詞が in になることを知っているだけではダメで，動詞として pile や
stack を覚えておくことも必要です。{pile / stack} X in Y という形で覚え
ましょう。なお，動詞 stack は動詞 pile に比べて「きちんと，整頓されて」
という含みを持ちやすいということも覚えておくとよいでしょう。

(16) The walls were lined with stuffed bookshelves, and more books <u>were piled **in** leaning towers</u> all over the room.　　　　　　　　　　　　　(Siri Hustvedt, *The Blindfold*)

壁には本のぎっしり詰まった本棚が並んでおり，さらに，部屋のいたるところで本が積み上げられ斜塔のようになっていた。

(17) The shirts and underwear <u>were stacked **in** tidy piles</u>, all the edges lined up and facing in the same direction.

(Sarah Weeks, *So B. It*)

シャツと下着はきちんと積み重ねられていた。端がしっかり揃っていて，みんな同じ方向を向いていた。

(18) ［状況説明］パーティーの描写です。

Gabi was in charge of the drinks table and was painstakingly <u>stacking retro saucer-shaped champagne glasses **in** a pyramid</u>.　　(Hester Browne, *The Little Lady Agency*)

ガビはドリンクテーブル担当で，昔ながらのソーサー型のシャンパングラスを慎重に積み重ねてピラミッドを作ろうと悪戦苦闘していた。

3.3. 髪型パターン

　さらに，髪型について語るのにも「形状の in」がよく使われます。覚えておくべきパターンは色々ありますが，たとえば，tie one's hair in X「髪を結んで髪型 X にする」や wear one's hair in X「髪を髪型 X にしている」といった動詞句の形，with one's hair in X「髪を髪型 X にして」という副詞句の形，with one's hair <u>up</u> in X「髪を上げて髪型 X にして」や

with one's hair <u>back</u> in X「髪を後ろへやって髪型 X にして」など髪を束ねる<u>方向</u>を指定した形などを覚えておいて，必要に応じて組み合わせて使うようにするとよいでしょう。それと，言うまでもないことですが，髪型を表す名詞（X の部分を埋めることができる名詞）も色々と覚えていないと，この in を使いこなすことは

様々な髪型パターンを
言ってみよう

できません。たとえば a ponytail「ポニーテール」や a braid「三つ編み（1 本）」，two braids「三つ編み（2 本）」，a bun「お団子ヘア」，a bob「ボブ」，a crew cut「クルーカット」，an afro「アフロ」など。それでは実例をどうぞ。今紹介したばかりの表現が色々組み合わせられています。

(19) She seems to be wearing her Red Sox T-shirt and gray sweatpants, and <u>her long hair is tied back **in** a ponytail</u>.

(Paul Auster, *Man in the Dark*)

彼女はレッドソックスの T シャツにスウェットパンツを合わせているようだ。ロングの髪はポニーテールにして後ろで束ねている。

(20) A middle-aged man <u>with […] long silver hair tied back **in** a ponytail</u> took a few steps in his direction.

(Mitch Albom, *The First Phone Call from Heaven*)

［…］長い白髪をポニーテールに結わえた中年の男性が彼の方へ何歩か近づいてきた。

(21) Finally the elevator came. There was a slow creaking noise, then a thump, then the doors jiggled open. A

221

beautifully dressed woman <u>with her hair up **in** a bun</u> got off. *(Rebecca Brown, The Gifts of the Body)*

やっとエレベーターが来た。ゆっくりとギシギシいって，そのあとドンと鳴り，ドアが小刻みに揺れながら開いた。髪をお団子にしたオシャレな格好の女性が降りてきた。

(22) She is dressed in the simplest clothes, has almost no makeup on, <u>wears her hair **in** a short, unfashionable cut</u> [...] *(Paul Auster, Oracle Night)*

服装は極めてシンプル。化粧もほとんどせず，髪型は時代遅れのショートで［…］

3.4. 文字パターン

まだまだ終わりません。「形状の in」は，さらに，in {a ... letter / ... letters}「…な文字で」というように，書かれた文字がどのような形状であるかを説明するのにも頻繁に用いられます。実例を見てみましょう。

(23) The singular first-person pronoun " I " should always be <u>**in** a capital letter</u>.

〈https://translation-boutique.com/en/the-importance-of-capitalization-in-translation/〉

一人称単数の代名詞 I は常に大文字で書かなければいけません。

(24) I sang loudly in the darkness, whistled at strangers, and once, I wrote NEVER MIND <u>**in** huge letters</u> on a wall with spray paint. *(Siri Hustvedt, The Blindfold)*

暗闇で大声で歌い，見知らぬ人に口笛を吹き，あるときは壁にスプ
レーで巨大な文字で NEVER MIND と書いた。

(25) There was only one letter for me: a stampless, hand-delivered envelope with my name written across[4] the front **in** block letters, folded up in thirds and then shoved through a narrow slot in the mailbox.

(Paul Auster, Invisible)

私宛の手紙が 1 通だけ来ていた。切手が貼られておらず，直接持っ
てきたと思われる封筒で，表に大きくブロック体で私の名前が書か
れていた。3 つ折にされ，郵便受けの狭い口に押し込められていた。

それぞれ，書かれている文字そのものが a capital letter「大文字（1 つ）」，huge letters「巨大な文字（複数）」，block letters「ブロック体の文字（複数）」なので，in の前後で同一の物体（ここでは文字）が 2 通りに表現されていると言ってよいでしょう。

3.5.「形状」だけど「同一」ではないものたちへ

今見たパターンと非常によく似ていて微妙に異なる点があるのが，in italics「斜体で」, in boldface「太字体で」, in {italic / bold} type「{斜体／太字} で」です。どう異なるかというと，in の目的語となる italics, boldface, type が指しているものが，描写しようとしている文字それ自体ではないのです。もしも italics が「斜体の文字（複数）」という意味ならば，1 文字について説明する場合には an italic となるはずですが，「斜体のＤの文字 1 つ」は a D in italics であって a D in an italic ではありません。このようなことを考えると a D in italics において italics がＤという文字それ自体を指しているとは言えません。in boldface と in {italic /

bold} type における boldface と type も，不可算名詞になっていることを
考えると，文字という明らかに可算的な物体それ自体を指しているとは言
いにくいでしょう。

　このように，「形状の in」の中には，in の前後が同一の物体を指してい
ると言いやすいものも言いにくいものもあり，それらがゆるやかにつな
がっていると考えるのが妥当であるように思われます。

　「同一の物体を指している」と言いにくい「形状の in」で非常に汎用性
が高いのは，X in the shape of Y「Y の輪郭・形状をした X」というパター
ンです。覚えておくと重宝します。

---

(26) After bending over to pick up the doorstop —— brass, **in
the shape of a hedgehog**, it had been a wedding gift ——
she whirled [...]　　　　　　　(Mary McNamara, *Oscar Season*)
かがんでドアストッパーを拾うと —— 結婚祝いでもらった真鍮性の
ハリネズミだ —— 彼女はくるりと振り返った […]

---

(27) I've made you breakfast. Juice, coffee, pancakes **in the
shape**[5] **of some of your favorite fictional characters**.
See, here's Frodo.　　(*The Big Bang Theory*, Season 3, Episode 15)
レナードのために朝食を作ってあげたんだ。ジュースに，コーヒー，
それからレナードが大好きなキャラをかたどったパンケーキ。ほ
ら，フロドがここに。　　　　[フロド：The Lord of the Rings の登場人物]

---

(28) One afternoon, we had lunch with a second cousin of
hers, an old gent pushing eighty, a former publisher [...],
a walking book **in** the shape of a man.

　　　　　　　　　　　　　　　　　　(Paul Auster, *Man in the Dark*)

> ある日の午後，私たちは彼女のまたいとこで，じきに 80 歳になる男性とランチをした。彼は元編集者で［…］人間の形をした歩く本のような男だ。

doorstop や pancakes は物体の一種であって形状（shape）の一種ではありません。「何か形状の例をあげてみて」と言われて，「三角形」や「直線」と答えることはあっても，「ドアストッパー」や「パンケーキ」と答えることはないでしょう。したがって，{doorstop / pancakes} in the shape of Y の shape が {doorstop / pancakes} それ自体を指しているとは言えませんから，X in the shape of Y は「同一の物体を指している」と言いにくい「形状の in」のパターンだということになります。

この「同一の物体を指している」と言いにくい「形状の in」は，出版・発行の形態について語るのにもよく用いられます。高頻度なのは in paperback（↔ in hardback）と in book form です。

(29) The book continues to exist, it's available in bookstores and libraries, and anyone who cares to read it can do so[6] without difficulty. It was issued **in paperback** a couple of months after Sachs and I first met [...]

(Paul Auster, *Leviathan*)

その本は今も存在しており，書店や図書館で読むことができる。読みたいと思ったら誰でも簡単にこの本を見つけることができる。サックスと私が出会った 2，3 ヶ月後にペーパーバックで発行された本で［…］

(30) ［状況説明］マンガ家の Art Spiegelman がインタビューで発した 1 文です。アメリカではかつてマンガ全般が子ども向けの粗悪なものと見なされていたということを述べたあとの部分です。

> Now, at this very moment, I believe things are beginning to change: having anything **in** book form in your hands begins to look like a sign of intelligence, even if it has pictures and balloons.
>
> そして今やっと，事態が変わってきたと思う。何であれ，本の形をしたものを手に持っているだけで知性のしるしに見えるようになってきたからね —— たとえ絵だの吹き出しだのがついていてもね。
>
> （柴田元幸（編・訳）『ナイン・インタビューズ』）

in の目的語は，paperback と book form というように不可算名詞になっていますから，本それ自体を指しているとは言いにくい（もしも本それ自体を指すならたとえば (29) なら It was issued in a paperback となるはず）ですが，形状について語っているのは間違いありません。

　なお，(30) の in book form は in X form「X という形・形式で」というパターンの事例になっています。これはそれなりに汎用性が高く，たとえば in {book, ebook, electronic, etc.} form「｛本，電子書籍，電子版，etc.｝の形式で」，in {pill, capsule, liquid, powder, etc.} form「｛錠剤，カプセル，液体，粉，etc.｝の形で」のようなパターンを覚えておくと便利です。

　電子媒体やファイル形式に言及する場合には in X format「X というフォーマット・形式で」も覚えておくと使い勝手が良いです。たとえば，in {ebook, electronic, PDF, JPEG, MP3, etc.} format「｛電子書籍，電子版，PDF ファイル，JPEG ファイル，MP3 ファイル，etc.｝の形式で」など。

　ここで見ている in X {form / format}「X という形式で」は，利用・消費と関係する動詞句と結びつきやすいという傾向を持ちます。利用・消費の行為それ自体を指す動詞句と結びつく read ... in ebook format「…を電子書籍で読む」や take the medicine in pill form「その薬を錠剤で飲む」といったケースもあれば，利用・消費が可能であるということを表す動詞句と結びつく be available in ebook format「電子書籍版が売られている，電

子書籍で読める」や be available in pill form「錠剤の形で売られている，錠剤で飲める」といったケースもあります。また，publish ... in ebook form「…を電子書籍の形で出版する」や send a report in PDF format「報告書を PDF ファイル形式で送る」の publish ... や send a report の部分は当該の本や報告書を利用可能な状態にすることを指しています。ある本が {come out / be released} in ebook format「電子書籍の形で世に出る，発売される」場合には，その本は利用可能な状態になるということです。傍点を振った部分に違いはあれど，動詞句が利用・消費と関係したものであるところはこれらのフレーズ全てに共通しています。

「形状の in」は，in one piece「（身体が引きちぎられて many pieces になることなく→）怪我をせず無事に」，go up in smoke「（計画などが）水の泡になる」など意外に多くの熟語の背後に潜んでいます。英語を勉強していて「この in は何だろう？」と思う in があったら，ちょっと立ち止まって，「形状の in」の可能性がないか考えてみてください。

4. まとめ

本章では，まず，in an {effort / attempt} to do ...というよくある言い回しからスタートして，同一の行為・出来事・状態を捉え直して再記述するような in の用法の一種として位置付けられることを見ました。そして，これは同一の人間や物体を捉え直して再記述する「形状の in」とも関連することを指摘しました。さらに，in の前後が同一のものを指しているとは言いにくいけれども形状を語っていることは間違いない，そんな広義の「形状の in」を認めると，もっと多くの表現を関連させて理解することが可能であるということを述べました。

しかし，このような抽象知識で満足してはいけません。自分で英語を話したり書いたりする際にはできる限り具体的な知識を利用するようにしましょう。

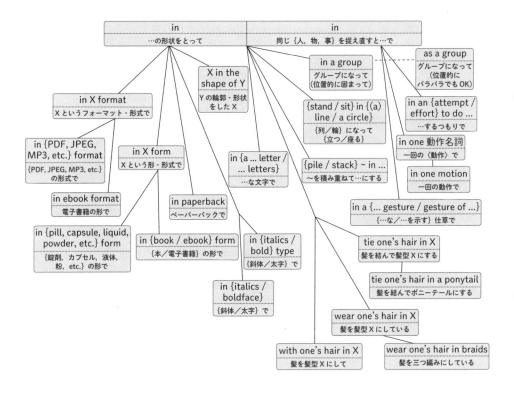

REVIEW

● 前置詞 in の典型的な空間義「X は Y の中にある」では，X と Y は別物である。

● in の用法の中には，X と Y が同じものを指している用法がある。この用法では X と Y の間に「同一物の捉え直し」の関係が成り立つ。

● 「同一物の捉え直しの in」は「形状の in」とつながっており，後者には積み重ねパターン，髪型パターン，文字パターンなどがある。

● 「形状の in」の中には同一の物体を指しているとは言い難いパターンもあり，X in the shape of Y「Y の輪郭・形状をした X」や，利用・消費を表す動詞句と結びつきやすい in X {form / format}「X という形式で」がここに含まれる。

●注

1 look X in the eye「Xの目をしっかり見る」については第2章4.2節（→ pp. 52–53）をご参照ください。

2 この英文は複雑ですので構造を以下に示しておきます。

She (v1)stamped ... then (v2)reached ... and (in one swallow) (v3)finished ...

3 stand in a circle は本文で見たように「輪になって立つ」とも解釈できますが、「輪の中に立つ」とも解釈できます。後者の解釈では、生徒たちがいなくなっても輪はそこに残ることになります。たとえばグラウンドにチョークで大きな円が描かれている状況を考えてみるとよいでしょう。

4 文字がXの表面にでかでかと書かれているとき、be written across X とよく言います。

5 pancakes も characters も複数形なのに、shape は複数形になっていません。これは、X in the shape of Y という形で固定化していることを示しています。

6 英文では do so が使われていますが、「読みたいという人は簡単にそうすることができる」と訳すと不自然なくどさが出てしまいます。これは do so の実例を訳している時によく直面する問題です。逆に言うと、英語らしい英語をアウトプットできるようになるためには、日本語では「そうする」とは言わないような場面で、do so を使おうと思いつくようになる必要があるのです。

第12章

of

1. 摂取から数分以内に死ぬのか，摂取により数分以内に死ぬのか

　本章では前置詞 of を扱います。まず(1)の英文をじっくり読み，下線部を訳してみてください。私は教室で(1)を生徒・学生に読んでもらったり元のドラマを見てもらったりすることがあるのですが，下線部に関して複数の解釈を思いつき迷う人が出てきます。皆さんはいかがでしょうか。

(1)　[状況説明] 刑事 Columbo と毒物検査担当の George のやりとりです。特定の個人の死亡事件について調査をしています。George によると，死因は急性ニコチン中毒。しかし喫煙によるものとは考えられないと言います。

Columbo: If it wasn't nicotine in the cigarettes, then what was it?

George:　A highly concentrated form. Nicotine sulfate, one of the most poisonous substances around. Paralyzes the lungs, the heart action goes nuts. Bingo, you are dead.

Columbo:　That quick?

George:　　With the amount he had in his system, <u>he must have died within minutes **of** ingestion</u>.

(*Columbo*, Episode 57)

コロンボ：タバコのニコチンではないとしたら，何だったんです？

ジョージ：濃縮されたタイプのものだったんだよ。ニコチン硫酸塩といって，出回っている物質の中で毒性の強さは最強クラスだ。肺が麻痺して，心臓の動きが狂って，はい，ポックリ。

コロンボ：そんなすぐに？

ジョージ：体内にあれだけの量があったわけだからな，＿＿＿＿＿

＿＿＿＿＿＿＿＿＿＿＿＿＿＿＿＿＿＿＿＿＿＿＿。

英語に習熟している人であれば，下線部は「摂取から数分以内に死んだはずだ」としか解釈できないのですが，一部の学習者はそれとは異なる解釈（ややきつい言い方をすれば間違った解釈）も思いついてしまいます。それは，下線部は die of ...「…が原因で死ぬ」[1] を含んでいて，訳すと「摂取が原因で数分以内に死んだはずだ」になるという解釈です。英語に慣れている人にとってこの解釈はおそらく思いつきすらしないものです。その一番の理由は，within minutes of ...「…から数分以内に」という非常に頻度の高い言い回しが使われており，それを元に「摂取から数分以内に死んだはずだ」と解釈して文脈上何の問題も生じないからです。だから die of ...「…が原因で死ぬ」の解釈は検討すらされないのです[2]。

　語学には，習得が進むにつれてすぐ思いつく解釈の幅が狭まっていくという側面があると思います。私自身，今なら1通りにしか解釈できない英文を相手に，かつては何通りもの異なる解釈が可能だと考えて，文脈上どれが一番しっくりくるかを一生懸命考えていました。これは決して無駄な活動ではなく，文章を丁寧に読み論理構造を考える習慣を身につけるの

231

に大いに役立ったと思います。多くの人にこのような努力を勧めたいです。しかし，英語が上達してくるにつれて「ありえる」と思える解釈の数が減ってくることもまた，厳然たる事実なのです。

2. within X of Y の時間用法

この within minutes of ... という言い回しと明らかに類似しているものには within hours of ... や within days of ... などがあります。

> (2) [...] their hotel had got off to a reasonable start,[3] but now all the gossip was of guests demanding their money back, or checking out <u>within hours **of**</u> arrival.
>
> (Kazuo Ishiguro, "Malvern Hills")
>
> [⋯] 彼らのホテルは，始めたときにはそれなりに好調だったのだが，このときにはもう，耳に入る噂といったら客が返金を要求しただの到着から数時間としないうちにチェックアウトしただのといった話ばかりになっていた。

こうしたパターンは［within＋時間単位名詞複数形＋ of ...］とまとめることができます。

within に後続する時間表現がもっと具体的で数値が特定化されているパターンも高頻度です。

> (3) ［状況説明］ロック・バンド Deep Purple の *Machine Head* というアルバムのレコーディングについての記述です。
>
> The sessions were fast; <u>within two weeks **of**</u> finally getting to work, the album was done.
>
> (Dave Thompson, *Smoke on the Water*)

> セッションはトントン拍子で進んだ。ようやくの着手から 2 週間
> もしないうちにアルバムが完成した。

(4)　［状況説明］姉妹の Diane と Katherine が何をするにも一緒だった
　　　ということを述べている場面です。

Their houses were a mile apart. Even their divorces fell[4]
<u>within a year</u> **of** one another.

〈Mitch Albom, *The First Phone Call from Heaven*〉
2 人はほんの 1 マイルの距離に住んでいた。離婚のタイミングさ
え，1 年と離れていなかった。

こうしたパターンは［within ＋ 具体的な時間幅 ＋ of ...］とまとめること
ができます。(4) の one another は each other に書き換えても OK です。こ
の場合の {one another / each other} の指示対象は，ダイアンとキャサリン
それぞれの離婚のタイミングです。ダイアンの離婚時から見たキャサリン
の離婚時までの間隔，および（それをひっくり返して）キャサリンの離婚
時から見たダイアンの離婚時までの間隔が 1 年と離れていなかったとい
うことです。{one another / each other} が出てくると複雑に感じられるか
もしれませんが，複数の出来事があまり時間を置かずに起きたということ
を言いたいときに［within ＋ ｜具体的な時間幅／時間単位名詞複数形｜ ＋
of ＋ {one another / each other}］という言い回しは頻繁に用いられます。
たとえば両親が ｜数日／半年｜ と置かずに亡くなった場合には My parents
died within {days / six months} of each other のように言います。

　前置詞 of の話から離れてしまいますが，within ... of each other に限ら
ず，each other は日本語の「お互いに」とまったく同じだと思っていると
使いこなせるようにならないので，注意してください。まず，よく指摘さ
れるように，日本語の「お互い」が副詞用法を持つのに対して英語の one

another と each other は常に代名詞であるという違いがあります。加えて，日本語母語話者であれば「お互い」であることが当たり前すぎてわざわざ「お互い」とは言わないようなところで英語話者は頻繁に each other と言うという違いもあります（e.g., John saw his sister and Ben kissing each other「ジョンは姉とベンが~~お互い（に）~~キスをしているところを見てしまった」）。さらに，英語の each other が両矢印的な性格の代名詞である（正確な言い方をすると，「A から見た B」と「B から見た A」を同時に表す代名詞である）のに対して，日本語の「お互い」は「風邪など引かないようにお互い気をつけましょうね」のように「両矢印」感のない単なる「2 人とも」くらいの意味を表すのにも使える，という違いがあります。このせいで，英語話者ならば each other を使おうとは思わないところで日本語母語話者がつい each other と言ってしまう，という問題が発生します。within ... of each other にはちゃんとこの両矢印の感覚が生きていることを 1 つ前の段落で示唆していますので，再度ご確認ください。

3. within X of Y の空間用法

　前の節で見たのは，まとめると［within ＋時間幅＋ of ...］というパターンであり，within X of Y の時間用法と呼べるものでした。本節では within X of Y の空間用法を見てみましょう。

　(5)の a mile のように具体的な距離を表現することもできますが，覚えておくと特に便利なのが(6) (7)にある［within (easy) {driving, walking, etc.} distance of ...]「…から（簡単に）{車で，徒歩で，etc.} 行ける距離に」というパターンです。

---

(5)　［状況説明］聞き手の母親についての発話です。

　　　If she lives within a mile of here, she's rich.

（映画 *Something's Gotta Give*）

> ここから半径 1 マイル以内に住んでるなら，金持ちってことになるよ。

(6) ［状況説明］新型コロナウイルスの蔓延によってタイの観光地がどのような影響を受けているかを説明しています。

Though destinations like Koh Samui and Phuket continue to suffer from the lack of overseas visitors, resort towns <u>within driving distance **of**</u> Bangkok are taking advantage of locals' urge to travel following weeks of lockdown.

（https://edition.cnn.com/travel/article/thailand-hua-hin-luxury-resorts-reopen-dst/index.html）

サムイ島やプーケットといった観光地は海外からの旅行客が来なくなったことにより苦しい状況が続いているが，バンコクから車で行ける距離にあるリゾートタウンは，地元民が数週間のロックダウン明けで旅行に行きたくてうずうずしているのをうまく利用している。

(7) One advantage was that we had turned out to live in the same neighborhood, and our apartments were <u>within easy walking distance **of**</u> each other. (Paul Auster, *Leviathan*)

幸運にも，なんと私たちは同じ区域に住んでいたのだ。相手の家まで容易に歩いていけるような距離だった。

(7) ではまたしても each other が用いられていますね。ちなみに，もっと口語的な言い方に within spitting distance of ...「…から（唾をペッと吐いたら届きそうなほど）近い距離に」というのもあります。距離の近さを誇張する表現です。

4. of ... に「…から」の意味があると指摘することにどれほどの意義があるのか

　ここまで見てきた within X of Y は時間用法にせよ空間用法にせよ「Yから X 以内に」の意味を持っています。したがって of 単体を取り出して見てみれば，of に「…から」の意味がある（起点または分離の意味がある）と言えます。しかし，言えるとはいっても，それを言うことに実際のところどのような意味があるのでしょうか。

　確かに，of 単体に「…から」という起点・分離の意味があるという考え方を裏付ける表現は within X of Y 以外にもいくつかあります。たとえばfall short of ...「〈期待や目標など〉に届かない」，be 距離・時間 shy of 地点・時点「〈地点・時点〉まであと〈距離・時間〉である」（なお，点線部は第6章（→ pp. 119–136）の「差分表現」の例），wash one's hands of ...「〈人・こと〉の世話・管理をする責任を放棄する，関係を断ち切る」などです。

---

(8)　The cruise fell short **of** our expectations.

（https://learnersdictionary.com/definition/fall[1][5]）

例のクルージングは期待外れだったんだ。

---

(9)　[状況説明] Sully は妻の遺骨が入った天使の形をした壺を息子のそばに置きます。

He [= Sully] placed the angel urn on a shelf by a couch where Jules, two months shy of his seventh birthday, lay sleeping.　(Mitch Albom, *The First Phone Call from Heaven*)

彼は，天使の壺をソファーのそばの棚に置いた。そのソファーでは，あと2ヶ月で7歳の誕生日を迎える息子ジュールズが眠っている。

---

(10) ［状況説明］高校生 Betty から恋人 Jughead への発話です。Betty
　　の母親は the Farm「農場」というカルト集団との関わりを深めて
　　いるのですが，この日は様子が違います。

It was the weirdest thing, Jug. My mum's usually
rubbing the Farm in my face, but now she's shutting me
out. Like she's <u>washed her hands **of**</u> me. Which is even
more terrifying. And they're definitely up to some
serious shadiness [...]. 　　　　　　(*Riverdale*, Season 3, Episode 13)
ジャグ，聞いてよ。こんな不自然なことある？って感じだった。マ
マはいつも「農場」に引き入れようとしてくるのに，今日はむしろ
私が入ってこないようにしてるみたいだったの。まるで私のことは
もう手放したみたいだった。余計怖いんだけど。あいつら絶対何か
あやしいこと企んでるんだよ ［…］。

これらにおいては，確かに our expectations, his seventh birthday, me から
の分離が表されていると考えることができます。他に get out of ... も分離・
起点の of を含んでいると言えるでしょう。

　しかし，of ... に分離・起点の「…から」という意味があるという抽象知
識は，母語話者が発話時に直接的に利用している知識だとは考えられませ
ん。なぜなら，具体的な表現の知識ではなくそのような抽象知識を利用し
ているのだとしたら，remove A <u>from</u> B「B から A を取り去る」の意味で
*remove A <u>of</u> B と言ったり，make a clean break <u>from</u> ...「…ときっぱり縁
を切る」の意味で *make a clean break <u>of</u> ... と言ったりしてもよいはずです
が，そのような言い方はまずなされないからです。結局，within X of Y
や wash one's hands of といった表現を用いる英語話者はまさにその個別
表現の記憶を利用して英語を使っているのだと考えるしかないでしょう。

　学習者としては，within A of B を覚える際に，fall short of ... や get out
of ... などと関連付けて「分離・起点の of」と抽象化すると，覚えやすく

なるとか楽しくなるとか良いことが色々あります。確かに，関連付け抽象化する学びは非常に重要です（本書でもそれを行っています）が，同時に誤用を生み出す可能性もあります。抽象化の利点とその限界に自覚的であることは，前置詞学習において最も重要なことの1つです。

5. まとめ

　本章では，within X of Y の時間用法と空間用法を見ました。それぞれに関して，within hours of ...や within walking distance of ...など，具体的な高頻度の言い回しをいくつか紹介しました。within X of Y を fall short of ...などと関連付けて抽象化し，of 単体に「…から」という起点・分離の意味があると考えることも可能ではあります。しかし，抽象化が誤用につながってしまう危険性を認識し，個別の表現を覚えてその具体的な言い回しをできる限りそのままの形で使おうとすることが大切です。

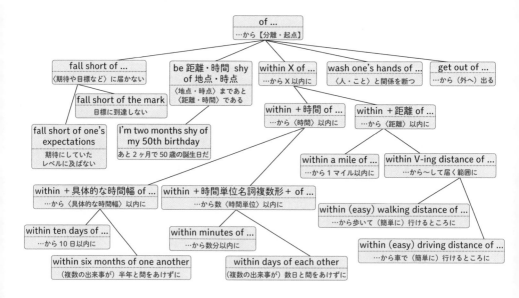

REVIEW

● within A of B「B から A 以内に」には時間用法と空間用法があり，前者には within minutes of ... ，後者には within walking distance of ... のようなよくある言い回しが含まれる。

● within X of Y は fall short of ...や get out of ...などと関連付けて「分離・起点の of」を含んでいると抽象化できるが，抽象化が誤用を生む可能性も考慮に入れることが必要である。

●注

1 「…が原因で死ぬ」の意味の die of ... は第 5 章の (23)（→ p. 115）で用いられています。

2 加えて「摂取が原因で」は死因の説明として情報が不十分すぎておかしいからという意味的な理由も少しはあるかもしれませんが，即座に解釈が狭められる一番の理由とは言えないように思われます。

3 get off to a ... start は出だし，滑り出しがどうであるかを語るよくある言い回しです。

4 ここでの動詞 fall は，位置を表す副詞句と組み合わせることにより，目盛り上の位置を語る用法で用いられています。「目盛り」というのは，(4) の場合，時間軸に対応します。離婚のタイミングを時間軸という目盛りの上にプロットするイメージです。類例としては，(8) の fall short of one's expectations「期待はずれである」や『ウィズダム英和辞典』（第 4 版）に載っている My birthday [February 4] falls on (a) Sunday this year「今年の僕の誕生日［2 月 4 日］は日曜日だ」を挙

げることができます。fall short of one's expectations の場合には，良さのレベルを表す数直線上に現実の良さの値をプロットすると，期待値に到達しない位置になってしまうということです。ウィズダムの例文では，曜日が月火水…と並んだ目盛りの上に特定の日をプロットするという図式が想定されています。

5 この英文はウェブスターの学習者用の英英辞典の fall の項（の熟語欄）に載っている例文なのですが，The cruise fell short of our expectations. というように fall short 以外のところも太字で強調されています。これは「よくある言い回しですよ」「英語母語話者なら丸ごと覚えて使っていますよ」という印です。他の英英辞典に関しても同様のことが言えます。生徒さんや学生さんを見ていると，せっかく優れた英英辞典が電子辞書に入っていたりウェブ上で無料で利用できたりしても，こうした着眼点を知らないために十分に辞書を活用できていないケースが多いようです。

第13章

on

1. What chapter are you on? の謎

　ある TV ドラマに次のような実例があります。

> (1) ［状況説明］自分の著書を読んでくれている聞き手に対して尋ねます。
>
> What chapter are you **on**?
>
> 　　　　　　　　　　　　（*The Big Bang Theory*, Season 3, Episode 21）
>
> 今，何章読んでるの？

　もしも work on ...「…に取り組む」という言い方に馴染みがあり，かつ ［人間 + be on ...］ というパターンに触れたのが初めてである場合には，「この on は，work on ...などに見られる〈取り組みを表す on〉だろうな。はい，分類完了。ここから学ぶことなんて何もないぞ」と思い，それで満足してしまうかもしれません。

　しかし，母語話者が(1)を発話するにあたって利用した知識は〈取り組みを表す on〉という知識（だけ）だと考えるのは妥当ではありません。

というのも，もしもそのような知識を利用しているならば次のような例
だって OK になるはずですが，実際にはこれらは不自然な英文です。

(2) ［状況説明］帰宅直後の話し手が，読書中の息子に対して，Hi. What are
you reading?（ただいま。何読んでるの？）の意味で言います。

*Hi. What are you **on**?

(3) ［状況説明］帰宅直後の話し手が，不思議な運動をしている息子に対して，
Hi. What are you doing?（ただいま。何してるの？）の意味で言います。

*Hi. What are you **on**?

それでは，(1) の話し手はどのような知識を利用してこの英文を発したの
でしょうか。

2. 実例が教えてくれる具体的な使用パターン

確かに，(1) の 1 例だけにしか出会っていないならば，〈取り組みを表
す on〉だろうと思って満足してしまう気持ちもわからなくもないですが，
実例に大量に触れてみれば，実例の側から「僕たちはもっと具体的な使用
パターンの例なんだよ」と教えてくれます。以下の (4) – (7) をじっくり
観察してみてください。何か共通性があることに気が付かないでしょう
か。

(4) ［状況説明］レストランのシェフがホールスタッフに電話をかけて，
特定の客の状況について質問しています。なお，英語の course は
日本語の「コース」と違ってコース料理として出てくる一品一品を
指すことに注意してください。

What's he eating? <u>What course is he **on**</u>?　　　(映画 *Chef*)
あいつは今何を食べてる？　何品目だ？

(5) 　［状況説明］語り手は Conor と Isabel の家で一緒にディナーを食べています。

I watched Conor throughout the meal, bending farther and farther over his plate. He didn't speak until we were on dessert and Isabel was dishing out the neighborhood gossip. （Eithne Shortall, *Grace After Henry*）

私は食事中ずっと，コナーがどんどん背を丸めて，皿に覆いかぶさるような姿勢になっていくのを見つめていた。彼はデザートに入ってイザベルがご近所ゴシップをばらまくまで口を開かなかった。

(6) 　［状況説明］話し手は都市計画者で，ある区域の設計を任されています。何度も失敗してやり直しているのですが，上司の Shawn には最初の失敗しか報告していません。

Shawn still thinks I'm **on** Version Two.

（*The Good Place*, Season 2, Episode 2）

ショーンはまだ，私がバージョン2を進めているところだと思っている。

(7) 　［状況説明］話し手と聞き手が一緒にジョギングをしています。話し手は聞き手があらかじめ用意した iTunes プレイリストをヘッドフォンで聴きながら走っています。

You must be pretty proud of this playlist if you keep asking me what song I'm **on** [...]

（https://www.fanfiction.net/s/10047464/1/I-Think-I-Wanna-Marry-You）

そんなに何度も「今どの曲？」って聞いてくるってことは，よほどこのプレイリストに自信あるのね［…］

(4) の course や (5) の dessert は日本語で言うところの料理のコースを構成する品のうちの1つです。(6) の Version Two はたくさん連なっている versions のうちの1つを指します。(7) の what song はプレイリストという一連の流れを構成する曲のうちの1つを指しています。このように見てくると、これらの例で利用されている知識は、［人間 + be on + 特定の順序をもって一連の流れを構成するもののうちの1つ］という形式で「〈人間〉が〈特定の順序をもって一連の流れを構成するもののうちの1つ〉を今経験しているところだ」の意味を表す、というかなり具体性の高い知識であることがわかります。

そう思って (1) を読み直してみると、確かに chapter は特定の順序で並び、一連の流れを構成しています（それにより本というものができるわけです）。そして (2) と (3) が不自然なのは、これらの状況では息子の読んでいる本やしている運動が一連の流れを構成する1つとして認識されにくいからだろうと考えられます。その証拠に、(2) と同じように何の本を読んでいるのかを尋ねる疑問文であっても、その本が一連の流れを構成する1つとして認識しやすいような状況を作ってやれば、不自然さは解消されます。以下の作例を見てください。

(8) A: I started reading the Harry Potter series a couple of months ago.

B: Oh. What book are you **on**?

A：ハリーポッター・シリーズを2, 3ヶ月前から読み始めたんだ。

B：そうなんだ。今何作目？

(2) と (3) は不自然だと教えてくれた英語母語話者に確認すると (8) は自然だとのことです。この場合には book がハリーポッター・シリーズという一連の流れを構成する1つとして認識されるからでしょう。

これらの用例における on は、非常に大雑把に言えば〈取り組みの on〉

と言えなくもないですが（一応読んだり食べたりして取り組んでいますか
らね），英語母語話者と同じように使えるようになりたいと思った場合に
は，このような抽象的なラベルで覚えていてもダメで，［人間 + be on +
特定の順序をもって一連の流れを構成するもののうちの1つ］という形
式で「〈人間〉が〈特定の順序をもって一連の流れを構成するもののうち
の1つ〉を今経験しているところだ」の意味を表す，という具体的な知
識を持つことが必要です。

3. タイミングの一致

3.1. N回目の…のタイミングで

　前の節で見たパターンは，on の目的語が，線的に並ぶ要素のうちの1
つを指すパターンの一種であると考えることができます。このパターンに
は，(9)-(12) のような「N回目の…のタイミングで」を表す on the Nth ...
のパターンが含まれます。

(9)　　He picks up the receiver **on** the fourth ring.

　　　　　　　　　　　　　　　　　　　（Paul Auster, *Travels in the Scriptorium*）
　　　彼はジリリと4回鳴ったところで受話器を取る。

(10)　［状況説明］語り手が病人を介護している場面です。

　　　I fed him six spoonfuls, but **on** the sixth one his throat
　　　made a gurgling noise and some of it came back out.

　　　　　　　　　　　　　　　　　　　（Rebecca Brown, *The Gifts of the Body*）
　　　私は彼にスプーンで6回ジュースを飲ませたのだが，6回目のと
　　　きに喉がゴボゴボと鳴り，少し口から出てきてしまった。

（11）［状況説明］語り手がかがんだ状態で上級生に尻を棒で何度も叩かれるといういじめを受けていたときの話です。

On the fourth stroke I would invariably straighten up.

（Roald Dahl, "Galloping Foxley"）

私は4発目を食らったときに決まって身体を起こしてしまった。

（12）［状況説明］生徒たちが，各自先生から渡された鍵のダイヤルロックの解除に取り組んでいる場面です。

Henry still couldn't get his lock to open, and he was getting more and more frustrated every time someone else popped one open. He got really annoyed when I was able to open mine **on** the first try. （R. J. Palacio, *Wonder*）

ヘンリーはまだロックを解除できていなかった。他の人のがパカッと開くたびにヘンリーの苛立ちは増していった。僕が1回目で成功したときには本当に嫌そうな顔をした。

これらの例では，潜在的にはN回目で止まらずN+1回目，N+2回目…と続きうる事柄に注目して，それのN回目で何かが起こったということが表現されています。したがって，on の目的語は線的に並ぶ要素のうちの1つとして認識されていると言えます。たとえば（9）の on the fourth ring における the fourth ring は，話し手の頭の中で… the third ring, the fourth ring, the fifth ring …と線的に並んでいるうちの1つに対応しています。（12）の on the first try の the first try は，話し手の頭の中で the first try, the second try, the third try …と線的に並んでいるもののうちの1つに対応しています。ここでは最初にトライしていきなり成功しているので，複数回のトライが線的に並ぶということが現実には起こらなかったわけですが，潜在的にはそうなりうるものと話し手が認識しているのは明らかです。トラ

イが1回で終了することがはじめからわかっている話し手は「最初にト
ライしたときに」と言おうとはしないでしょう。

　onの目的語が線的に並ぶ要素のうちの1つに対応し，かつ文意として
はタイミングの一致が表されるパターンの中に，複数の人が何かを同時に
行うために「イチ，ニのサンで行くぞ」などと言うときのon threeを含め
ることもできるでしょう。

> (13) ［状況説明］写真撮影の場面です。
>
> Okay, everybody, here we go. "Cheese" **on** three! One,
> two, cheese!　　　　　　　　　　　　　　　　(*Columbo*, Episode 59)
> それじゃ皆さん，いいですか。3つ数えたところでチーズを！　ワ
> ン，ツー，チーズ！

3.2. on three は3カウント？　4カウント？

　しかし，厄介なことに，3つ数えるときにon threeと発話するという儀
式が定着しすぎて(9)-(12)のようなタイミングの一致を語る用法との関
連が忘れ去られてしまったのか，on threeと言っているのにthreeを言い
終わったあとに行為を行うことも（つまり実質的には4カウントになっ
てしまっていることも）多いです。以下の実例を見てください。

> (14) ［状況説明］地下室のドアノブが取れてしまい，話し手と聞き手は
> 閉じ込められてしまいました。そこで，同時に勢いよくタックルす
> ることによってドアを開けようとしています。
>
> We gotta both do it together, and it's gotta be precise,
> all right? So I'll count. We'll go **on** three. You ready?
> One, two, three! Go!　　　　　　　(*Full House*, Season 5, Episode 4)

同時にやらないとな。正確に同時。いいな？　それじゃ俺がカウントするぞ。3つ数えてスタート。準備いいか？　1，2の，3！行くぞ！

(15)　[状況説明] 人間を拷問することが大好きな悪魔たちが集まり，タイミングを合わせて「拷問！」と叫ぶシーンです。

Michael:　So, "torture" **on** <u>three</u>. Ready? One, two, three ...

All:　　　Torture!　　　(*The Good Place*, Season 2, Episode 1)

マイケル：それじゃ，3つ数えたら「拷問」と言おう。1, 2, 3 …

全員：　　拷問！

(14)で2人が走り出すタイミング，(15)で全員が Torture! と叫ぶタイミングは three のタイミングとは一致していません。むしろ読まれていない four のタイミングと一致しています。なお，(15)のように複数人が共通の目標やスローガンなどを一斉に叫ぶ行為は一般に battle cry と呼ばれており，battle cry の直前には "on three" が出てきやすいと言えます。

　この4カウント解釈では，"three" という言葉を聞いたあとに（直後に），それを合図にして何かをするということになります。となると，この場合の on の用法は，signal や whistle などを目的語に取った on の用法と同じものと考えることができるでしょう。

(16)　[状況説明] 男性チームと女性チームでクイズに答えながら競走する遊びをしようとしています。以下は司会者の発話です。

Okay, inside these envelopes are your first clues. **<u>On my signal</u>**, open them and let the race begin.

(*Fuller House*, Season 5, Episode 7)

> それでは，この封筒には1つ目のヒントが入っていますので，私からの合図があったら開封して，競走スタートとなります。

(17) Ready to upload **on** your signal.

(*Star Trek: Voyager*, Season 3, Episode 8)

合図があり次第，アップロードを開始できます。

(18) ［状況説明］アメリカンフットボールのタックル練習の場面です。

On the whistle, men. (映画 *The Blind Side*)

笛の合図でスタートだ。

これらのケースでは，signal と {open them / upload} が完全に同時だったり whistle とタックルのスタートが完全に同時だったりしません。signal や whistle のあとに（直後に），それを合図にして，{open them / upload} したりタックルしたりするのです。

　on three の3カウント解釈と4カウント解釈が on の他の用法とどのように関連しているかを図示すると以下のようになります。

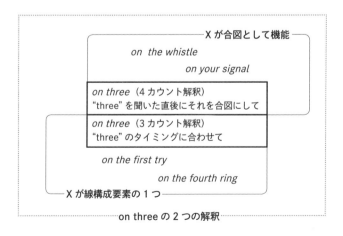

on three の2つの解釈

とても面白いことに，TV ドラマ *Full House* の続編の *Fuller House* には，on three に 3 カウント解釈と 4 カウント解釈があることによって混乱が生じる，という場面があります[1]。

> (19) Kimmy:　　"Team D.J." **on** three. One, two ...
>
> 　　　 Stephanie:　Well, hold on. Is it one, two, and then we say "Team D.J." <u>**on** three</u>? Or is it one, two, three, and then we say it?
>
> (Fuller House, Season 1, Episode 2)
>
> 　キミー：　　　　スリーカウントで「チーム D.J.」って言おう。ワン，ツー…
>
> 　ステファニー：ちょっと待って。ワン，ツーで次にスリーに合わせて「チーム D.J.」って言うの？　それともワン，ツー，スリーときて次に言うの？

ステファニーは，キミーが言った "on three" は 3 カウント解釈を意図したものなのか，4 カウント解釈を意図したものなのかを確認しているわけです。

4. 機器のモード選択

車や iPhone などの機器にはいくつかのモードが選択肢として並んでいて，そのうちのどれかに設定することが求められます。このような設定行為を英語では set X on Y「X を（選択肢の中から選んで）Y に設定する」という動詞句で表現することができます。「X が（選択肢の中で）Y に設定されている」ならば単に be 動詞を使って X is on Y と言うこともできます。

(20) "Somebody 'specting [= expecting] you up there, are they?" the man asked as he started up the engine and set the wipers **on** high speed. (Sarah Weeks, *So B. It*)
「行ったらあっちで誰か待ってくれてんだよな？」と男性はエンジンをかけてワイパーをハイに設定しながら言った。

(21) Martin:　Why didn't you pick up your phone, man?
Carl:　　My phone was **on** vibrate. (映画 *Chef*)
マーティン：なんで電話出なかったんだよ。
カール：　　マナーモードにしてたから。

(22) David walked in and saw the television first —— it was **on** the shopping network, a close-up of a hand dangling a gold bracelet. (Thomas McGuane, "Motherlode")
デイヴィッドが中に入ると，まずテレビが目に入った —— 通販番組のチャンネルに合わせられており，金のブレスレットをぶら下げた手のアップが映っていた。

こうした例における on も，目的語が線的に並ぶ要素のうちの1つに対応しているパターンと考えられると思います。選択肢がいくつか並んで線のようになっているということです。

この用法では「選んでいる」という実感が伴うことが重要なようです。『ウィズダム英和辞典』の記述を見てみましょう。

(23) set the water heater at [to] 45 degrees
温水器を45度に設定する

> （**!** 温度調節表示では on を用いる：set it on "high [low]" それを
> 高［低］に設定する） 　（『ウィズダム英和辞典』第 4 版 s.v. *set*）

ここで言う「温度調節表示では」というのは，おそらく，「高 or 低」とか
「高 or 中 or 低」とかいった選択肢から選ぶタイプの機器では，というこ
とを意味するのでしょう。そうでない機器は，おそらく，指で何度もピピ
ピと押して 0.5 度とか 1 度とかの単位で温度を上げ下げするタイプの機器
でしょう。前者のタイプの方が後者のタイプに比べて温度を「選択肢の中
から選んでいる」という実感を持ちやすく，その場合には on を選ぶのが
自然だというのがここで言われていることなのではないかと思います。

5. 選択肢の中から吟味して決める

選択肢の中から吟味して決めるときに on が使われるのは，機器の設定
の場面に限られません。たとえば settle on X「（選択肢を色々考えた上で）
X に決める」は重要な表現です。点線部のように複数の選択肢の中で吟味
している様を描き出すところまで含めてよくある言い回しだと言えるで
しょう。

> (24) Finally mustering the courage to act, Blue reaches into
> his bag of disguises and casts about for a new identity.
> After dismissing several possibilities, he settles **on** an old
> man who used to beg on the corners of his neighborhood
> when he was a boy [...] 　　　　　(Paul Auster, *Ghosts*)
> ついに行動に移す勇気を奮い起こして，ブルーは変装グッズの入っ
> た袋の中に手を突っ込み，新しい自分を探す。あれでもないこれで
> もないと消去していき，子どものころ近所にいた年寄りの物乞いの
> 格好をすることに決める [⋯]

> (25) [...] he leaned forward and switched on the radio.
> Hopping through the commercials and the relentless
> country music [...], he settled **on** the local news.
>
> (Nicholas Evans, The Loop)
>
> […] ダンは身体を前に傾けてラジオをつけた。コマーシャルや
> 延々と続くカントリー音楽を飛ばしていき […]，ローカルニュー
> スに落ち着いた。

加えて decide on X「(選択肢を色々考えた上で) X に決める」のパターン
も同様に考えることができます[2]。

> (26) I peruse the menu, trying to find something that's not
> too messy to eat. I decide **on** the seared-tuna salad.
>
> (Emily Giffin, Baby Proof)
>
> メニューを吟味して，食べても汚れなさそうなものを探す。炙リマ
> グロのサラダに決定。

ここで見た {settle / decide} on ... も，前節で見た機器設定のパターンと
同様に，on の目的語が線的に並ぶ要素のうちの1つに対応しているパ
ターンだと言えるでしょう。

6. リストという線に乗って

今まで見てきた例では，on の目的語は線的なものを構成する一要素に
対応していました。それに対して，これから見ていくのは，on の目的語
が線的なもの全体に対応する例です。

まず，on の目的語がリストになっている例を見ます。リストとは，箇

条書きの黒ポチが縦に並んで線になっているようなものです[3]。(「チェックリスト」とか「ブラックリスト」を思い浮かべてください。リストとは，情報を線のように縦に並べたもの，と考えられます。) 名詞としては list, menu, agenda などが該当します。使用パターンとしては，X is on ... {list, menu, agenda, etc.}「X が ¦リスト，メニュー，会議で話し合うべきことのリストなど¦に含まれている」や put X on ... {list, menu, agenda, etc.}「X を ¦リスト，メニュー，会議で話し合うべきことのリストなど¦に加える，含める」を覚えるべきでしょう。

on の目的語がリスト[4]

(27) [状況説明] 話し手は，事件発生時に現場にいた人のリストを手にして，Eleanor に向かって言います。

Eleanor, our criminal is **on** this very short list.

(*The Good Place*, Season 1, Episode 6)

エレノア，我々が追いかけている犯人はこの少数の人間たちの中にいるんだ。

(28) She wasn't **on** the guest list because she wasn't a guest.

(*How I Met Your Mother*, Season 1, Episode 13)

招待リストに載ってなかったのは，招待客じゃなかったからなんだ。

(29) [状況説明] 接客相手にいやらしいことをされそうになり言います。

"Lester, please!" I said firmly. "That is most certainly not **on** the menu!" (Hester Browne, *The Little Lady Agency*)

「レスター，やめて！」と私はぴしゃりと言った。「そんなのメニューに入ってませんよ！」

さらに具体性の高いパターンとして X is high on {one's / the} list of ...「X は…ランキングの上位に来る」や {First / Next} on the agenda is X「｛まず最初の／次の｝議題は X です」も覚えておくと便利です。

(30) [...] watching his mother flirt <u>was high</u> **on** <u>his list of</u> unbearable agonies.　(Juliet Ashton, *The Sunday Lunch Club*)
　　　［…］自分の母親が男といちゃついているのを見るのは，ストームにとって耐え難い苦痛ランキングの上位に来るものだった。

(31) [状況説明] PTA の集まりでの会長の発言です。
　　　First **on** the agenda is the upcoming elections. I will, as always, be happy to return as your president.
　　　(*Full House*, Season 7, Episode 23)
　　　最初の議題は今度の選挙のことです。私はいつも通り喜んで再度会長をお引き受けします。

7. 線の代表選手「道」登場

　on の目的語が線的なもの全体を指すパターンには，way や road, street といった道を表す名詞が目的語に来るパターンが含まれます。第 1 章 5 節 (→ pp. 41–42) で言及した be out on the street もその一例です。他に，［人間 + be on one's way (to 目的地 / to do ...)]「人間が（目的地に／…しに）向かっているところだ」という超高頻度表現もこのパターンの例です。

(32) [状況説明] 事件の真犯人を追い詰めている場面です。
　　　Okay, stop what you're doing. <u>The police are</u> already

on their way. It's over. You're going to jail [...] .

(映画 Ghostbusters (2016))

待って，やめなさい。警察がこっちに向かってる。もうおしまい
よ。あなたは牢屋に入るのよ [⋯]。

(33) Anyway, we're **on** our way to get some pizza. Would
you like to join us? (<i>The Good Place</i>, Season 2, Episode 1)

ところで私たちピザを食べに行くところなんだけど，一緒にどう？

(34) Within days, she was **on** her way to a job interview.

(映画 Spanglish)

それから数日と経たないある日，母は就職面接に向かっていまし
た。

8. on と移動式イベント

　人間や物体が移動すればそこには必ず経路という線が見て取れます（第
4章（→ p. 81）参照）。したがって人間が旅行や冒険など移動を伴う事象・イ
ベント（これを「移動式イベント」と呼ぶことにします）に参与した場合
には，そこには経路という線が見え隠れすることになります。そして人間
とその線との関わりは on によって表されることが多いです。まずは［人
間 + {go, leave, set off, etc.} + on + 移動式イベント］「〈人間〉が〈移動式
イベント〉に出かける」のパターンを見ましょう。

(35) ［状況説明］恋人同士の会話です。

　　　Bridget:　Kyle, we have to talk.

　　　Kyle:　　　What's up?

255

Bridget:　I went **on** a date with Parker Jarvis.

（*8 Simple Rules*, Season 1, Episode 9）

ブリジット：カイル，話があるの。

カイル：　　どうした？

ブリジット：私，パーカー・ジャーヴィスとデートしちゃったの。

(36) "[...] And are you going **on** a honeymoon?" I asked [...].
"Yeah ... We leave for Italy tonight," she said.

（Emily Giffin, *Something Blue*）

「[…] で，新婚旅行に行く予定はあるの？」と私は尋ねた […]。
「うん …今日の夜イタリアに発つの」と彼女は言った。

(37) I closed my eyes and thought about Mama. About the
way she had looked the last time I saw her. Leaning out
the window [...], waving good-bye to me as I set off **on**
my journey.　　　　　　　　　　　　　　（Sarah Weeks, *So B. It*）

私は目を閉じてママのことを思い出した。最後に見たママの姿。
[…] 窓から身を乗り出して，旅路につく私に手を振ってくれてい
る，そんなママの姿。

(38) [状況説明] 刑事 Columbo が捜査のために写真家 Glesko の撮影
スタジオを訪れています。以下は Columbo が翌月に開かれる予定
の義理の兄弟の結婚 20 周年パーティーに言及した後のやりとりで
す。

Columbo:　[...] if you're not doing anything, could you
　　　　　　drop by and take a few pictures? [...]

Glesko:　　Lieutenant, I'm afraid that's impossible.
　　　　　　First of all, I don't just drop by and take

pictures. And secondly I'm leaving **on** my
Philippine trip next Wednesday.

(*Columbo*, Episode 27)

コロンボ：［…］もしお暇でしたら，ぶらっと寄ってちょっと写真
を撮ってくれませんか。［…］

ガレスコ：刑事さん，申し訳ないがそれは無理だ。まず第 1 に，
私はぶらっと寄って写真を撮るなんてことはしない。そ
れから，次の水曜に例のフィリピン旅行に出てしまいま
す。

次は［take + 人間 + on + 移動式イベント］「〈人間〉を〈移動式イベント〉
に連れていく」のパターンです。

(39) Tomorrow, Aunt Clara and I can take him **on** a tour of
the town.　　　　　　　　　(*Bewitched*, Season 3, Episode 17)

明日クララおばさんと私で街を案内して差し上げればいいのよ。

(40) ［状況説明］飼い犬 Archie のことを紹介しています。

When you need a hug, he's [= Archie's] there too. When
you're feeling lonely, you can take him **on** a walk; that
always helps. If he slobbers on you, it's OK, it means
he loves you.

（Robin Layton, Lisa Erspamer & Kimi Culp, *A Letter to My Dog: Notes to Our
Best Friends*）

ハグしてほしいときもアーチーがいてくれる。寂しいときはアー
チーを散歩に連れていけばいい。そうしたらいつも気分が和らぐ。
べろべろ舐めてくるときは，大丈夫，これは愛の証だから。

(41)　[状況説明] 小鳥の Woodstock たちがもの言いたげであることに
　　　気付いた Snoopy の心内発話です。
　　　I forgot that I had promised to take them **on** a picnic
　　　today.　　　　　　　　　　　(Charles M. Schulz, *Snoopy to the Rescue*)
　　　今日ピクニックに連れていってあげるって約束したの忘れてた。

最後に［人間 + be on + 移動式イベント］「〈人間〉が〈移動式イベント〉
中で」の例です。

(42)　I feel [...] a sense of comfort for having correctly
　　　guessed that he was **on** a run.　　　(Emily Giffin, *Baby Proof*)
　　　私は［…］彼がランニング中であることを正しく言い当てられたこ
　　　とにホッとする。

(43)　[状況説明] 地球にいる Leonard が宇宙にいる Howard とビデオ
　　　通話中です。
　　　Leonard:　So is it everything you hoped it would be?
　　　Howard:　It's better. I wake up every morning, and I just
　　　　　　　　can't believe I'm **on** this incredible adventure.

　　　　　　　　　　　　　　(*The Big Bang Theory*, Season 6, Episode 2)
　　　レナード：望んでた通りの生活って感じ？
　　　ハワード：それ以上だよ。毎朝目を覚ますと，こんなすごい冒険
　　　　　　　　に自分が参加してるなんて，ただただ信じられないっ
　　　　　　　　て思うんだ。

(42) については，be on the run にすると「逃亡中だ」の意味の熟語になる
ので気をつけてください。他にも be (always) on the move「（いつも）色々

なところに行っていて家にいない，連絡がつきにくい」，be on the prowl
「（動物・人間が）獲物を狙って目をギラつかせてうろうろしている」など
の熟語もこのパターンの事例と考えてよいでしょう。

　なお，本節の内容は第3章3節（→ pp. 74–76）の前半と密接に関わってい
ますので，そちらもご参照ください。

9. まとめ

　本章では，on の目的語が線的なものに関わる例を見てきました。大き
く分けて，on の目的語が線的に並ぶ要素のうちの1つを指すパターンと，
on の目的語が線的なもの全体を指すパターンがあります。前者には，1
節から5節で見た，［人間 + be on +特定の順序をもって一連の流れを構成
するもののうちの1つ］on the Nth ...，on three，set X on Y，{settle / decide}
on ... などが含まれます。後者には，6節から8節で見た X is on ... {list,
menu, agenda, etc.}，［人間 + be on one's way（to 目的地 / to do ...)］，［人
間 + {go, leave, set off, etc.} + on +移動式イベント］などが含まれます。

　図にまとめると次のようになりますが，上の方の抽象知識を覚えても on
の使い方は上手になりません。たとえば，上から2段目の「on +線的なも
のを構成する一要素」というのを覚えただけでは，「著者は第3章で…の
問題を論じている」の意味で *On the third chapter, the author addresses the
issue of ...などと書きたくなってしまうでしょう。ここでは on は不自然で
す（正しくは in）。このような英文を書かないようにするために，もっと
具体的な知識——たとえば上から3段目の［人間 + be on +特定の順序を
もって一連の流れを構成するもののうちの1つ］やさらに具体的な［人
間 + be on ... chapter]——を覚え，できる限りそのまま使うようにしま
しょう。

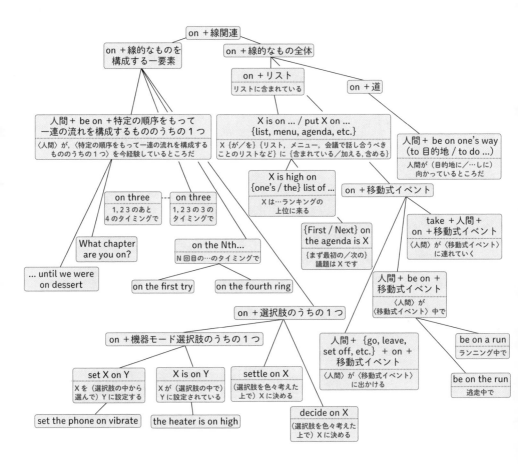

● on の目的語が線的なもの全体になっている用法も多くある。be on the list「リストに含まれて」，be on one's way to ...「…に向かっていくところだ」，go on a trip「旅行に出かける」など。

●注

1 実例仲間の奥脇健太さんが（私が(13)や(14)の話をしてから2週間としないうちに！）「早速出会った」と報告してくれた例です。これをきっかけに私も *Fuller House* を見始めました。

2 decide that ...「…と結論付ける，…という答えに行き着く」という言い方がありますが，これは R. M. W. Dixon という言語学者によれば decide on X の X が that 節になったものです。それではなぜ *decide on that ...ではなく decide that ... と言うのかというと，彼の 2005 年の本（→ p. 342 ⑭）によれば，英語は that 節が前置詞の目的語になるのを避けようとする傾向を持つ言語であり，回避策として前置詞 on が削除されるからです。同書では類例として hope that ...があげられています。動詞の hope は，I'm hoping for a promotion が正しく *I'm hoping a promotion が誤りであることからわかるように，hope for X という使用法を基本とします（第7章注3（→ p. 153）参照）。これの X 部分を that 節にすると *hope for that ...となり，英語が嫌う「that 節が前置詞の目的語」という形になってしまいます。そこで回避策として前置詞 for が削除され，hope that ...という言い方がなされる。これが Dixon の考え方です。

おそらく Dixon は that 節だけでなく to 不定詞に関しても同じことを言うでしょう（decide for to do ... → decide ~~for~~ to do ... → decide to do ... / hope for to do ... → hope ~~for~~ to do ... → hope to do ...）。

3 on ... list という言い回しを用いる話者の中には，本節で想定しているのとは違って，list を「線」的なものではなく「面」的なものと見なしている人もいると思います。「on ... list の on は on the floor や on the ceiling のような on と似ている」と感じるような話者です。ここで重要なのは，どちらの捉え方をしている話者でも on ... list の使い方は変わらないということです。結局のところ，発話の現場で利用される知識は，on ... list の on は何者なのかなどという知識ではなく，on ... list はどういう文脈でどんな単語と一緒に用いて，どんな意味を伝達するのかというディテールの知識だと思われます（コラム「関連付けの自由」（→ pp. 137–140））。

4 英語圏ではこのようにメモを全て大文字で書くことがよくあります。また，shopping list はよくある言い回しです。Devil Dogs については第10章(27)(→ pp. 202–203)をご参照ください。

未分類ファイルのすゝめ

　実例と触れ合いながら英語の学習を進めるにあたって，ぜひお勧めしたいのがパソコン上での未分類ファイルの作成です。たとえば前置詞 on のびっくりするような実例に出会ったなら，「on_ 未分類」のような名称の Word なり TeX なりのファイルを作るのです。以後，on の実例で自分には使いこなせないなと思うものに出会うたびにそこに書き加えていきます。大量の実例に触れながら，これを数ヶ月なり 1 年なり続けたあと，そのファイルを全部読み直してみるのです。すると，そこに小さな家族が形成されていることに気が付く場合があります。実例たちが，まったくこじつけを必要としない，誰の目にも明らかな類似性によって結びついている姿です。

　この姿は，頑張って見ようとするものではなく，自然と見えるものです。たとえば through で言えば，go through the tunnel という例と rub his belly through the sweater という例はパッと見て through の使い方が明らかに似ているとは思えないでしょう（この点については第 14 章 (→ pp. 266–284) で詳しく論じます）。極端な例を出すなら live in the house と I'll be there in a couple of minutes の in です。ここまで来ると相当頑張らないと in の使い方が似ているとは思えないでしょう（本当はどんなに頑張っても似ているとは言えないと思いますが，これについては「本書が推奨する

学習姿勢」2節（→ pp. 8–13）をご参照ください）。こういう段階はまだ辛抱の段階です。

　しかし，ずっと書き留め続けていると見える日が来ます。分析者の側の努力を必要としない，明白な類似性が。そうしたら新たにファイル名をつけてその実例たちを独立させます。たとえば「on_ 未分類」に第 13 章の (1)，(4) – (7) という実例が溜まったら，ここには明確な共通性があると気が付きますから，「on_ 未分類」から削除して新たに「on_ 連続したものの 1 つに取り組んで」などと名前をつけてファイルを作ることになります。本書の内容はすべてこの［無秩序の記録→共通性の発見→整理］というプロセスを経て明らかになったものです。

　前置詞の例ではありませんが，動詞 put の例をあげたいと思います。私は大学に入るまで「put ＝置く」と思っていました。しかし大学の言語学の授業で，put を使う際には日本語の「置く」と違って「どこで」という情報を明示する必要があると習いました。日本語だと「俺，壊してないよ。置いただけだよ」が言えるけれど，英語では I didn't break it. *I just put it. はおかしい。I just put it down. とか I just put it there. とか言わないといけない。なるほどと思って実例を書きためていくと，確かに put には場所の副詞句が何かしらくっついています。空間以外の用法を見ても，to put it ---ly「…な言い方をすれば」のように，副詞要素がくっついている。ドラマや小説に触れながら，納得しつつ実例をどんどん書き留めていくわけですが，時々，副詞句がついていない例に出会います。初めて遭遇したのは (1) だったと思います。

(1)　［状況説明］刑事 Columbo が有名人に（本人が表紙を飾っている雑誌を渡して）サインを頼む場面です。
　　　Sir, I wonder, would you be so kind as to sign this "To

Dominic?" Just "To Dominic." Nothing fancy. And then <u>put</u> your name. He'll get a kick out of this. Dominic, he don't have much of a life. (*Columbo*, Episode 63)

すみません，よろしければ，「ドミニクへ」ってサインしてもらえませんか？ 「ドミニクへ」でいいです。特に変わったことはいりません。あと名前を。いやあ喜びますよ。ドミニクはつまんない生活してますからねえ。

はじめは「なんだこれは」という感じでした。しかし，つい最近 (2) に出会ったので，これを機会に「put_未分類」ファイル全体を見直してみたところ，(3) や (4) といった実例がたまっていました。

(2) ［状況説明］誘拐犯が監禁中の Miranda Grey に手紙を書いたものの…

I didn't <u>put</u> any beginning. I couldn't decide what to call her: Dear Miranda seemed familiar. (John Fowles, *The Collector*)

はじめの部分は何も書かなかった。なんと呼んだらいいか決められなかったのだ。「ミランダへ」では馴れ馴れしい。

(3) ［状況説明］自分が過去に書いた手紙について…

I regretted for years and years that I didn't <u>put</u> our address. (Juliet Ashton, *The Sunday Lunch Club*)

何年も何年も，ずっと後悔してたの。住所を書かなかったこと。

(4) ［状況説明］Carl が息子 Percy にアドバイスをもらいつつツイッターを始めようとしています。

Percy: So, what do you want your username to be?
Carl: Carl.
Percy: You can't just <u>put</u> Carl. It has to be "at" something.

(映画 *Chef*)

パーシー： ユーザーネームは何にする？
カール：カールかな。
パーシー：単にカールって打つだけじゃダメなんだよ。＠（アット）
なんとかじゃないと。

ここまで来ると類似性は明らかでしょう。何をどの位置に書くのかのフォーマットが決まっているものに関して「書く」ということを言うときには，put が副詞句なしで単体で使えるということです。

　このように実例の側が分析者に語ってくれるのです。「僕たち／私たちはこういう風に具体的なパターンをなしているんだよ」と。

第14章

through (1)

1. smile through tears

まずは次の実例を見てください。しっとりとした美しい一節です。

> (1) ［状況説明］語り手が，難病で余命わずかの Morrie 先生に，お前
> を息子にしたいくらいだと言われた直後の場面です。
> For a moment, I felt afraid, as if accepting his words
> would somehow betray my own father. But when I
> looked up, I saw Morrie smiling **through** tears and I
> knew there was no betrayal in a moment like this.
>
> (Mitch Albom, *Tuesdays with Morrie*)
> 僕はしばらく不安な気持ちになった。その言葉を受け入れたら，何
> らかの意味で自分の父親を裏切ったことになってしまうのではない
> か。しかし，顔を上げると，モリーは涙を浮かべながらもにっこり
> と笑っていた。それを見て，いや，こういうひとときに裏切りなん
> てものは入ってきようがないと思った。

tears の前に所有格がついた以下のような例もあります。

(2) Katherine smiled **through** her tears.

⟨Mitch Albom, *The First Phone Calls from Heaven*⟩
キャサリンは泣きながらも笑顔を見せた。

smile through (one's) tears は smile の部分を laugh（声を出して笑う）に変えて laugh through (one's) tears にしても自然なのですが，(one's) tears を crying など別の表現に変えると不自然になります。{smile / laugh} through (one's) tears という形で覚える必要があります。

意味の点では，涙を流すことと ¦微笑む／声を出して笑う¦ ことが両立しているというだけでなく，涙を流しているのに ¦微笑んで／声を出して笑って¦ いるというニュアンスがあることをおさえることが重要です。泣いていることが笑うことの達成を困難にする抵抗として作用している感じがあるわけです。(1) と (2) の訳で「涙を浮かべながらも」「泣きながらも」というように「も」という言葉を使っていたのはそのような理由からです。

まとめると，{smile / laugh} through (one's) tears という形式と「涙を流しながらも ¦微笑む／声を出して笑う¦」という意味をセットにして覚えることが大切だということになります。しかし多くの言語表現は，具体的に丸ごと覚えるのと同時に，明らかに似ていると感じられる他の表現と関連付けて，ある程度抽象化することが可能なものです。それでは，今回の表現に関連付けられる他の表現はどのようなものがあるでしょうか。ここでは前置詞 through の働きの観点から考えてみたいと思います。実は through は，{smile / laugh} through (one's) tears 以外にも結構多くの表現において，行為達成を困難にする抵抗として働くものを目的語に取るのです。through に含まれる 〈抵抗〉 というこの意味要素を through の 〈抵抗〉

属性と呼ぶことにしましょう。以下では覚えておくと便利なパターンをい
くつか選んで紹介していきたいと思います。なお，through の様々な実例
に〈抵抗〉属性が隠れているというアイデアは私オリジナルのものではな
く，Carey Benom の論文（2007, 2014, 2015）(→ p. 342 ⑫⑬, p. 340 ①) から学
んだものであることをここに記しておきます。

2. 発話への抵抗

　2 節では，発話という行為に関連したパターンを 2 つ見てみましょう。
まずは 1 つ目から。(3) – (6) の共通点を探してみてください。

---

(3)　"Cake, cake, cake, that's all anybody ever thinks about
at my house," I said **through** a mouthful of pie.

(Sarah Weeks, So B. It)

「ケーキ，ケーキ，ケーキ。家の人たちの頭の中はいつもそればっ
かりなの」と私は口いっぱいにパイを頬張りながら言った。

---

(4)　*Sometimes we eat together in the cafeteria. Morrie, to
my delight, is even more of a slob than I am. He talks
instead of chewing, laughs with his mouth open,
delivers a passionate thought **through** a mouthful of
egg salad, the little yellow pieces spewing from his
teeth.*　　(Mitch Albom, *Tuesdays with Morrie*；斜体は原文)

僕たちは時々食堂で一緒に食事を取る。モリー先生は，僕にしてみれ
ば大変ありがたいことに，僕よりさらに行儀が悪い。食べ物を噛まず
に喋るし，口を開けて笑うし，卵サラダを口いっぱいに頬張ったまま
熱弁を振るって，小さな黄色い破片を歯から吹き飛ばしてくる。

---

(5) "I've been made redundant," I mumbled **through** a mouthful of ganache. (Hester Browne, *The Little Lady Agency*)
「私，解雇されたの」とガナッシュを口いっぱいにもぐもぐ頬張りながらつぶやいた。

(6) **Through** a mouthful of toothpaste, she remarks that she is not drunk, or even very buzzed, which is surprising considering the amount of alcohol we consumed.

(Emily Giffin, *Something Borrowed*)
彼女は歯磨き粉で口をもごもごさせながら，自分は酔っていない，ほろ酔いかも微妙なところだと言う。あれだけの量の酒を飲んでおいて，すごい。

第14章 through (1)

これらの例に共通するのは，「X を口いっぱいに頬張りながら（発話する）」の意味で［発話動詞 + through a mouthful of X］という形式が用いられていることです。パイ，卵サラダ，ガナッシュ，歯磨き粉が，発話を困難にする抵抗として作用しており，この through は〈抵抗〉属性を持つと言えます。

次のパターンもなかなか面白いです。上と同じように共通性が見つかるはずです。

(7) ［状況説明］語り手 Heidi（12歳）は，長く世話をしてくれた Bernadette に黙って，勝手にバスの切符を購入してしまいました。これは自分に対する裏切り同然であると感じた Bernadette は激怒しています。

"Is this what you want, Heidi?" she hissed **through** clenched teeth, her hand shaking as she held the ticket

up in front of me. "Is this all that matters to you
anymore?"　　　　　　　　　　　　　　(Sarah Weeks, *So B. It*)

「ハイディはこんなもんが欲しいの？」と彼女は歯を食いしばり，
小さな声で怒った。震える手で，切符を私の目の前に突きつけた。
「これ以外，どうでもよくなっちゃったの？」

(8)　[状況説明] 語り手の女性が交際相手の男性 Del に little girl 呼ば
　　わりされて苛立っている場面です。

"Del," I said **through** clenched teeth, putting some bite
into his name, same as he always did me. "I love you,
and when I say that, I mean it. But sometimes, Del,
sometimes, I could just kill you."

　　　　　　　　　　　　　　　　(Art Taylor, "Rearview Mirror")

「デル」と歯を食いしばって言い，彼の名前に鋭さを込めた。デル
がいつも私にしているのと同じように。「愛してる。口だけじゃな
く，ほんとに。でもね，デル。時々ね，時々だけど，あんたのこと
殺してやろうかって気持ちになるのよ」

(9)　[状況説明] 次期上院議員の John Ashworth の妻 Emily は，重度
　　の被害妄想を抱えており，John と自分はスナイパーに射殺される
　　と思いこんでいます。そのため，John と一緒に人々の前に出ると
　　きも不安げな表情をします。それに対して，John の側近 Bruce が
　　注意します。

"Look happy, Mrs. Ashworth," he [= Bruce] growled
through clenched teeth.　　　　　　(Stephen Frey, "Paranoia")

「奥様，明るい顔してくださいよ」とブルースは歯を食いしばりな
がら言った。

(10) "Captain, sir!" he shouted **through** clenched teeth — a difficult trick but he'd had years during which to perfect it. (Douglas Adams, *The Restaurant at the End of the Universe*)
「艦長！」と彼は歯を食いしばったまま叫んだ — これはなかなか難しい技だが長年かけてマスターしたのだ。

これらの例に共通しているのは，「歯を食いしばったまま（発話する）」の意味を表すのに［発話動詞 + through clenched teeth］という形式が用いられていることです。［発話動詞 + through gritted teeth］が同じ意味で使われることもあります。

歯を食いしばったまま発話する

怒りを伴った発話を表すのに頻繁に用いられるパターンです（そもそも日本語母語話者は怒ったからといって歯を食いしばったまま喋ることをしないので，そういう喋り方を指すよくある言い回しが存在すること自体が驚きかもしれませんが）。歯を食いしばった状態を保つことは喋ることを困難にしますから，この through も〈抵抗〉属性を持つと言えます。

ただし，ここで注意していただきたいのは，私はこれらの through が〈抵抗〉属性を持つとは言っていますが，だからといって他の属性を持たないとは言っていないということです。これらのパターンでは，一部の空間用法（e.g. go through the gate「門を通る」）に見られる〈通過〉属性もまた関わっていると言えます。主語の人間が口いっぱいに X を頬張った状態で発話したら，その人間自身が X の間の隙間を通り抜けることはないですが，文中に表れていない声・息・言葉といったものが X の間の隙間を通り抜けることになります（物理的に本当にそうなのかはさておきそのように想像することは容易です）。歯を食いしばった状態で発話した場

合も同様で，主語の人間自身が歯と歯の間の隙間を通り抜けることはない
ですが，文中に表れていない声・息・言葉が歯と歯の間の隙間を通り抜け
ることになります。ですから，ここで扱っているパターンには through の
〈抵抗〉属性と〈通過〉属性が共に関わっていると考えるのが穏当だと言
えます。[発話動詞 + through a mouthful of X] や [発話動詞 + through
{clenched / gritted} teeth] といったパターンは共通して「抵抗を受けなが
ら（文中で言語化されていない音などが）…の中を通り抜けて」という意
味を表しているということです。

3. 聞き取りへの抵抗

　次のパターンは [hear ~ through ...] という形式が「{壁，ガラス，騒音，
etc.} に負けず～が聞こえる」の意味で用いられるものです。

(11) [状況説明] 博物館で展示されている模型の人々が，夜中になって
生命を宿し，ガラス越しに夜間警備員に話しかけます。これに対し
て警備員が以下のように返します。
What's that?¹ I can't <u>hear you **through** the glass</u>.

(映画 *Night at the Museum*)

なんだって？聞こえないよ，ガラスで。

(12) "Hey, Ackley," I said, in sort of a whisper, so Stradlater
couldn't <u>hear me **through** the shower curtain</u>.

(J. D. Salinger, *The Catcher in the Rye*)

「よう、アックリー」と僕は小声でささやいた。シャワーカーテン
越しに声が聞こえてストラドレイターが目を覚さないように。

(村上春樹（訳）『キャッチャー・イン・ザ・ライ』)

(13) [...] **through** her sobbing she heard a few of the whispered phrases [...]　(Roald Dahl, "Lamb to the Slaughter")

[…] 泣きじゃくりながらも，夫人にはそのひそひそ話が断片的に聞き取れた［…]

　ガラス，シャワーカーテン，自分が泣きじゃくる音が聞き取りを邪魔する抵抗として作用していますので，この through は〈抵抗〉属性を持つと言えます。そして，ここでもまた〈通過〉属性も関与していると思われます。音がガラスや他の音を通過して人の耳に届くかどうかが問題になっているからです。文の主語（hear する主体）はガラスや騒音を通過しませんが，文中で言語化されていない「音」はガラスや騒音を通過しているわけです。したがって，[hear ~ through ...] というパターンも，「抵抗を受けながら（文中で言語化されていない音などが）…の中を通り抜けて」という意味を表していると言えます。

4. 接触への抵抗

　人間が何かに直接接触するのを邪魔するものがあるとき，日本語では「…の上から ｜触る，撫でる，叩く，etc.｜」などと「の上から」という表現を用いますが，英語では through ... と言います。

(14) She [= my mother] opened the door, crossed my room, and sat on the foot of my bed. "Sweetheart. Don't be so upset," she said, patting my legs **through** the covers.

(Emily Giffin, *Something Blue*)

> 母はドアを開け，部屋をまっすぐ進んで，私のベッドの足元のところに腰掛けた。そして，「ねえ。元気出しなさいって」と言って，布団の上から私の脚をぽんぽんと叩いた。

(15) ［状況説明］青豆という女性の動作の描写です。

[...] Aomame rubbed her belly **through** the blanket.

(Haruki Murakami, *1Q84*)

青豆は［…］毛布の上から下腹部をそっと撫でる。

(村上春樹『1Q84』)

(16) David sat down among the mounds and was soon bitten **through** his pants.　　(Thomas McGuane, "Motherlode")

デイヴィッドは，盛り土が並ぶなかに座ると，すぐにズボンの上から（蟻に）刺された。

(17) ［状況説明］Lucy が，キャッチャーマスクをつけた Schroeder にキスをしようとして鼻をぶつけてしまい，痛がっています。

Never try to kiss somebody **through** a catcher's mask!

(Charles M. Schulz, *The World Is Filled With Mondays*)

キャッチャーマスクの上からキスしようなんて考えるもんじゃないわ！

これらの例では，布団，毛布，ズボン，キャッチャーマスクが接触者と接触対象の間に介在して，直接の接触を邪魔しています。この［接触動詞＋接触対象＋ through ...］パターンでも through は〈抵抗〉属性を持っていると言えるでしょう。上の例ではその介在物による〈抵抗〉にもかかわらず，本来の pat, rub, bite, kiss に近い行為が達成されるということが表さ

れています。なお，このパターンでもやはり，〈通過〉属性がある程度は
関与していると言えるでしょう。叩いたり撫でたりするときの力が介在物
を通過してその奥にあるものまで伝わっていると考えることが一応可能だ
からです。そしてこの「力」は文中で言語化されている要素ではありませ
んので，［接触動詞＋接触対象＋through ...］というパターンも「抵抗を
受けながら（文中で言語化されていない要素が）…の中を通り抜けて」と
いう意味を表していると言えます。

5. through を含んだ（比喩的）移動表現

　ここまで見てきた〈抵抗〉＋〈通過〉の用例では，通過の移動をする主
体が文中で言語化されていませんでした。それに対して本節では，文中で
言語化されている要素（主に人間）が物理的または比喩的に通過移動をす
る場合を扱います。こうした場合でもやはり，through の目的語が移動を
困難にする抵抗として作用していると言える例がたくさん見つかります。

5.1.「移動する」＋ through

　まず，Benom (2007, 2014, 2015) が指摘するように，through は way 構
文（第 4 章 3 節（→ pp. 90–96））や make it 構文（e.g. make it to the shore「なん
とか岸まで到達する」）といった困難を示唆する構文とよく結びつきます。

(18)　［状況説明］青豆という女性が新宿駅を歩いています。

The evening rush hour had ended, but even so, <u>pushing</u>
<u>her way</u> **through** the crowd was hard work for Aomame.

(Haruki Murakami, *1Q84*)

帰宅ラッシュの時間は過ぎていたが，それでも人混みをかき分けて
歩くのはやっかいな作業だった。 （村上春樹『1Q84』）

> (19) ［状況説明］語り手は路上生活を始めたばかり。その初日はソフト
> ボールの競技場の端の茂みで夜を明かします。以下は翌朝目を覚ま
> した直後の場面を描いたものです。語り手は身体の痛みを感じなが
> らも，外で無事に夜を越すことができたことに達成感を感じていま
> す。
>
> I had made it **through** the first night, and if I had done
> it once, there was no reason to think I couldn't do it
> again. (Paul Auster, *Moon Palace*)
> 最初の夜をなんとか乗り切ったのだ。一度できたことが二度目はで
> きなくなると考えるべき理由はない。

(18)の the crowd は青豆が前に進むことの抵抗として作用しています。そ
れを push して押し分けて移動を達成しているわけです。ちなみに肘で押
し分けるという感じを出すのに elbow one's way through ... という言い方
もよく用いられます。(19)の語り手は the first night から精神的・肉体的
な苦しみを受けながら the first night を乗り切っています（路上で寝ると
寒かったり硬かったりしますからね）。この例が表しているのは純粋な移
動事象ではありませんが，夜という時間的な存在を乗り切る行為を移動事
象にたとえた表現であり，比喩的な移動を表す表現であると言えます（日
本語でも，「辛い試験期間を乗り越える」のように，本来空間的移動を表
すはずの動詞表現「乗り越える」を空間以外の領域に比喩的に転用するこ
とができます）。というわけで push (elbow) one's way through X「X をな
んとか（肘で）かき分けながら進む」，make it through ...「…をなんとか
乗り切る」というパターンを〈抵抗〉属性と絡めて覚えておきましょう。

　また，よくある言い回しに get through the tough times「辛い時期をなん
とか乗り切る」というのがありますが，これも the tough times が抵抗とし
て作用する中を頑張って進み向こう側に突き出る比喩的な移動を表すと考
えられます[2]。

(20) What helps you get **through** the tough times are the people by your side.　　　(*Full House*, Season 1, Episode 5)
辛いときを乗り越えようとするときに支えになってくれるのは，そ
ばにいてくれる仲間たちなんだ。

5.2.「移動の終点にいる」+ through

　ここでぜひとも紹介しておきたいよくある言い回しに have been through ...
「…を経験してきた，…を経験済みである」があります。この中には，
have been through {so much, a lot, etc.}「辛い経験をたくさんしてきた」と
We've been through (all) this「その件は（散々）話し合ったでしょ」が含
まれます。前者を [A]，後者を [B] とします[3]。

[A] have been through {so much, a lot, etc.}

　まず，[A] の have been through {so much, a lot, etc.}「辛い経験をたくさ
んしてきた」を見ます。{so much, a lot, etc.} の部分には「多量」を意味
する名詞要素が来ます。[A] が頻繁に使われる文脈には大きく分けて 2
タイプあります。まず，「すでに散々辛い目にあったのだから，苦悩・苦
労はここでストップして然るべきだ」ということを言いたい場面・文脈で
す。これを「もう楽になろうタイプ」と呼ぶことにします。

(21) Oh, you've been **through** so much. Why not leave it to
the police?　　(M.C. Beaton, *Agatha Raisin and the Murderous Marriage*)
でももう散々辛い目にあったんだから，あとは警察に任せてしまえ
ばいいじゃないの。

第14章 through (1)

(22) [状況説明] Fanny は夫 Sachs のせいで苦悩に満ちた人生を歩んで
きました。語り手（Sachs の友人）はその Sachs の死を，長期休
暇中の Fanny よりも先に知ることになります。

At first, I thought it might be my duty to call her
[= Fanny], but [...] I've decided not to ruin her vacation.
She's been **through** enough as it is [...]

(Paul Auster, *Leviathan*)

はじめ，ファニーに電話で知らせるのが自分の義務かもしれないと
思ったが […] せっかくの休暇を台無しにするのはやめておくことに
した。ファニーはもうすでに散々辛い目にあっているのであり […]

(23) [状況説明] 大地震が起こり自宅が破損した Kimmy は，親の判断
で親友 D.J. の家に預けられています。しかし D.J. の妹 Stephanie
は Kimmy のことが大嫌いなので，早く帰ってほしいと思っていま
す。それなのに，Kimmy の帰宅が予定の日から延期になり，
Stephanie は次のように嘆きます。

First the earthquake, now this.[4] Haven't I been **through**
enough? (*Full House*, Season 3, Episode 11)

地震が来てうわって思ったら，今度はこれか。もうそろそろ勘弁し
てくれてもよくない？

(24) Woody, don't be mad at Jessie. She's been **through**
more than you know. (映画 *Toy Story 2*)

ウッディー，ジェシーに腹を立てないでくれ。お前が知らないだけ
で，あの子は辛い目にあってきたんだ。

もう1つは「あなたとはこれまで一緒にたくさんの辛い経験を乗り越え
てきた，苦楽を共にしてきたのだから，今さら離れるのはおかしい，敵対

しようがない」ということを伝達する場面・文脈です。これを「ずっと仲間だタイプ」とします。主語は we で，頻繁に together を伴います。

(25) We've been **through** too much to stop trusting each other. 　　　　　　　　(*Star Trek: Voyager*, Season 6, Episode 9)
こんなにもたくさんのことを一緒に乗り越えてきたんですもの，信頼し合うなと言われても無理なくらいよ。

(26) ［状況説明］ロボットの Janet は，自分のせいで人間たちに迷惑がかかっていることから，自分を殺してほしいと Michael に申し出ます。しかし Michael は次のように言います。
You're my friend, Janet. That's why I can't kill you. We have been **through** so much together.

　　　　　　　　(*The Good Place*, Season 2, Episode 6)
君は私の相棒なんだ。だから殺すわけにはいかない。これまでたくさんの苦楽を共にしてきたじゃないか。

「もう楽になろうタイプ」と「ずっと仲間だタイプ」のどちらの文脈にも見られる言い回しとして after all we have been through があります。以下の (27) は「もう楽になろうタイプ」，(28) (29) は「ずっと仲間だタイプ」です。

(27) ［状況説明］幽霊の仕業に見せかけた不気味な犯罪に巻き込まれた高校生たちが，事件解決後にリラックスした様子で会話しています。
And after all we've been **through**, we could use a little fun in the sun, don't you think?

　　　　　　　　(映画 *Nancy Drew and the Hidden Staircase*)

> うちら本当色々あったからさ，ここらでちょっと陽に当たって楽し
> く過ごすのが良いと思わない？

> (28) <u>After all we'd been **through** together</u> in the past year,
> [...] it seemed impossible that she could ever do
> anything that would disappoint me. (Paul Auster, *Oracle Night*)
> 昨年たくさんの苦労を共にしたグレースが［…］私を裏切るような
> ことをするとは到底思えなかった。

> (29) Donkey:　Yeah, okay. I'm out.
> Jason:　　What? Come on, Donkey Doug. <u>After all</u>
> <u>we've been **through**</u>?
>
> (*The Good Place*, Season 3, Episode 1)
> ドンキー：　　わかった，それなら俺はチームを抜ける。
> ジェイソン：は？　ちょっと待てよ，ドンキー・ダグ。これまで
> 色んなことを一緒に乗り越えてきたじゃないか。

文法的には，all (that) we have been through が大きな名詞要素になってい
て，all が先行詞，(that) が隠れた関係代名詞で，through の目的語のはず
の all「たくさんのこと，あれこれ」が先行詞となって前に飛んでいます。
この all (that) we have been through 全体が前置詞 after の目的語になり，
after all we have been through 全体としては副詞要素になっています。その
ため，(27) (28) のように主節となる SV を修飾するようにして使うこと
が求められると思ってしまうかもしれませんが，(29) のように単体で独
立させて使うことも非常に多いです。

［B］We've been through (all) this

続いて［B］の We've been through (all) this に移りましょう。「その件は
（散々）話し合ったでしょ」の意味を表します。過去に話し手が聞き手に
対して説得の努力をして，一度は納得してもらえたはずの内容に関して，
聞き手が話をまた蒸し返したときに使う表現です。all をつけてもつけな
くても意味に大きな差は生じませんが，all をつけたほうが「散々」の感
じが強まります。

(30) ［状況説明］Trevor は地獄からの使者で，天国にいる Eleanor を地
獄に連れていこうとしています。

Trevor:　Let's go, ding-dong. Come on.

Eleanor:　No, I'm not leaving.

Trevor:　Oh, come on, sweetheart, we've been **through**
this. You know you don't belong here.

(*The Good Place*, Season 1, Episode 9)

トレバー：　さあ行くぞ，おバカちゃん。ほら。

エレノア：　いや，行かない。

トレバー：　おいおい，勘弁してくれよ，ちゃんと話し合っただろ
うが。お前はここにいるべき人間じゃないんだよ。

(31) ［状況説明］Samantha は魔女のため空を飛べるので，人間界の事
情に合わせて運転免許証を取得するという気が起きません。夫の
Darrin（人間）がたしなめます。

Samantha:　[...] why should I learn to drive when[5] I
already know how to fly?

Darrin:　We've been **through** all this. You should
learn to drive because the way you fly is for
the birds.　(*Bewitched*, Season 1, Episode 26)

> サマンサ：[…] 私もうすでに飛べるのに，なんで車の運転なんて
> 　　　　　覚えないといけないのよ。
> ダーリン：散々話したじゃないか。運転を覚えなきゃいけないの
> 　　　　　は，君が飛んでいるその道は鳥用の道だからだよ。

以上見てきた have been through ...では，苦悩・苦痛を伴う生活や，努力を伴う話し合いなどの行為をトンネルのようなものに見立てて捉えることが可能です[6]。そして，人間が「そのトンネルを抜ける」という比喩的な移動を終えた終点にいる（第 4 章 4 節（→ pp. 96–101）参照）かのような表現方法が取られていると考えることが可能です。この移動をしている人間には苦悩・苦痛・努力といったものが，前進の容易さ・スイスイ具合を減らす抵抗として作用します。したがって，これらのパターンには〈抵抗〉の意味要素が関与していると言えます。

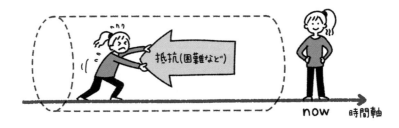

抵抗を受けながらトンネルを進んで抜けた人

　なお，Benom（2007, 2014, 2015）が強調している通り，〈抵抗〉属性は through の用法のすべてに関わっているわけではありません。実際，次の章で見る through の実例には〈抵抗〉属性が関与しないものがたくさん含まれています。〈抵抗〉で through のすべてが説明されるなどとは Benom も私も言っていないということにくれぐれも注意してください。

6. まとめ

　本章では smile through tears というよくある言い回しからスタートして，関連する様々な through の用法を見てきました。〈抵抗〉属性を持つ様々な表現が互いに関連し合う形で存在しているということがわかりました。図にまとめると次のようになります。すべてではないにしても多くの through 表現に実は〈抵抗〉属性が関わっていると知ると楽しい気持ちになってきますが，〈抵抗〉属性♪〈抵抗〉属性♪と唱えたところで英語母語話者と同じように through を使えるようになるわけではありませんから，よくある言い回しをたくさん覚えて，そのまま丸ごと使うように心がけましょう。

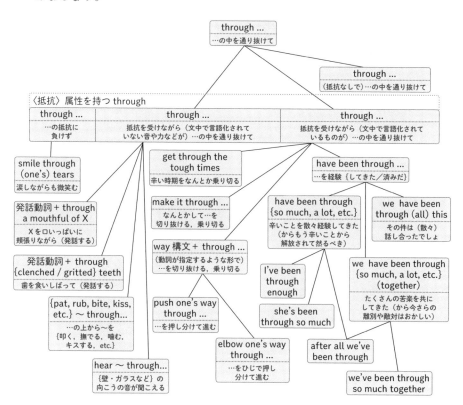

REVIEW

● through の用例には〈抵抗〉属性が関わっているものがたくさんある。
● 〈抵抗〉が想定できるケースは，①移動がまったく関わらない場合（e.g. She smiled through tears），②言語化されていない要素の移動が関わる場合（e.g. "Stop talking!" he shouted through clenched teeth），③言語化されている要素の移動が関わる場合（e.g. He pushed his way through the crowd）など多岐に渡る。
● through の用法すべてに〈抵抗〉属性が加わっているわけではないことに注意する。

●注

1 What's that? はこのように相手が言ったことを聞き返すときにもよく使われます。この聞き返し用法では，Wh- 疑問文であるにもかかわらず，上昇調で発音することが多いです。

2 the tough times は「すべての人の人生それぞれにつきものである tough times 部分」ぐらいの意味です。この定冠詞 the の用法については第 2 章 8 節（→ pp. 62–64）をご参照ください。

3 have been through ...「…を経験してきた，…を経験済みである」が使用されるのが ［A］と ［B］の言い回しに限られると言っているわけではありません。たとえば第 8 章の (10)（→ p. 162）をご覧ください。

4 First X, (and) now Y「X（に関連する出来事）が起こって嫌な思いをしたのに，今度は Y（に関連する出来事）か」

というよくある言い回しが用いられています。たとえば家族に次々と不幸があった場合に，First my grandfather and now my husband? などと言えます。Y に this が入ることもとても多いです。たとえば学校をサボりがちになった息子が万引をして捕まったとしたら，母親は息子に First you started skipping class and now this? と言って叱り出すでしょう。

5 when 節を自然な日本語に訳そうとして「のに」に落ち着くケースの 1 つが，今回のように，when 節が反語的な Why / How 疑問文の中に入っている場合です（Cf. 第 5 章注 4（→ p. 118））。

6 ただし，英語母語話者が発話のたびにいちいち「トンネル（のようなもの）」を想起して through を使っているということはおそらくないでしょう。

第15章

through (2)

1. 通り抜けない through

　おそらく日本で英語を勉強した人の多くが，through という前置詞にとって「〈移動物〉が〈場〉を通り抜けて」という意味要素は必須であると思っているのではないかと思います。実際本書の第 14 章（→ pp. 266–284）で扱った through の用法の多くが，程度の差はありますがそのような意味要素を含んでいると言えます。しかし実態としては「通り抜けないthrough」も非常に頻繁に使われています。たとえば，(1) の空欄を埋めてみてください。

> (1)　By the time I'd walked **through** the house to my father's study, he was already seated behind his desk and had assumed his preferred headmasterly pose.
>
> 　　　　　　　　　　　　　　　(Hester Browne, *The Little Lady Agency*)
> ＿＿＿＿＿＿＿＿＿＿ころには，父はすでにデスクに向かって着席済み。お気に入りの校長先生ポーズを決めていた。

my father's study「父の書斎」は，当然ながら，家の中にあります。したがって，この through the house to my father's study を「家屋を（戸外まで）突き抜けて父の書斎に着く」などと解釈するとおかしいわけです。正しくは「家の中を進んでいって父の書斎に着く」です。

　一部の辞書の記述や例文（およびその和訳や解説など）を見てみると，通り抜けない through は必ず「〈場〉をあちこち」の意を表すかのような書き方がされていますが，それは事実に反します。たとえば (1) は，語り手が the house の中をあちこち歩き回ったという印象を与えるものではありません。

　本章では，〈場〉を通り抜けるわけではない through の用法の実態を細かく観察し，「〈場〉をあちこち」の意味が出てきたり出てこなかったりする仕組みをできる限り丁寧に説明してみたいと思います。

2. 中を進んでいく，ただそれだけ。

　(1) で見たように，through の用法の中には〈移動物〉が〈場〉を通りはしても「抜け」ないものがあります。類例を追加しましょう。

> (2)　[状況説明] 会社の社員がインターンに説明をしています。
>
> No one has a private office, not even our founder and CEO, Jules Ostin, who is actually ... right over there. She loves to ride her bike **through** the office. That woman does not like to waste time.　　(映画 *The Intern*)
>
> この会社には個人オフィスというものがありません。創始者であり CEO でもあるジュールズ・オースティンにすら，部屋は用意されていません。ちなみに今どこにいるかというと…あそこですね。オフィス内を自転車に乗って移動するのが大好き。あの人，時間の無駄が嫌いなんです。

(3)　　[状況説明] Michael と Chidi たちは，天国と地獄（このドラマで
　　　　は the Good Place と the Bad Place というちょっと変わった表現
　　　　が用いられています）の間の問題を取り扱う判事のところにたどり
　　　　着くことはできないか模索しています。Michael は判事の居場所や
　　　　そこに行くための経路を熟知しています。through が 3 つ出てき
　　　　ますが注目してほしいのは 2 つ目です。

Michael:　The only way to get to the Judge's office is
　　　　　　through a portal, and we can never get to that.

Chidi:　　Why not?

Michael:　We'd have to walk **through** the actual Bad
　　　　　　Place, in plain sight, without getting caught,
　　　　　　reach and pass through the portal.

(The Good Place, Season 2, Episode 9)

マイケル：判事のオフィスにたどり着くには，ある門をくぐるし
　　　　　かない。たどり着くことは不可能だ。

チディ：　どうしてですか？

マイケル：本物の地獄の中を，それも人目につくところを，誰に
　　　　　も見つからずに通って，その門にたどり着き，くぐら
　　　　　なければならなくなる。

第
15
章｜through (2)

(2) の CEO は自転車に乗ったまま会社の外に出ていってしまったりはし
ません。(3) に関しては，Episode 10 で詳細が明らかになることですが，
この「門」は地獄の内部にあります。したがって，walk through the actual
Bad Place することによって the actual Bad Place の外に出てしまうことは
ありません。

　また，そもそも通り抜けようがないものが through の目的語になること
も多いです。たとえば物体が「飛んでいく（くる）」ということを言うの
に，fly through the air という言い方をよくしますが，the air は通り抜けよ

うがありません。空間または宇宙の中を移動していくという意味の
{travel / move} through space もよくある言い回しですが，space もやはり
抜けられるものではありません。

このような通り抜けない through についての私の考え方は，一言でまと
めると，次のようになります。

A.「通り抜けない through」は「3次元の〈場〉の中をある地点から別の地点
　に向かって進んでいって」の意を表す。

ただし，通り抜ける through の場合にも，トンネルの端から端までの移動
を含んでいるという点では A の意味が関わっていますから，正確には，A
の意味が場合によって「抜ける」になったり「抜けない」になったりする
ということです。また，移動の軌道の形状についても以下のような補足が
必要です。

B.「通り抜けない through」における〈移動物〉の進み方は，デフォルトと
　しては，直線に近似できるような進み方として解釈される。ただし，常識
　や文脈によっては解釈の調整が起こり，四方八方に進む「あちこち」的な
　進み方として解釈される。

この A, B が妥当な考え方であることを示す証拠として，flash through
the sky という表現の解釈をあげることができます。同じ flash through the
sky でも，主語が meteor（流星）の場合（e.g., The meteor <u>flashed through
the sky</u> over the island）には左の図のような解釈になるのですが，主語が
lightning の場合（e.g., Lightning <u>flashed **through** the sky</u> during a thunderstorm）
には（左に加えて）右の図のような解釈も可能になります。

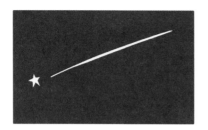
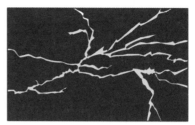

まっすぐ進む meteor　　　枝分かれしたり空一面に広がる lightning

これは，meteor とは違って lightning に関しては，「まっすぐ移動するもの」というイメージを持っている人もいれば，「枝分かれしたり空一面に広がったりするもの」というイメージを持っている人もいる，と考えれば説明できます。

　直線的解釈になるか四方八方的解釈になるかは，meteor と lightning についてどのような常識を持っているかによって決まるところであり，through が表しているのは「中を進んでいく」，ただそれだけなのです。

3. 辞書記述の見直し

　しかし，このような理解は日本であまり広まっていないようです。たとえば，travel through Nagano のような例を出して「長野をあちこち旅行してまわる」といった訳語を当てる英和辞典が多いですが，travel through Nagano だけでは，直線に近似できるような進み方なのか四方八方に行くような進み方なのかは不明です。ある英語母語話者によると (4) の英文を「まっすぐ移動」の意味で用いるのは "perfectly fine" であるとのことです。

(4) It's fun to travel **through** Nagano because you can enjoy beautiful scenery all around.

さらに，別の英語話者は，travel through Nagano というのは普通「直線に

近似できるような進み方」を表すために用いる言い方だ，とまで言っていました。travel through Nagano とだけ言われても B の「調整」(→ p. 288) をするのに十分な情報が与えられたことにならない，ということでしょう。以上のことを踏まえると訳としては「長野を ｜旅行／移動｜ する」くらいが適切です。(5) を加えておきます。ヨーロッパのあちこちを回っていてもいなくても構わないということがポイントです。

---

(5)　We're going to spend a few days in the city, then travel **through** Europe.　　　　　　　　(Stephen Frey, "Paranoia")
ニューヨーク市に 2，3 日いて，そのあとヨーロッパを旅行する予定です。

英英辞典の記述は大丈夫なのかというと，必ずしもそういうわけではありません。ある英英辞典に以下のような例文と書き換えが示されています。

---

(6)　They spent a couple of hours walking **through** the mall.
[= walking to various places in the mall]

　　　　　　　　(https://learnersdictionary.com/definition/through)

問題はイコール記号の部分です。このイコール記号のせいで，多くの学習者は，*They spent a couple of hours walking through the mall* という英文は walking to various places in the mall としか解釈できないのだ（「あちこち」解釈が唯一の解釈だ）と思ってしまうでしょう。実はそれは誤解なのです。確かに真っ先に出てくる解釈は「あちこち」解釈ですが，それはショッピングモールを 2，3 時間かけて進むなら色々な店に入ることにな

るだろうという常識的な推論が働いて「調整」がなされるからであって，その解釈だけに限定されるわけではありません。実際，「脚の悪いお年寄り集団が，趣味で，巨大ショッピングモールの中の東の方にあるメガネ屋から西の方にあるカバン屋に向かって（直線に近似できる形で）進む，というのを（毎日）やっていた」という状況があれば，それを *They spent a couple of hours walking through the mall* という同じ英文で表すことができます。

4. 「あちこち」への調整が働かない実例 —— in との対比 ——

これまで見てきたように，「調整」前は，「…の中を進んで」という解釈がなされるだけであり，「あちこち」なのかどうかはわからないのです。(7) (8) でも，「あちこち」に調整するための情報が与えられていないので，真っ先に浮かぶ解釈はデフォルトである「まっすぐ」の方でしょう。

---

(7) By the time I'd walked **through** the house to my father's study, he was already seated behind his desk and had assumed his preferred headmasterly pose. (= (1))

---

(8) ［状況説明］語り手たちは警官とホテルの警備員から逃げています。
Next thing, we were hurrying **through** the hotel, no longer caring how much noise we made or who saw us.

（Kazuo Ishiguro, "Nocturne"）

次に気づいたときは，二人でホテルの中を走っていた。いくら物音を立てようと，誰に見られようと，もうかまわずに走っていた。

（土屋政雄（訳）「夜想曲」）

　こうしたことを知って，単に〈中を進んで〉というだけなら，through ではなくて in でもよいのではないかと思われた読者もいると想像します。ここで大事なことを教えてくれるのが (8) です。というのも，hurry は単体だと「急ぐ」という意味にしかならず，必ずしも移動は表さないのに，この例では「中を進んでいく」の意の through と結びつくことによって移動を表すことができているからです。実際，この through を in にすることはできません。

(9)　　* Next thing, we were hurrying **in** the hotel, no longer caring how much noise we made or who saw us.

in は through と違って「進んでいく」という意味を含んでいないため，hurry にも in にも移動の要素がないことになり，表したい移動の意味が文の中でまったく表現できていないわけです。

　さらに，walk や run など典型的には移動を表す動詞であっても，in と結びつけるか through と結びつけるかによって文意に違いが生じます。その原因は，walk や run が「A から B まで歩く」「10 キロ走る」のように空間的な位置変化に焦点を当てる用法に加えて，人間の身体運動に焦点を当てる用法も持つことです。たとえば，ウォーキング・マシンで歩いたり，ランニング・マシンで走ったりする場合も walk / run の一種です。また，ダイエットや健康維持の目的で，移動せずその場で足踏みする運動を {walk / run} on the spot と表現することが多いのですが（これもよくある言い回しです），この場合には walk / run という典型的な移動動詞を用いているにもかかわらず，空間的な位置変化はなしです。walk / run にはこうした用法があるので，walk / run のあとに in ...をつけると意味が曖昧になる場合があります。たとえば I run in my apartment every day と言うと，位置変化があるのかどうかは不明です。ランニングマシンとか on the spot とかの可能性があるわけです。このように文意が曖昧になりかねないとこ

ろで，run を「進んで」の意味の through と一緒に使うと，空間的な位置変化に焦点を当てているということを明確にできるのです。同様のことが walk にも言えます。「…の中でウォーキングをする」ではなく「…を歩いて進んでいく」の意味を伝達したいのであれば walk in ... よりも walk through ... の方がクリアーです[1]。

　「進んでいる」という内容を伝達したいにもかかわらず，through を差し置いて in を使ってしまうと，少し物足りない英語という感じがしてしまいます。たとえば先ほどのホテル内逃走の例では，たとえ hurry に替えて run などの移動動詞を用いた場合であっても，in は through ほど自然・適切に響きません。これは位置変化があること，進んでいることが決定的に重要な場面だからでしょう。

(10)　Next thing, we were <u>running</u> {**through** / [?]**in**} the hotel, no longer caring how much noise we made or who saw us.

通り抜けない through の存在意義（の1つ）は，このように「進んで」の意味を明確・強烈に表せるという点にあります。

5.「あちこち」への調整が働く実例

　通り抜けない through ならば必ず「あちこち」の意味になるわけではないことはすでに述べた通りです。とはいえ，文脈や常識などの働きにより「あちこち」という意味要素が二次的に発生するケースは多々あります。「あちこち」解釈への調整が働きやすいパターンとしては，すでに見た雷の光り方を描写する状況の他に，音の響き方を描写する状況をあげることができます。(11)(12)では，雷鳴や子どもの声，空や村というものについての常識から，〈移動物〉の進み方の解釈として「あちこち」解釈が誘発されます。

(11)　A great clap of thunder echoed **through** the sky. The
　　　windowpanes rattled.　　　　　　　　　(Haruki Murakami, *1Q84*)
　　　雷が大きく空に鳴り響いた。窓ガラスが細かく震えた。

　　　　　　　　　　　　　　　　　　　　　　　　　　　（村上春樹『1Q84』）

(12)　Children were usually laughing, chasing one another, or
　　　noisily crying to nurse, the sounds reverberating
　　　through the village. (Daniel L. Everett, *Don't Sleep, There Are Snakes*)
　　　子どもたちはたいてい笑い声をあげるか，互いを追いかけ回してい
　　　るか，おっぱいがほしいと大声で泣いているかであった。こうした
　　　音が村じゅうに響き渡っていた。

(13)-(15) の「探す through」も「あちこち」解釈がほぼ必ず働くと思い
ます。これは，「物探しの最中の手という〈移動物〉が3次元空間の〈場〉
の中を動いていくとき，その〈移動物〉はどういう動き方をするのが普通
か」ということについての常識が働くからでしょう。

(13)　In her right hand were two diamond earrings. She put
　　　these in her pocket, searched **through** her purse, and
　　　removed two wrinkled photographs.

　　　　　　　　　　　　　　　　　　　　　　(Andrew Kaufman, *The Tiny Wife*)
　　　ジェナの右手にはダイヤモンドのイヤリングが2つ握られていた。
　　　彼女はそれをポケットにしまい，ハンドバッグの中をあさり，しわ
　　　の寄った写真を2枚取り出した。

(14)　[状況説明] 私立探偵 Blue があるアパートメントに住み込みで向
　　　かいの Black という男性を監視していると，Black が夕食を取り始

めました。

At the sight of food, Blue realizes that he is hungry and hunts **through** the kitchen cabinet for something to eat.

(Paul Auster, Ghosts)

ブルーは食べ物を見て，自分の空腹に気付き，何か食べ物はないかと食器棚の中をあさる。

(15) Immediately I rifle **through** the handbags that are lying around, find some matches and run into my room.

(Barry Yourgrau, "Femme Fatale")

すぐに私は転がっているハンドバッグの中をくまなくあさり，マッチを何本か取り出して，自分の部屋に駆け込む。

また，結合相手となる動詞が wander である場合にも，through は基本的に「あちこち」と解釈されますが，これは wander 自体が「特に目的なく，あてもなく」の意味を持つからだと考えられます。

(16) Another rumour had it that a girl's ghost wandered **through** those trees.　(Kazuo Ishiguro, Never Let Me Go)

他には，この木々の間を女の子の霊がさまよっているという噂もあった。

同様のことが，{amble / stroll / saunter} through ...「…の中をぶらぶらと歩き回る」にも言えます。

次の (17) では，「僕たちが遊ぶ場所をきれいにしておいて」と要求する人はたいていその部屋の全体を掃除することを要求するので，ここでの through の解釈は自然と「あちこち」に調整されます。

(17) ［状況説明］話し手と友人たちは，この先数年に渡って Penny の部屋に集まってお酒を飲んだり遊んだりする可能性について話しています。

If that's the case, Penny will have to get satellite TV and maybe once a week run a vacuum **through** this place. *(The Big Bang Theory*, Season 4, Episode 3)

もしそうなったら，ペニーには TV で衛星放送見られるようにしてもらわないとな。あと，できれば週に1回，掃除機かけて。

vacuum からもう少し広げて run a {vacuum (cleaner), mop, broom, etc.} through ...「〈空間〉に {掃除機，モップ，ほうき，etc.} をかける」というパターンを覚えておくとよいと思います。なお，この through を in に書き換えると自然さが下がりますが，これは (10) と同じ理屈でしょう。

次の例も，「まるで点検でもしているかのように」という内容が後続することにより，walked through the rooms が「あちこち」と解釈されます[2]。

(18) ［状況説明］語り手は Mr. Morning の過去を調べるべく，Mr. Morning が住んでいる建物の管理人の協力を仰ぎました。

He took me to the third floor and opened the door of a small apartment identical to Mr. Morning's. I walked **through** the rooms as if I were inspecting them.

(Siri Hustvedt, *The Blindfold*)

管理人は私を3階に案内し，ミスター・モーニングと同じタイプの小さな部屋のドアを開けてくれた。私はまるで点検でもしているかのように中を歩いた。

6. まとめ

　本章では，through と言えばいつでも通り抜けることを表すわけではないということ，そして通り抜けない through ならばいつでも「あちこち」の意味が生じるわけではないことを見てきました。through は「3 次元の空間の中を進んでいって」の意味を持ち，デフォルトとしては「まっすぐ」と解釈され，場面や文脈によっては調整を受けて「あちこち」の意味が生じる場合があるという理解が正しいと思われます。

　この章は，他の章とは違って，抽象知識の次元での正しい理解を促す側面が強い章だったと言えるかもしれません。しかし，よくある言い回しを覚える必要がないということにはまったくなりません。具体性の高いパターンや言い回しを覚えて，アウトプットの際には丸ごと利用するようにしていただきたいと思います[3]。

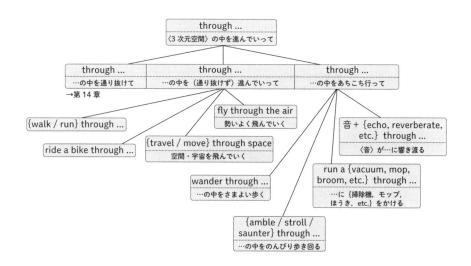

REVIEW

● through は「3 次元空間の中を進んでいって」という意味を表し，その空間を通り抜けない場合にも使われる。

● 通り抜けない through は，デフォルトとしては「まっすぐ進んで」の意味に解釈されるが，場面・状況や話者が持っている「常識」，結びつく動詞などによっては「四方八方，あちこち」の意味に解釈される。

●注

1 ちなみに自転車に乗る場合も同様で，ride a bike through ... の方が ride a bike in ... よりも「進んでいる」ことがポイントなのだということがはっきりと伝わります（(2) を参照）。

2 以上，「あちこち」解釈への調整が働かない例と働く例を順に見てきましたが，調整が働く人もいれば働かない人もいるであろう例もあります。たとえば以下の短編小説の例を見てみましょう。

　[...] he feels his wife's absence some nights, when she is sleepless and moves **through** the house below him [...]　(Lydia Fitzpatrick, "Safety")
　[…] 彼は夜に妻がいなくなったのを感じ取ることがある。それは妻が寝付けず下の階を歩いているときである [...]

この例では，妻が下の階をまっすぐ歩いているときのことを言っているのか，そ れとも冷蔵庫へ行ったりトイレに行ったりうろうろしていることを言っているのか不明です。ただはっきりしているのは，妻が家の中という 3 次元空間を進んでいるということです。

3 p. 288 の A についての説明でも述べたように，通り抜けるか通り抜けないかは場面・状況・文脈によって柔軟に解釈されるものです。この章末のネットワーク図で言えば，枝分かれの先に挙げられている具体的な表現の多くが，場面・状況・文脈に応じて「…の中を通り抜けて」とも解釈しうるものです。図中でこれらの表現から「…の中を通り抜けて」に線が伸びていないのは，単に煩雑な図になるのを避けるためであり，英語としてありえないということではありませんので，ご注意ください。

第16章

to

1. there is X to Y 構文

　中学・高校では there is 構文，言語学では there 構文と呼ばれている構文があります。空間的な位置を語る There is an apple in the fridge「冷蔵庫にリンゴがある」，人間の様子を語る There is something strange about her「彼女にはどこか奇妙なところがある」，There is something wrong with her「彼女は様子がおかしい」などを習ったことがあると思います。前置詞としては，位置を示す in や on などに加えて，about と with が紹介されることが多いでしょう。それでは，(1) はどうでしょうか。使いこなせないどころか，見たことすらないという人もいるかもしれません。これは there is X to Y 構文とでも呼ぶべき構文の事例です。

(1)　[状況説明] この実例は *How We Got to Now* という本から取りました。この本は，今の我々が「あって当然」と思っている日常的な品物や考え方が，どのような歴史を経て発明されたのかを教えてくれる本です。以下の一節は「音」の章から取ったもので，まだ生まれていない子どもの性別を超音波で判別することができるように

> なり筆者夫婦もそれを利用した，ということが述べられたあとの箇
> 所です。
>
> There is, however, a dark side **to** that innovation. The
> introduction of ultrasound in countries such as China
> with a strong cultural preference for male offspring has
> led to a growing practice of sex-selective abortions.
>
> <div align="right">(Steven Johnson, <i>How We Got to Now</i>)</div>
>
> しかし，この発明には負の側面もある。中国のように男子を産むこ
> とに価値を置く文化的傾向が強い国々で超音波が導入されたことに
> よって，性別選択的中絶が行われる頻度が増してしまったのである。

このような例に一度出会っただけだと「ああ，to もあるのか」という感
想が残るだけで，どういう場合に to を使うとよいのかはわかりません。
ところが，大量の実例に触れていれば，この to の用法にはいくつかのよ
くある言い回しのパターンがあり，それに従って使うようにすればよいの
だということが見えてきます。そして，それらのパターンには X が Y の
側面・構成要素になっているという共通点があることもわかってきます。
本章で順を追って見ていきましょう。

2. X が「側面」「構成要素」

　まず，there is X to Y 構文の X には「側面」を表す名詞が使われること
が多いです。特に多いのは (1) にある side で，他には aspect や dimension
などがそうです。

> (2)　Sometimes, when he takes out his camera and shows
> 　　her his pictures of the abandoned things, her eyes fill up

with tears. <u>There is a soft, sentimental side **to** her that is almost comic</u>, he feels, and yet he is moved by that softness in her, that vulnerability to the aches of others [...].　　　　　　　　　　　　　　　　(Paul Auster, *Sunset Park*)

時おり，カメラを取り出して捨てられた物たちの写真を彼女に見せると，その目に涙がにじむ。彼女には情にもろい，感傷的なところがあって，それがほとんど滑稽に思えるのだが，そのもろさ，他人の痛みに感応する無防備さには心を動かされる。

　　　　　　　　　　　　　　　(柴田元幸（訳）『サンセット・パーク』)

(3) One thing I've learned after being a middle-school director for twenty years: <u>there are almost always more than two sides **to** every story.</u>[1]　　　(R. J. Palacio, *Wonder*)

20年間中学校の校長をやって学んだことが1つあります。それは，ほとんど例外なく，どんな話も見方によって3通りにも4通りにも姿を変えるということです。

(4) And I am afraid <u>there is another aspect **to** the matter</u>.

　　　　　　　　　　　　　　(PG Wodehouse, "Comrade Bingo")

申し上げにくいのですが，この件にはもう1つ別の側面がありまして。

(5) ［状況説明］ミレニアム・ゲートという建設計画中の建造物をただのショッピングモールだと揶揄している人に対して，話し手が反論します。

<u>There's a commercial dimension **to** the project</u>, but that's not its only function.

　　　　　　　　　　　　(*Star Trek: Voyager*, Season 5, Episode 22)

確かにこの計画には商業目的のところもあるけど，でもミレニア
ム・ゲートの役目はそれだけじゃないのよ。

(1) - (5) から There is a ... {side, aspect, dimension, etc.} to Y「Y には…な
側面がある」というパターンが浮かび上がってきます。ここで注目したい
点は，{side, aspect, dimension, etc.} は（立方体にとっての「面」のよう
に）全体を構成する一要素——すなわち構成要素——を指す名詞だという
点です。

　there is X to Y 構文の X には，(6) - (8) のように，もろに「構成要素」
を表す part や component などの名詞が用いられることがよくあります。

(6)　There were two parts **to** what happened next, the good
　　　first part and the less than good second part.

(Paul Auster, 4 3 2 1)

　　　次に起こったことは 2 幕からなる。素晴らしき第 1 幕とまったく
　　　素晴らしくない第 2 幕だ。

(7)　[状況説明] 父親が息子と娘に対して，自分たち夫婦がどのように
　　　して出会ったかを説明しています。

　　　Okay, for any of this to make sense, you got to
　　　understand there are three parts **to** this story. Let's start
　　　with [...].　　　(How I Met Your Mother, Season 2, Episode 3)

　　　今から言うことをわかってもらうために，まず言っておかなければ
　　　いけないことは，この話は 3 つのパートからなるということだ。
　　　それじゃまずは［…］

(8)　[状況説明] 話し手はかつて自分が書いた未刊行の短編小説の中に，
　　　映画化に向いているものを発見し，聞き手に対して「この物語を

元に台本を書いたらどうか」と勧めています。

[...] there's a strong visual component **to** the story. I think the images would lend themselves to film in a pretty natural way. (Paul Auster, *Oracle Night*)

[…] この物語は視覚的な側面が強い。ここで掻き立てられる映像は，結構自然な形で映画化できるんじゃないかと思うんだ。

なお，part に関しては (6) (7) のように「いくつの部分からなるか」を語るのに用いられることが多いので，There are 数字 parts to Y「Y は○個の部分からなる」というパターンを覚えておくと便利です。

以下で見ていく様々なパターン（および本書で扱われていない事例）は，X がどのような構成要素なのかを side や part などよりももっと具体化・特定化したものとして考えるとよいと思います。

3. X が「規則（性）」

There is X to Y の X が「人間が定めた規則」の意味の rule であったり，「一定の規則性」の意味の pattern であったりすることも多いです。Y を構成する属性として「何でもアリではない」という属性があるのだと考えるとよいでしょう。

(9) ［状況説明］不祥事を起こした医師の Izzie が条件付きで仕事に復帰する場面です。

Izzie: [...] can I just say how really grateful I am to be back?

Bailey: You understand there are rules **to** your probation. A protocol to follow.

(*Grey's Anatomy*, Season 3, Episode 6)

> イジー：　［…］仕事に戻れたこと，本当に感謝してます。
> ベイリー：あんた，わかってるよね，保護観察期間にはルールが
> 　　　　　あるってこと。従うべき規則があるってこと。

(10) If there's a pattern **to** your stress eating, you may want to
schedule teatime for yourself[2] at some point in the day
when you might be prone to eat for emotional reasons.

(Susan Albers, *50 Ways to Soothe Yourself Without Food*)

ストレスによるどか食いに一定の規則性がある人は，日中，感情に
任せて食べてしまいがちな時間にティータイムを設けるのがよいか
もしれません。

「何でもアリではない」という感覚をわかっていただけたでしょうか。そう
なると，熟語の There is {a, no, little, etc.} method to {one's, the, etc.} madness
も類似の表現と考えることができます。これは，気が狂ったように滅茶苦
茶な行動をしている人がいるとして，その行動の背後にはちゃんとした理
由や秩序だった原理があるとかないとかいったことを語るのに用いられる
熟語です。

(11) ［状況説明］語り手は自分および他者の folly「愚行」をメモ帳や封
筒の裏などに書き殴って段ボール箱に投げ入れることを日課にして
いました。

There was little method **to** my madness. Some of the
pieces came to no more than a few lines, and a number
of them [...] were just a single phrase. *Chilled
greaseburger* instead of *grilled cheeseburger*, for
example [...]
(Paul Auster, *The Brooklyn Follies*)

私のこの滅茶苦茶な行動に計算などまるでなかった。数行にしかならないものもあれば，［…］たったワンフレーズというものも結構あった。たとえば「グリルド・チーズバーガー」と言おうとして言ってしまった「チルド・グリースバーガー（冷やし油バーガー）」［…］

(12) ［状況説明］Stephanie はドラッグ依存症の若い女性のための更生施設で働いています。語り手はこの更生施設に入れられたばかりです。

[...] Stephanie put me in charge of driving the girls to the morning twelve-step meeting. Everyone thought she was crazy since I was fresh out of jail[3] and newly clean —— but there was a method **to** her madness.

（Tiffany Jenkins, High Achiever）

［…］ステファニーの采配により，私は車を運転して女の子たちを朝の 12 ステップ・プログラムの集会に連れていく係になった。皆，ステファニーは頭がおかしくなったのかと思った。というのも私自身刑務所を出たばかりで，ドラッグをやめてからそんなに経っていなかったからだ。しかし，ステファニーの頭のおかしい選択にはちゃんとした理由があったのだ。

それから，トランプ元大統領についての本に *The Method to the Madness* というのがあります。著者（というより編者）は Allen Salkin と Aaron Short です。トランプ元大統領の一見滅茶苦茶に見える言動にもある種の規則性や戦略があるということを指摘する本です（ただし，トランプを支持するべきであるとかするべきでないとかいったことを主張するのが目的ではないということが明示的に書かれています）。このタイトルは明らかに There is a method to the madness という言い方を土台にしています。実際，YES, THERE IS A METHOD と題されたイントロ章の最終文は Here's the news: there is a method to the madness です。

4. X が「限度，限界」

　「限度，限界」を表す名詞も there is X to Y 構文の X の位置に頻繁に出現します。たとえば There is no end to Y は「Y には終わり，限度，限界がない」を意味するよくある言い回しです。

---

(13) [状況説明] ある街の何人かの住民に，死んだ大切な人から電話がかかってくるという怪奇現象が起こりました。これが TV で報道されたことにより，「自分にもかかってくるかもしれない」と希望を持つ人が続出しています。

There seemed to be no end **to** the hysteria. Everyone in town carried a phone, sometimes two or three.

(Mitch Albom, *The First Phone Call from Heaven*)

この騒ぎに終わりは見えなかった。街の誰もが電話を ── 人によっては 2 つか 3 つ ── 持ち歩くようになった。

---

(14) There was no end **to** how much I could sleep.

(Eithne Shortall, *Grace After Henry*)

私はどれだけでも寝られた。

他に There is {a / no} limit to Y「Y には限界が {ある／ない}」もよく耳にします。

---

(15) [状況説明] 話し手は，クリスマスに預かった子どものためにサンタクロースの格好をしてあげたのに，その子どもに侮辱され，怒って次のように言います。

I've got as much Christmas spirit as the next fellow[4],

---

but there's a limit **to** what even Santa Claus can take.

(*Bewitched*, Season 1, Episode 15)

普通の人が持ってるくらいのクリスマス精神は持ってるさ。でも，
サンタクロースにだって我慢の限界ってもんがある。

(16) As vividly as he might recall them,[5] there was a limit **to**
how much he could bring back.　(Haruki Murakami, *1Q84*)

そのときの情景をどれだけ鮮やかに覚えているといっても，具体的
に思い出せることはやはり限られている。　(村上春樹『1Q84』)

(17) [状況説明] Danny はビデオカメラに向かって友人 Joey の魅力を
誇張交じりに説明しています。

He can shave himself. Is there no limit **to** this man's
talents?　(*Full House*, Season 4, Episode 13)

ひげ剃りは自分でできる，ときましたよ。この男の才能には限界と
いうものがないのでしょうか？

Y に限度があるとかないとか言ったことを語っているわけですから当然
かもしれませんが，これらの言い回しの Y には「〜できること」という
可能表現を含んだ節が現れやすいです。(14) の could，(15) の can，(16)
の could に注目してください。there is no end to {what / how much} ... can ...
や there is {a / no} limit to {what / how much} ... can ... というパターンを覚
えておくと使い勝手が良いでしょう。

5. X が「真実性」

there is X to Y の X が「真実性」を表す名詞（典型的には truth）にな

るともよくあります。Y に来る噂や仮説などに正しい側面がどのくらい
あるかを言うために用いられます。

> (18) People talk about agricultural zones in the hinterlands
> to the west, but that doesn't mean there is any truth **to**
> it. (Paul Auster, *In the Country of Last Things*)
> 人々は西の方の奥地には農業地区があってどうのこうのと言ってい
> るが, 人が言っているからといって正しいということにはならない。

このパターンは学術的な文章でも用いられます。英語でレポートや論文を
書く必要がある方は there is some truth to the {view, idea, etc.} that ... 「…と
いう考え方にも正しい側面が多少ある」という言い方を覚えておくとよい
と思います。

> (19) There is some truth **to** the view that …
> (Ronald W. Langacker, *Cognitive Grammar*)

> (20) [...] there is some truth **to** the idea that …
> (Olga Gurevich, Matthew A. Johnson and Adele E. Goldberg, "Incidental
> verbatim memory for language")

Y に正しい面がまったくないと表現したい場合には, there is no truth to Y
とも言えますが, 話し言葉では there is nothing to Y ともよく言います。

> (21) [状況説明] プエルトリコの警察署長の Pesquera が犯罪者とつな
> がっているのではないかという疑惑があり, それを Pesquera 本人
> が否定しています。

> Pesquera brushes aside the decade-old accusation. "There is nothing **to** it," he says. "Literally nothing. It's BS[6]."
>
> (https://www.miaminewtimes.com/news/puerto-ricos-wave-of-drugs-and-brazen-murders-reverberates-to-miami-6391346)
>
> ペスケラは 10 年前から続いている疑惑を一蹴する。「隅から隅まで間違っている」と彼は言う。「誇張でなく隅から隅までだ。まったくのでたらめだ」

この there is nothing to it という言い方に関して厄介なのは，「it に正しい面がまったくない」という意味に加えて，「it に難しいところなんて何もない」という意味でもよく用いられる点です。どんな言語のどんな表現もそうですが，一筋縄ではいかないものですね。

> (22) Driving a car is no trick. There's nothing **to** it. It's easier than riding a donkey.
>
> (William Saroyan, "Locomotive 38, the Ojibway")
>
> 車の運転など，なんてことはない。ちょちょいのちょいだ。ロバに乗るよりも簡単さ。

この意味の場合には there is を省略して Nothing to it!「簡単さ！」と言うこともあります。この (there is) nothing to it は次節のパターンの事例と考えることができます。

6. X が「やるべき特別なこと」

行為 Y にはコツがあるということを言うのに There is {a trick, an art, etc.} to Y という言い方がよく用いられます。ここでの {trick / art} は「何

かの達成のためにやるべき ｜特別な／技術のいる｜ 所作」の意味で，「コツ」と訳すと自然になることが多い名詞です。Y の部分には普通の名詞や代名詞に加えて動名詞が現れることも多いです。

> (23) [状況説明] 隣人の家でシャワーを借りている話し手がその家の住人に質問しています。
>
> Is there a trick **to** getting it to switch from tub to shower? *(The Big Bang Theory*, Season 1, Episode 1)
> バスタブからシャワーに切り替わらないんだけど，コツがいるの？

> (24) "There's an art **to** making hot whiskeys," he continued, as if he hadn't heard me [...]. (Eithne Shortall, *Grace After Henry*)
> 「ホットウイスキーを作るのにはコツがあってね」と彼はまるで私の声が聞こえなかったかのように話を続けた ［…］。

シャワーのモードを切り替える行為やホットウイスキーを作る行為の構成要素の中に，「達成のためにやるべき ｜特別な／技術のいる｜ 所作」が含まれている（かどうか）ということが問題になっているので，構成要素について語る there is X to Y の事例だと考えることができます。前の節の最後に問題になった「簡単さ，なんてことはない」の (there is) nothing to it も，it の達成のためにやるべき ｜特別な／技術のいる｜ 所作が nothing だと考えることができますので，この節のパターンの事例だと言えます。

7. X が more

7.1. There is more to Y than ...

　ここで超高頻度表現の登場です。それは there is more to Y than ... 「…ば

かりが Y ではない」です。ここでの more は名詞として働いており，there is X to Y 構文の X を埋めています。ただし，より正確には，X の中身は more 単体ではなく more + than ...です。文構造的には離れた位置にある than ... が実は意味的には more と結びついているのです[7]。直訳すると「Y の構成要素には…より多くのものがある」で，自然な日本語で言うと「…ばかりが Y ではない」にあたります。

(25) There's a lot more **to** racing than just winning. (映画 *Cars*)
ただ勝つだけがレースじゃないからね。

7.2. There is more to life than ...

特に高頻度なのが There is more to life than ... です。実例を見ましょう。

(26) There's more **to** life than living a long time, you know.

(Paul Auster, *Ghosts*)

人生ってのはただ長生きすりゃいいってもんじゃない。

(27) [...] maybe Aaron feels there's more **to** life than money. Maybe he wants to do something more rewarding?

(Hester Browne, *The Little Lady Agency*)

[…] もしかしたらアーロンはお金ばかりが人生じゃないって思ってるんじゃないかな。もしかしたらもっとやりがいのある仕事をしたいんじゃないかな。

(28) [...] I'm starting to think there might be more **to** life than amateur street-dancing competitions.

(*The Good Place*, Season 3, Episode 1)

> […] 俺, アマチュア・ストリート・ダンスの大会で勝つことばか
> リが人生じゃないような気がしてきたんだよね。

> (29) [...] you've helped me to see that there is more **to** life
> than just appearances. 　　　(*The Good Place*, Season 2, Episode 7)
> […] あなたのおかげで人生は見た目ばかりじゃないってわかって
> きた。

こうした例の頻度の高さから考えると, ここで life を使う英語母語話者が
いちいち there is more to Y than ... の Y に life を当てはめていると考えるの
は妥当ではないでしょう。もっと具体性の高い there is more to life than ...
という知識をそのまま利用していると考えるべきです。ただし, (25) に
ある通り Y に life 以外のものがくることもあるので, there is more to Y
than ... というやや抽象度の高い知識も英語母語話者は持っているはずで
す。抽象知識と具体知識の両立が重要だというのは本書で何度も強調して
いる通りです。

7.3. **There is more to it than that**

　there is more to Y than ... にはもう 1 つ高頻度のパターンがあります。そ
れは there is more to it than that「それだけではない, 話はそれで終わりで
はない」です (イントネーションは there is more TO it than THAT が最も
一般的で, 時々 there is MORE to it than THAT も聞きます)。このパター
ンを使いこなせるようになるには it と that の性質を深く理解しているこ
とが重要ですので, まずはそこから始めましょう。it と that を比べてみる
と, it の方が相対的長期記憶から, that の方が相対的短期記憶から情報を
取り出しているということが多いです (相対的 |長期／短期| 記憶という
のは変な言い方ですが, お許しください)。たとえば That explains it.「な

るほど，それでか」というよくある言い回しを分析してみると，that は直前に相手（聞き手）が言ったセリフを指し，it は話し手がそれよりも前から「どうしてだろう」と気になっていた事柄を指します。次の会話（作例）を考えてみましょう。

(30)　A:　You speak perfect French.

　　　B:　Well, I've lived in the States all my life, but my parents are French and we speak French at home.

　　　A:　Ah, **that** explains **it**.

　　　A：フランス語すごく上手ですね。

　　　B：実は生まれも育ちもアメリカですけど両親がフランス人なもので，家ではフランス語なんですよ。

　　　A：なるほど，それで。

最後の A さんの発話の that が指すのは，B さんの両親がフランス人で自宅ではフランス語を話しているという，直前に B さんが教えてくれた内容です。it が指すのは，もう少し前から気になっている「どうして B さんはこんなにフランス語が上手なんだろう」ということです。that の方が相対的短期記憶を参照し，it の方が相対的長期記憶を参照しています。

　他に，「違うんだ，そういうことじゃないんだ」の意味のよくある言い回しである {That's not it / It's not that} も同様に分析できます。たとえば以下の会話（作例）を考えてみましょう。

(31)　A:　How could you do this to me?

　　　B:　I'm sorry.

　　　A:　You don't love me anymore.

　　　B:　What? No, {**it**'s not **that** / **that**'s not **it**}.

A：どうして私をこんな目に…。

B：ごめん。

A：もう私のこと愛してないのね。

B：え，違うよ，そういうことじゃないんだ。

Bさんの発話のthatが指しているのは直前にAさんが言った「愛していない」ということです。itが指しているのはBさんがAさんを辛い目に遭わせた理由です。最終発話よりも前からこの2人の間で問題にされているものを指しています。やはり比べてみるとitの方が長期記憶的でthatの方が短期記憶的です。

　こうした考え方を踏まえて[8]，there is more to it than that「それだけではない，話はそれで終わりではない」の実例を見ていきましょう。3つ紹介します。1つずつ順に解説します。

---

(32) ［状況説明］HelenはDanの仕事を手伝うためにホープという辺鄙な土地に来ています。以下はDanがHelenに夕食を御馳走している場面です。

　"What are you [=Dan] grinning at?" she [=Helen] said.

　"Oh, I was just thinking."

　"What?"

　"Just that it's good to have you out here[9]."

　"Hey, I'll go anywhere for a free dinner." She could tell from the way he was looking at her that <u>there was more **to** it than that</u>. 　　　　(Nicholas Evans, *The Loop*)

　「何をにこにこしているの？」とヘレンは言った。

　「ん，考え事してただけだよ」

　「何を考えてたの？」

314

> 「いや普通に，こんなところまで出てきてくれて，嬉しいなって」
> 「そりゃあ，タダでご飯が食べれるならどこだって行くわよ。」彼女は，自分を見つめてくる目つきからして，どうやらそれだけではなさそうだとわかった。

最終文の that が指すのは，直前にダンが言った it's good to have you out here「こんなところまで出てきてくれて，嬉しい」です。it が指すのはもう少し前から問題になっている「ダンはなぜにこにこしているのか」です。ヘレンは彼の笑顔の理由には自分が助けにきたこと以外に何かあるはずだと思っているわけです（小説全体を読んでいればわかりますが，その「何か」とは恋愛感情のことです）。

　2つ目の実例は T.S. エリオットの劇の台本から取りました。

(33) ［状況説明］Edward は妻が理由も言わず突然出ていったことについてのモヤモヤを，知り合って間もないパーティー客に吐露しています。

Edward:　Nobody likes to be left with a mystery: it's
　　　　　so ... unfinished.
Unidentified Guest:
　　　　　Yes, it's unfinished; and nobody likes to be
　　　　　left with a mystery. But there's more **to** it than
　　　　　that. There's a loss of personality; or rather,
　　　　　you've lost touch with the person you thought
　　　　　you were. You no longer feel quite human.

(T. S. Eliot, *The Cocktail Party*)

エドワード：謎を残されるのなんて誰だって嫌でしょう。なんか
　　　　　　こう…中途半端な感じがして。

客：そうですね，中途半端な感じですね。そして確かに謎を残されるのは誰だって嫌ですね。しかし，それだけではないでしょう。人格が失われたような気がしませんか。もしくは，自分はこういう人なんだと思っていたその人との関係が絶たれてしまったような。自分は人間だという感じがあまりしなくなってくる。

問題の文の that は直前の「謎を残される中途半端な感じが嫌だ」という内容を，it は「妻が理由も言わず突然出ていったことのモヤモヤ」を指しています。やはり it の指示対象の方が that の指示対象よりも前から話に出ています。

最後の例は TV ドラマ『奥さまは魔女』から。

(34) [状況説明] Darrin は Wally に「Ling Ling と恋愛関係にはならない方がよい」とアドバイスをしました。

Wally:　Why would you say a thing like that?

Darrin:　Because she [= Ling Ling] ... she's just not right for you.

Wally:　Well, let *me* be the judge of that. Besides, you hardly know her.

Darrin:　Believe me, I know more about her than I can say right now.

Wally:　I don't care about her past. She's told me all about that. [...]

Darrin:　There's more **to** it than that.

(Bewitched, Season 1, Episode 21)

ウォーリー：　どうしてそんなこと言うんだ。

ダーリン：　　いや，だって…お前にあの女は合わないよ。

> ウォーリー： それは俺が決めることだ。それにダーリンはリンリンのことをほとんど知らないじゃないか。
>
> ダーリン： 信じてくれ，ここでは言えないほど色々なことを知っているんだ。
>
> ウォーリー： 彼女の過去なんてどうだっていい。本人がもう洗いざらい喋ってくれたよ。[…]
>
> ダーリン： それだけじゃないんだ。

最終発話の that はリンリンが色々よろしくない過去を持つ女性であるということを指し，it はウォーリーがリンリンと付き合うのをやめておいた方がよい理由を指します。ここでも that の方が相対的には短期記憶的，it の方が長期記憶的です。

こうした it と that の話を踏まえつつ，there is more to it than that「it の構成要素には that を超えたものがある」を理解してかつ覚えるようにしてください。

8. 他の用法との関係

本章で見てきた to の働き——つまり X が Y の構成要素であると示す働き——は，belong to ... の一部の用法における to の働きと似ていると考えることができます。たとえば Which country do these islands belong to?「これらの島々はどちらの国に属しているのか？」や These students belong to a wrestling team「この学生たちはレスリング・チームのメンバーです」では，島と国の間，特定の学生たちとチームの間に部分と全体の関係が成り立ちます。島がなくなったら国の領土が小さくなりますし，学生たちが辞めたらチームの規模が縮小します。この用法の belong to ...の to は本章で見た to と同じものと考えてよいでしょう。

一方で，Who does this purse belong to?「このハンドバッグは誰のです

317

か」では，ハンドバッグと持ち主の間に直接的な〈部分－全体〉関係は成り立ちません。ハンドバッグがなくなっても持ち主自身が小さくなったり内臓が減ったりしません。このように，持ち主を目的語に取る belong to ... の to は本章で見た to とまったく同じとは言いがたいものです。本節冒頭で「belong to ...の一部の用法」としたのはこのような用法を除外するためです[10]。

9. まとめ

　本章では，there is X to Y「Y の構成要素として X がある」の用法を見てきました。ここでの to の働きは，belong to ...の一部の用法に見られる to と同じと考えられますが，それを理解したところで there is X to Y を英語母語話者と同様に使えるようになるわけではありません。X にどのような種類の名詞がきやすいかという具体性の高い知識を蓄えることや，さらに具体的に there's a pattern to Y や there is {a / no} limit to {what / how much} ... can ... , there is more to life than ... , there is more to it than that などを覚えることが重要です。

　こんなパターンもあるし，こんなパターンも…と並んでいて嫌になった人もいると思います。しかし，嫌であっても，地道な記憶の努力が結局は欠かせないのです。記憶していなくても母語話者みたいになれるはずだと思う場合には，「side のパターンを覚えているだけで trick のパターンが予測可能か？」とか「truth のパターンを見たことがあれば side のパターンは自分で編み出せるか？」とかいった形で自問していただきたいと思います。そして，もし可能だと自答した場合には，自分で予測し編み出したその表現が英語として確実に自然であるはずだと確信を持って使うことができそうか，今一度よく考えてみてください。非常に具体性の高い個別のパターンや言い回しの知識があると，実際の英語の運用において強力な支えになってくれるということがわかっていただけるはずです。

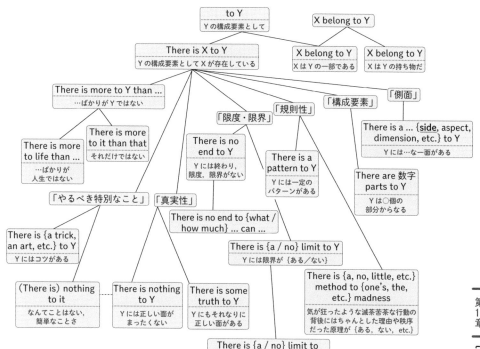

REVIEW

- 前置詞 to は there is X to Y「Y の構成要素として X がある」という構文で用いられることがある。
- X を埋めることが多い名詞のタイプとして「側面」「構成要素」「規則性」「コツ」「限界」や more などがあげられる。
- 覚えるべき言い回しとして，There is a pattern to Y や There is a trick to Y，There is no end to Y，There is more to life than ...などがある。
- belong to ...の一部の用法も関連している。

●注

1　There are two sides to every story「どんな話にも表と裏がある」というよくある言い回しを下敷きにした英文です。

2　schedule ... for yourself の for については第 10 章 3.3 節（→ pp. 198–199）をご参照ください。

3　be fresh out of X「X を出たばかり」はよくある言い回しです。焼きたてのパンなどオーブンから取り出されたばかりのホカホカの食べ物は be fresh out of the oven，高校を卒業したばかりの人は be fresh out of high school です。

4　as X as the next {person, guy, etc.} は熟語で，「普通の人と同じくらいには X，人並みの X」の意です。

5　同等比較が逆接の従属節を作るパターンです。今回の As vividly as he might recall them は，though を使って書き換えると Though he might recall them very vividly くらいになります。実例をいくつか加えておきます。

(i)　[状況説明] 眼鏡をかけると魅力的になる人もいるということを主張して言います。

As good as I look now, see how studlier I become.

　　　　　　　(*Full House*, Season 4, Episode 16)

今でも十分かっこいいけどな，見ろよ，もっとかっこよくなるだろ。

(ii)　And next time, Hermione, **as much as** I like your perfume, just don't wear any.

　　　　(映画 *Harry Potter and the Deathly Hallows: Part 1*)

ハーマイオニーさあ，その香水，良い香りだなって思うけど，今度からはつけないでくれよな。

(iii)　We're not supposed to say, **as much as** I'd like to tell you about it.　　(*Columbo*, Episode 50)

お教えしたいのは山々ですが，言ってはいけないことになっているので。

なお，同等比較により導入される従属節の動詞部分には，like や want，would like to など好みや願望の意味を表す動詞が現れやすいという特徴があります。

6　この BS は bullshit の略です。

7　「それだったら there is more than ... to Y って言ってくれよ，わかりにくいなあ，もう」と思う人もいるでしょうが，残念ながら there is more than ... to Y という語順になることは非常にまれです。長いものは後ろに回す傾向を持つ英語にとって more than ...という塊は to Y に比べて長すぎるように感じられる，ということなのかもしれません。

8　こうした考え方については高橋（2001）（→ p. 343 ㉗）という論文から学んだものであることを明記しておきます。

9　out here は第 1 章（→ pp. 26–44）の「位置の 2 段階指定」の例です。

10　「…の構成要素として」の to を含むパターンで本書で扱わなかったものには，[〈歌詞〉to〈曲〉] や [〈テーマ曲〉to〈番組〉] などがあります（e.g., I remember all the words to *Daddy, Brother, Lover, Little Boy*.）。

第17章

with

1. do X with Y 型表現

　英語には do X with Y という形を取った表現が何パターンかあります（ここでの do は本動詞）。その中には，with の有名な意味（たとえば〈道具〉の意味）だけ覚えていれば正確に解釈できたり使いこなせたりするものもありますが，よくある言い回しとして覚えるべきものも多いです。do X with Y は，大して難しい単語も出てこないうえにわかった気になりやすい場面・文脈で使われるためか，注目するべき塊として取り出して論じられることが少ないようです。本章で整理してみましょう。

2.「（…と一緒にいるときに）その…に対して」

　これはホッとするパターンだと思います。第3章2節(→ pp. 70–74) で見た with の意味を知っていれば，正しく解釈できるし自分で使うこともできるであろうパターンだからです。実例を見ましょう。たとえば(1)では「me がいるときにその me に対して」と解釈されます。

(1)　[状況説明] Sheldon が Howard の手品を疑っています。

Hang on. This time, <u>do it **with** me</u> so I can make sure there's no monkey business.

(The Big Bang Theory, Season 4, Episode 18)

待って。いかさまではないことを確かめたいから，今回は同じ手品を僕を相手にやってくれ。

(2)　[状況説明] 広告会社に勤める Darrin と Larry は，取引先の Mr. Hotchkiss が考えた食洗機のキャッチコピー（第 10 章 (32)（→p. 204）参照）を，Mr. Hotchkiss の目の前で馬鹿にします。それを見た Darrin の妻が慌ててフォローに入ります。

Darrin, Larry, don't tease Mr. Hotchkiss. They always <u>do this **with** a new client</u>.　(Bewitched, Season 2, Episode 14)

ダーリン！　ラリー！　ホチキスさんをからかっちゃダメよ。まったくこの人たちったら，新しいクライアントを前にするといつもこういうことをしたがるんですのよ。

(3)　[...] I noticed Julian staring at me out of the corner of his eye. This is <u>something</u> I see people <u>do a lot **with** me</u>.

(R. J. Palacio, Wonder)

[…] 僕はジュリアンに横目でじろじろと見られていることに気が付いた。色んな人によくやられることだ。

　(1)–(3) の do X with Y の Y に来る人間が問題児やトラブルメーカーである場合には，その Y が引き起こす問題に対処するという含みが自然と生じます。「問題児・トラブルメーカーがいるときにその人に対して何をするべきか」というのは「その人が引き起こす問題にどのように対処する

べきか」という意味ですよね。問題児対処タイプはそれなりに頻度が高いのでよくある言い回しとして覚えておいてもよいと思います。それでは実例です。

---

(4) ［状況説明］ブログ記事のタイトルです。

<u>What</u> can you <u>do</u> **with** misbehaving kids that have no R.E.S.P.E.C.T. (https://blog.dc4k.org/archives/3480)

相手をこれっぽっちも敬わない礼儀知らずの子どもへの対処法

---

(5) ［状況説明］若手映画監督の Alex が早く新作を仕上げるよう映画プロデューサーに急かされています。そのプロデューサー自身，役員会から Alex を急かすように圧力をかけられているようです。Alex はプロデューサーに次のように言います。

Just tell them [= the board] I'm obstinate. [...] That way, uh, they can't do anything. Just, just say, say you can't <u>do anything</u> **with** <u>me</u>. (*Columbo*, Episode 47)

役員会の連中には「あいつはどうも頑固者で」とか言えばいいじゃないですか。［…］そうすればあっちだって何もできないでしょう。もうね，「アレックスには何を言っても無駄だ」とか言っちゃえばいいんですよ。

---

(4) のタイトルは「misbehaving kids that ... を前にして（相手にして）どのようなことができるか」ということで，有効な対処法を示してくれるブログ記事であることがわかります。(5) では me（Alex）が役員会にとっての「問題児」に該当し，その問題への対処法はないということを言っています（なお，3 節で言及しますが，(4) (5) は問題児対処タイプ以外の用法に分類することも可能です）。

3. 「Y を {状態変化／位置変化} させるような行為として X をする」

do X with Y の実例の中で特に頻度が高いのが「Y を {状態変化／位置変化} させるような行為として X をする」というパターンです。X がwhat になることが（いつもとは言えませんが）非常に多いです。自然な日本語に訳そうとすると「Y をどのようにするか」（状態変化），「Y をどこにやるか」（位置変化），「Y をどうするか」（状態変化 and / or 位置変化）といった表現が出てくることが多いです。

3.1. 状態変化とも位置変化とも解釈できるパターン

まず，状態変化解釈と位置変化解釈の両方が同時に生きているケースを見ます。具体的に実例を見ていきましょう。和訳は，両方に解釈しやすいように「Y をどうするか」を土台にして作るとよいです[1]。

(6) ［状況説明］Betty は Darrin の秘書です。

Darrin: [...] the next time you remove pages from my calendar, don't throw them away.

Betty: What should I <u>do</u> **with** them?

Darrin: Use them. 　　　　　　　（*Bewitched*, Season 4, Episode 5）

ダーリン：［…］今度カレンダーのページを切り取ったら，捨てないでおくれ。

ベティー：どうしたらよろしいですか。

ダーリン：使ってくれ。

(7) ［状況説明］語り手（少年）は大雪が降ったあとの朝の光景に驚き，興奮しています。以下はその光景の中に友人2人の姿を認めた場面です。

Earmuffs up and cap-peaks pulled low, they both held snowballs in their hands,[2] as if they did not know <u>what</u> to <u>do</u> **with** <u>them</u>.　　　　　(Steven Millhauser, "Snowmen")

耳覆いを引っぱり上げ，帽子のつばを押し下げて，両手に雪の玉を抱えている。二人ともまるで，それをどうしたらいいのかわからずにいるみたいだ。　　　　　　　　　　　　　（柴田元幸（訳）「雪人間」）

(8)　［状況説明］刑事 Columbo が推理ショーで犯人を追い詰める場面です。

You know, I've been watching people to see <u>what</u> they <u>do</u> **with** <u>umbrellas</u> when they come in out of the rain.

(*Columbo*, Episode 13)

雨の中歩いてきて屋内に入るとき，人は傘をどうするのかと思って観察してました。

(9)　It's your money. You can <u>do whatever you please</u> **with** <u>it</u>.　　　　　　　(*Columbo*, Episode 59)

あなたのお金です。お好きなようにしてください。

第17章　with

(6) でベティーが言っているのは「切り取ったページを道具として使って何をしたらよいですか」ということではありません。正しくは「切り取ったページは切り取ったあとどこにやったらよいですか」とページの移動先を聞いているのに加えて，「きれいに折りたたんだりするべきですか」のようにページの状態変化についての質問もしていると考えられます。同じことが (7) にも言えます。(7) では雪の玉を遠くに投げるのがよいか，足元にそっと置くのがよいかといった位置変化や，雪の玉をグシャッとつぶすのがよいかといった状態変化が疑問の対象となっています。(8) でも，

傘を折りたたむのかとか水滴がない状態になるまで拭くのかとかいった状態変化と，どこに置くのかという位置変化の両方が観察の対象になっていると考えるのが妥当でしょう。(9) も，持っているお金をどこにやってしまってもよいし（位置変化），煮るなり焼くなりしたってよい（状態変化）と言っているわけです[3]。

3.2. 状態変化のみのパターン

　ここまでは状態変化と位置変化の両方の解釈が生きている例を見てきましたが，状態変化の解釈のみが可能な場合もあります。和訳で言うと「Yをどこにやるか」よりも「Yをどのようにするか」がぴったりくるケースということです。たとえば (10) の話し手は，my hair を素敵な見た目にするという状態変化を引き起こすべく特別なことがしたい，ということを言っています。

(10) I have the perfect dress, but I want to do something really special **with** my hair.　(*Full House*, Season 7, Episode 9)
オペラにぴったりのドレス持ってるんだ。だけど髪は何かもっと特別な感じにしたいな。

状態変化だけを言うパターンで高頻度なもののうちの1つが，他人の部屋に初めて入って家具の配置などを褒めて言う［I {like/love} what {you, she, etc.} {have / has} done with 部屋］というパターンです。

(11) Well, I love what you've done **with** the place.
(*Full House*, Season 5, Episode 3)
素敵な装飾だねえ。

(12) I love <u>what</u> you've <u>done</u> **with** your new room.

(*Full House*, Season 5, Episode 4)

新しい部屋の内装すごい良い感じじゃん。

(13) Not bad. I like <u>what</u> she's <u>done</u> **with** the place.

(映画 *Aladdin*（実写版）)

悪くないねえ。王女の部屋，センスあるじゃん。

ここでは部屋の状態変化が問題になっています。話し手は，装飾などの行為によって部屋が到達した状態を「素敵な状態だ」と褒めているわけです。このパターンはとても頻度が高く日常的に耳に入ってくるものなので，母語話者がこの表現を使うときには do X with Y よりもはるかに具体性の高い〔I {like/love} what {you, she, etc.} {have / has} done with 部屋〕という言い回しの知識を利用している可能性が高いと思います。

　以下の(14)–(16)にある do X with one's life もよくある言い回しです。これも，(11)–(13)の「部屋」の部分が「人生」に変わったものと考えれば，状態変化タイプとして分析することができます。(11)–(13)では「部屋をどのようにするか」が語られていたのに対して今回は「人生をどのようなものにするか」が語られているのだと考えましょう[4]。

(14) "You're a nice-looking kid," the judge had said, "too nice for prison. <u>What</u> do you want to <u>do</u> **with** your life?"

(Stuart Dybek, "Hot Ice")

「お前は真面目そうな若者だ」と裁判長は言った。「そういう若者を刑務所に入れるのは，私としても忍びない。今後お前はどういう人生を歩むつもりかね？」

(柴田元幸（訳）「熱い氷」)

第17章 | with

(15)　[状況説明] Holtzmann が Kevin に対して採用面接をしています。

Holtzmann:　<u>What</u> have you been <u>doing</u> **with** <u>your</u> <u>whole life</u>?

Kevin:　　　Oh, well, um, lots of different jobs.

(映画 *Ghostbusters*（2016年版）)

ホルツマン：これまでずっと，どんなことをして生きてきたんですか？

ケビン：　　そうですね，すごい色んな仕事してきました。

---

(16)　In bed one night, staring at the dark ceiling, Joel said he wanted to <u>do something worthwhile</u> **with** his life.

(Nicholas Evans, *The Loop*)

ある日の夜，ジョエルはベッドに横になって暗い天井を見つめながら「何か意味のあることを成し遂げたって言える人生にしたいなあ」と言った。

この do X with one's life という表現は，巨視的に（マクロに）見た「生き方」について語るのに用いられます。特に，長期に渡って従事する仕事や社会貢献などに関する文脈や，長い時間をかけて成し遂げる目標について説明する場面で好んで使われます。X の部分には what や something, anything が現れやすいです。

　実は，2節で問題児対処タイプとして分析した(4)(5)も，よく考えてみると状態変化タイプとして分析することも可能です。(4)のブログは礼儀知らずな子どもをちゃんとした子どもに変化させるための方法を紹介するブログ記事ですし，(5)のアレックスは自分を能率良く働く人間に変えようとしても無駄だということを言っているわけですから。和訳の上でも，(4)を例に取れば，土台となる訳として「礼儀知らずな子どもを相手

にどう対処したらよいか」と「礼儀知らずな子どもをどのようにしたらよいか」の2通りが可能でしょう。どちらも，子どもの態度を改善させようとしているということが伝わる土台訳になっていると思います。

3.3. 位置変化のみのパターン

さて，今度は状態変化と位置変化のうち位置変化の解釈のみが可能な場合を見ましょう。和訳で言うと「Y をどのようにするか」よりも「Y をどこにやるか」がぴったりくるケースということです。以下の2例では，そこに｜いる／ある｜はずの {that old lady / his clothes} がそこではないどこかへ行ってしまって，消失しています。

---

(17) ［状況説明］老婆がいるはずの独房に男性が入っているのを見て，看守が言うセリフです。

What did you do **with** that old lady?

(*Bewitched*, Season 2, Episode 6)

あんた，あのおばあさんをどこへやった？

---

(18) ［状況説明］ウサギの Peter が大冒険の末に巣穴に戻ってきた場面です。

He [= Peter] was so tired that he flopped down upon the nice soft sand on the floor of the rabbit-hole, and shut his eyes. His mother was busy cooking; she wondered what he had done **with** his clothes. It was the second little jacket and pair of shoes that Peter had lost in a fortnight! (Beatrix Potter, *The Tale of Peter Rabbit*)

すっかり疲れ果ててしまったピーターは，うさぎ穴の床の上に敷かれた柔らかい砂の上にバタッと倒れ，目を閉じました。お母さんはせわしなく料理をしながら思いました。ピーターは服をどこにやっ

てきたのだろう？　まったく，2 週間のうちに上着と靴を 2 回も
なくすなんて！

このパターンに関して面白いのは，次のような「キャラ違いツッコミ用
法」とでも呼ぶべき用法が慣習化していることです。Who are you and
what {have you done / did you do} with Y? という形を取ります。

(19)　[状況説明] 優等生タイプの Hermione が校則を破るのが楽しいと
　　　言い出したので，親友 Ron が次のように言います。
　　　**Who are you and what have you done with Hermione
　　　Granger?**　　　　　　　（映画 *Harry Potter and the Order of the Phoenix*）
　　　お前は何者だ。ハーマイオニー・グレンジャーをどこへやった。

(20)　[状況説明] ロックンローラーの Jesse が柄にもなく真面目な本を
　　　抱えているので，親友 Joey が次のように言います。
　　　Who are you and what did you do with Jesse?
　　　　　　　　　　　　　　　　　　（*Full House*, Season 3, Episode 13）
　　　さてはお前偽物だな。ジェシーをどこへやった。

ここでの話し手の発話目的は，{Hermione Granger / Jesse} が柄にもない
言動をしていることを面白おかしく指摘すること（キャラ違いな言動に
ツッコミを入れること）です。その目的のために，本来自分の目の前にい
るはずの {Hermione Granger / Jesse} がどこか別の位置に移動させられて
（誘拐？）自分の前から消失しているかのように演じてみせる。そういう
語り方が慣習化しているわけです。
　本節では，do X with Y の Y に状態や位置の変化が起こっているケース
を見てきました。次の節では，Y がどんな状態・位置になるのかに意味の

焦点を置かず，Y に対して働きかける行為の方に焦点を置くと do X <u>to</u> Y が好まれるということを指摘します。

4. do X with Y と do X to Y の比較

3節の最後に述べたように，結果的に Y に生じる状態や位置の変化よりも，Y に働きかける行為プロセスの方にスポットライトを当てたい場合には with ではなく to を選びます。たとえば (21) では，同じドラマの同じエピソードの中の同じ話し手が，状況に応じて with と to を使い分けています。

---

(21) a. ［状況説明］Gladys は，甥っ子の Tommy が宙に浮くなど不思議な能力を発揮し始めたことに仰天して，これは魔女の Samantha の仕業に違いないと思い，Samantha に言います。

What have you <u>done</u> **to** <u>my Tommy</u>?
私のトミーちゃんに何をしたの？

b. ［状況説明］今度はその Tommy を Samantha に連れ去られたと思った Gladys が Samantha に言います。

Where is he? <u>What</u> have you <u>done</u> **with** him?
どこ？　トミーをどこにやったの？

c. ［状況説明］自分の目の前にいるヤギを，Samantha によって変身させられた Tommy だと思った Gladys が悲しみながら言います。

<u>What</u> have they <u>done</u> **to** <u>you</u>? They turned you into a goat.
一体何をされたの？　こんなヤギなんかにされてしまって。

（以上，*Bewitched*, Season 4, Episode 8）

グラディスが質問しているのは，(21a) と (21c) ではトミーの結果状態が
どういう状態なのかではなく（特に (21c) ではわかりきっていますから
ね…ヤギ状態です），サマンサがどんな働きかけをしたのかです。一方，
(21b) ではトミーがどこにいってしまったのか，つまり位置変化の結果状
態が Gladys の疑問の焦点になっています。こうした意味の違いに応じて
do X to Y と do X with Y が使い分けられていると考えられます。

　この章は with の章ですが，to のパターンで非常に高頻度なものを 1 つ
だけ紹介させてください。それは How {can / could} {you, he, etc.} do this
to me?「どうして私にこんなことを」です。do にストレスを置いて読む
のが普通です。

---

(22) [状況説明] Sheldon にとって愛着が湧き始めた鳥のアオカケス
　　　(blue jay) が窓から逃げてしまいました。

Sheldon:　He's gone.

Amy:　　　I'm sorry, Sheldon.

Sheldon:　How could he <u>do this **to** me</u>?

　　　　　　　　　　　　　　　　　(*The Big Bang Theory*, Season 5, Episode 9)

シェルドン：行っちゃった。

エイミー：　残念ね，シェルドン。

シェルドン：あの子，一体どうして僕にこんなことを。

---

(23) [状況説明] Mr. Bear は Stephanie が大事にしていたぬいぐるみ
　　　の名前です。

Stephanie:　You gave away Mr. Bear? Officer, arrest
　　　　　　 this man.

Joey:　　　 Steph, I'm really sorry.

Stephanie:　How could you <u>do this **to** me</u>?

　　　　　　　　　　　　　　　　　(*Full House*, Season 2, Episode 18)

> ステファニー：クマ太郎をチャリティーに出しちゃった？　おまわ
> 　　　　　　　りさん，こいつ逮捕してください。
> ジョーイ：　　ステフ，悪かったよ，本当に。
> ステファニー：なんで私をこんな目に遭わせるの？

---

(24) [状況説明] おもちゃの Woody が，持ち主の元に帰る意思を表明
　　しました。これはおもちゃ友だちの Jessie たちにとっては裏切り
　　を意味するので，Jessie が次のように言います。

How can you <u>do this **to us**</u>?　　　　　　　(映画 *Toy Story 2*)
どうしてそんな，私たちを悲しませるような決断を。

自分（たち）に向けられたひどい仕打ちについて「どうしてこんなひどい
ことを」と怒りや悲しみを込めて言うのに用いられるよくある言い回しで
す。この do X to Y でもやはり働きかける行為プロセスにスポットライト
が当たっています。

5. まとめ

　本章では do X with Y という形を取った表現にいくつかのパターンがあ
ることを見ました。「…がいるところで → …相手に」現象のパターンもあ
りますが，特に頻度が高いのは「Y を ｛状態変化／位置変化｝ させるよう
な行為として X をする」のパターンです。このパターンは with が他のと
ころで持っている意味・用法から自力で編み出せるものではありませんの
で，しっかり覚えておく必要があります。X に what が来やすいという事
実や，内装を褒める [I {like/love} what {you, she, etc.} {have / has} done
with 部屋]，生き方についてマクロに語る do X with one's life，キャラ違
いツッコミ用法の Who are you and what {have you done / did you do} with
Y? などを覚えておくとこの構文を使いこなしやすくなるでしょう[5]。

REVIEW

- do X with Y のパターン①は「…がいるときにその…に対して」の with を含み「Y 相手に X をする」という意味を表す。Y がトラブルメーカーである場合に関しては問題児対処タイプとして覚えておくとよい。

- do X with Y のパターン②は「Y を｛状態変化／位置変化｝させるような行為として X をする」という意味を表す。自然に訳すと「Y をどのようにするか」や「Y をどこにやった」が出てくることが多い。X にはよく what が用いられる。内装を褒める [I {like/love} what {you, she, etc.} {have / has} done with 部屋]，生き方について語る do X with one's life，キャラ違いツッコミ用法の Who are you and what {have you done / did you do} with Y? などの具体的な言い回しがある。

●注

1 訳の「土台」という発想については第 3 章注 1（→ p. 80）をご参照ください。

2 hold X in one's hand(s) はよくある言い回しです。

3 (9)は道具の with の用例として分類することも可能です。「it（= your money）を道具として使って好きなことをしていいですよ」という解釈です。

4 この do X with one's life は道具の with の用例として分類することも可能です。「人生を道具として使って X をする」という解釈です。

　注 3 と 4 から，道具解釈しかできない do X with Y の用法はないのかと気になったかもしれません。そのような例も作ろうと思えば作れます。

　　Child: Mommy, I want a knife.

　　Mother: A knife? Why? What are you going to <u>do</u> **with a** knife?

　子ども：ママ，僕，ナイフがほしい。

　母親：ナイフ？　なんで？　ナイフなんか使って何するの？

しかし do X with Y の実例の中でこのような例が占める割合は高くありません。

5 本章で扱っていないパターンに WXDY 構文の Y が with 句になったものがあります。WXDY 構文は「X が Y である」という眼前の状況に対する驚きや苛立ちを What is X doing Y? で表す構文です（do の「する」の意味は大なり小なり希薄化）。たとえば What are $_{(X)}$ <u>you</u> doing, $_{(Y)}$ <u>going through my mail</u>? は「なに俺の郵便物を漁ってるんだ」の意です。この Y 部分を with 句にすることが可能で，たとえばあなたの知らない人が突然あなたの日記を鞄から取り出すのを見たら，What are $_{(X)}$ <u>you</u> doing $_{(Y)}$ <u>with my diary</u>?「どうして私の日記なんて持ってるんだ」と言えます。do の「する」の意味が希薄化しているこうしたパターンは本章では扱いませんでした。

語を知っていることと
人を知っていること

　唐突ですが，知り合いを 1 人思い浮かべてください。誰でも構いません。家族，親友，恋人，潜在的恋人…決まりましたか？　そうしたら次は，その人がどういう人かを誰かに説明しなければいけないと仮定して，言葉にしてみてください。結構大変だと思いますが，できる限り頑張ってみてください。

　…ご協力ありがとうございました。それでは続けます。これから 2 つの論点を見ていきます。①と②とします。

　まず論点①です。この作業をするにあたって，具体的な過去の記憶を色々と呼び起こしたのではないでしょうか。最近のことから昔のことまで色々と。日頃はこうこうだとか，あのときこんなことを言ったやつだとか，これこれのタイミングでこんなことをした人だとか。その記憶は正しくないかもしれません。でも，具体的な事例を —— それも複数の事例を —— 思い浮かべることができたのではないかと思います。

　次に論点②です。皆さんが答えとして用意した説明文を誰かに読んでもらったとして，その読み手は皆さんの知人のことを理解したり知ったりしたことになるでしょうか。もちろん，皆さんの説明文を理解したことにはなるでしょうし，その意味においてはその知人のことを知っていることにもなるでしょう。しかし，その知人自身を理解し，知ったことにはならないという

感じがするはずです。その人自身を知っていると言えるためには，その人と
たくさん触れ合わなければいけないでしょう。

　さて，ここで人ではなく英語の単語のことを考えてみましょう。ある英単
語 —— たとえば前置詞 by —— に注目して，この単語がどういう意味かを人
に説明しようと思って言語化を試みるとします。すると，これまで by の実
例・実態に大量に触れてきた人であれば，たとえばこういう場面でかくかく
しかじかの内容を言いたいときにこれこれの単語と一緒に使われて…とか
いった風に具体的な使用状況が色々と頭に浮かびます。①と同じようなこと
が起こるわけです。そして②と似たことも起きます。つまり，頑張って by
の意味を言語化して説明文を作ったところで，その説明文を読む読み手は，
その説明文を理解したことにはなるけれども by それ自体を理解したことに
はならないという感じがする，ということです。by を知っていると言える
ためには by の実際の使用にたくさん触れないといけない。

　英語の先生は単語について意味を説明します。その説明を基準にして，あ
の先生はわかりやすいとかわかりにくいとかいった評判が生じます。しか
し，たとえ極めてわかりやすい説明で，生徒さん・学生さんにとって「おお
お，なるほど！」と感動するような説明であっても，その生徒さん・学生さ
んが理解したのはその語に関する先生の説明であって，その語自体ではない
のです。

　こう言うと，まるで英語の先生の存在意義なんてないと言っているかのよ
うに感じられるかもしれません。私自身，大学で英語を教えているので，まる
るで自分の存在意義を否定するようなことを言っていると思われるかもしれ
ません。ここで，論点③を放り込みたいと思います。

　論点③は，新しい人との出会いという観点です。皆さんは，街でまったく
知らない人に声をかけて，知り合おうとしたことがあるでしょうか。私はし
たことがないのですが，想像してみると，ものすごく怖いです。たとえ相手

• •

が凶悪犯とか悪党とかじゃないにしても，怖いです。でも，同じく初めて会う人であっても，知人を通して「こういう人だよ」ということをちょっとでも教えてもらっていると，その出会いの不安感は大幅に減少します。この相手のことをもっと知ってみたいという気持ちも少し増すような気もします。

　私が思うに英語教師の大きな役目の1つはここにあります。何が何だかまったくわからない単語に溢れた実例にいきなり触れさせるのではなく，「大体こんな感じの語だよ」ということを前もって知らせておくことによって，実例との触れ合いの不安や負担を少し減らしてあげるということです。とても大きな役目ではないでしょうか？　私としては，英語教師が英語の実態を具体的に知っている（少なくともそれを目指して毎日英語の実例に触れ続けてはいる）ならば，教室で単語の意味を言語化して説明しようとする姿勢それ自体を否定・非難する理由はないように思うのです。

• •

本書で引用した文献

　一般向けに書かれた文章から言語研究者をメインの対象読者とする学術論文まで様々なものを挙げています。本書の内容と特に密接に関連する文献についてはコメントを付してありますので，そのコメントを参考にしながらご自分の興味・関心に合わせて文献を参照し，さらに理解を深めていただければと思います。

　専門的な文章を読む習慣がない方は，一般向けに書かれたものだけを手にとってみるというのもよいかとは思いますが，日頃読まないタイプの文章に触れてみて，「へえ，こんな世界があるんだ！」と知るのもそんなに悪くないのではないかと思います。そもそも本を読む楽しみの 1 つは他者を知ること，自分から見て「外」である世界に触れることであり，そして「外」にいる他者との出会いは，場合によっては馴染みにくい語りや容易には飲み込めない思考との出会いをも含みます。要するに「わかりにくい」と思ってしまう場合もあるわけです。それでも，いつも読んでいる文章とは違った文章に触れた経験，お馴染みの場所から「外」に出てみた経験によって人生が悪化したなどということはないはずです。むしろ，ほんの少しだけ視野が広がった，と考えてみてはどうでしょうか。もちろん，お金を払って書籍を買うとなるとそうも言っていられないかもしれませんが，図書館だってありますし，今はインターネットで無料で読める論文も増えてきています。言語の習得がちょっとした知識の無限の積み重ねである（→ p. 185）ように，もっと広い意味での知性や視野というものも，ここで述べたようなちょっとした「他者との出会い」の無限の積み重ねなのではないかと思います。

① Benom, Carey (2015) The Correctness Fallacy and Lexical Semantics. 『九州大学言語学論集』35: 137-172. https://doi.org/10.15017/1518718

前置詞 through について優れた研究を発表し続けている言語学者による無料ダウンロード可能な学術論文です。前置詞の例を見て「この例はこの用法」のように1つの用法に分類して満足するような姿勢は危険であるなど，過度に単純化した前置詞研究に警鐘を鳴らしています。

②平沢慎也（2019a）『前置詞 by の意味を知っているとは何を知っていることなのか─多義論から多使用論へ─』東京：くろしお出版.

コラム「語を知っていることと人を知っていること」（→ pp. 335–337）で提示したような考え方を，前置詞 by を相手に実践した本です。『実例が語る前置詞』とは違って学術書ですので，論証のプロセスに力を入れています。また，本書が依拠している「使用基盤モデル」についての詳しい紹介が含まれています。

③平沢慎也（2019b）「about は「について」か」『東京大学言語学論集』41: 71-102. https://doi.org/10.15083/00078581

前置詞 about を「について」と訳して自然なときとそうでないときの違いは何か，どういう場合であれば about を使うことができるのかといった問題について，中級以上の英語学習者向けに書いた無料ダウンロード可能な文章です。

④平沢慎也（2021）「along the way の意味・用法の記述─ on the way との比較から─」『東京大学言語学論集』43: 45-68. https://doi.org/10.15083/0002002765

along the way というよくある言い回しを英語母語話者と同じように使えるようになるためには along the way よりもさらに大きな言い回し（たとえば somewhere along the way など）を覚える必要があるということを主張した無料ダウンロード可能な文章です。想定読者は中級以上の英語学習者です。

⑤平沢慎也（2022a）「えんえんと喋る V on about NP 構文─活躍する「響き」の記憶─」『認知言語学の未来に向けて─辻幸夫教授退職記念論文集─』75-85. 東京：開拓社.

くろしお出版主催のオンライン講演会「実例とのたわむれかた─英語の前置詞を中心に」（2021年6月19日）の内容の一部を文章化したものです。対象読者は中級以上の英語学習者です。本書で取り上げた［無駄話［æ］動詞1語＋ away］と似て非なる［無駄話［æ］動詞＋ on ＋ about ...］という構文について詳しく分析しています。

⑥平沢慎也（2022b）「英語の前置詞 on と「関係の断絶による迷惑」」『教養論叢』143: 105-138. https://researchmap.jp/shiraresearch/published_papers/36518310

くろしお出版主催のオンライン講演会「実例とのたわむれかた―英語の前置詞を中心に」（2021 年 6 月 19 日）の内容の一部を文章化したものです。対象読者は中級以上の英語学習者です。後半はいわゆる「迷惑の on」について分析していますが，前半に（本書とはまた違った切り口での）使用基盤モデルの概説を書いています。

⑦本多啓（2017）「クジラの公式の謎を解く」『神戸外大論叢』67(3): 59-88. http://id.nii.ac.jp/1085/00002149/

私の知る限り，クジラ構文（A is no more B than C is D）の意味・用法を最も広く記述し，そのメカニズムを最も正確に論じた文章です。言語学の知識がなくても十分に理解できるように書かれています。無料でダウンロードできるのも嬉しいですね。ちなみに，本書では言及していませんが，同著者による be going to についての文章もおすすめです。こちらも無料でダウンロードできます（http://id.nii.ac.jp/1085/00001855/）。

⑧マケーレブ，ジャン・安田一郎（1983）『アメリカ口語辞典』東京：朝日出版社.

「よくある言い回し」（熟語含む）を学習するのに非常に役立つ辞典です。妙な理屈のこじつけをせずに，「この表現は普通どう使うのか」という観点から事実に即した記述を提示してくれています。残念ながら（本書 2 刷刊行 2024 年）現在絶版となっています。古書店などで見かけたら購入しておいて損はありません。

⑨松本曜（1997）「空間移動の言語表現とその拡張」中右実（編）『空間と移動の表現』125-230. 東京：研究社.

第 4 章「経路にまつわるあれこれ」（→ pp. 81–103）の理解を深めてくれる学術論文です。

⑩野中大輔（2019）「打撃・接触を表す身体部位所有者上昇構文における前置詞の選択― hit を中心に―」森雄一・西村義樹・長谷川明香（編）『認知言語学を紡ぐ』183-201. 東京：くろしお出版.

第 2 章「hit him on the head 型の表現」の 6 節（→ pp. 54–57）で詳しく紹介した論文です。学術論文ではありますが，本書の解説で概要を掴んだ上でお読みいただければ，十分に理解できるだけでなく，hit him on the head のような高校で習う表現が見せる奥深さに感動するはずです。

⑪ Taylor, John R. (2012) *The mental corpus: How language is represented in the mind*. Oxford: Oxford University Press. 西村義樹・平沢慎也・長谷川明香・大堀壽夫（編訳）（2017）『メンタル・コーパス―母語話者の頭の中には何があるのか―』東京：くろしお出版.

母語話者が言語経験からいかに大量の細かい知識を脳内に蓄えているかを実証した学術書です。ぜひ日本でも広まってほしい考え方だと思ったので，翻訳することを提案し，他の先生方に協力をいただきつつ出版にこぎつけました。巻末の訳者解題では英語教育との関連も論じています。

その他の文献

⑫Benom, Carey (2007) *An empirical study of English* through*: Lexical semantics, polysemy, and the correctness fallacy*. Doctoral dissertation, University of Oregon.

⑬Benom, Carey (2014) English *through* and the gradience of force dynamics. *International Journal of Cognitive Linguistics* 5(1): 29-51.

⑭Dixon, R. M. W. (2005) *A semantic approach to English grammar*. Oxford: Oxford University Press.

⑮Goldberg, Adele E. (2019) *Explain me this: Creativity, competition, and the partial productivity of constructions*. Princeton and Oxford: Princeton University Press.

⑯井上永幸・赤野一郎（編）（2018）『ウィズダム英和辞典　第4版』東京：三省堂.

⑰Jackendoff, Ray (1997) Twistin' the Night Away. *Language* 73. 534-559.

⑱ Jackendoff, Ray (2008) Construction after construction and its theoretical challenges. *Language* 84. 8-28.

⑲國廣哲彌（1978）「日英両語比較研究の現状」『現代の英語教育 8：日英語の比較』1-38. 東京：研究社.

⑳久野暲・高見健一（2013）『謎解きの英文法―省略と倒置―』東京：くろしお出版.

㉑ Langacker, Ronald W. (1988) A usage-based model. In Brygida Rudzka-Ostyn (ed.), *Topics in cognitive linguistics* (Current Issues in Linguistic Theory 50), 127–161. Amsterdam: Benjamins.

㉒ Langacker, Ronald W. (1998) On subjectification and grammaticization. In Jean-Pierre Koenig (ed.), *Discourse and cognition: Bridging the gap*, 71–89. Stanford: CSLI Pub- lications.

㉓野中大輔（2017a）「非交替動詞が交替するとき―類推と文脈から見る構文の生産性―」*Human Linguistics Review* 2: 47–63.

㉔野中大輔（2017b）「調味料をかけることを表す日本語の動詞と場所格交替―現代日本語書き言葉均衡コーパスを用いて―」『東京大学言語学論集』38: 177–195.

㉕織田稔（2002）『英語冠詞の世界―英語の「もの」の見方と示し方―』東京：研究社.

㉖Scott-Phillips, Thom (2015) *Speaking our minds: Why human communication is different, and how language evolved to make it special*. London: Palgrave Macmillan. 畔上耕介・石塚政行・田中太一・中澤恒子・西村義樹・山泉実（訳）（2021）『なぜヒトだけが言葉を話せるのか―コミュニケーションから探る言語の起源と進化―』東京：東京大学出版会.

㉗高橋英光（2001）「談話と指示語の理解―英語の it と that をめぐって―」『認知言語学論文集』1: 170–185.

㉘友澤宏隆（2004）「行為解説の進行形の認知的分析」『言語文化』41: 81–94. (http://hdl.handle.net/10086/15498)

コーパス

Davies, Mark. (2008-) *The Corpus of Contemporary American English (COCA)*. Available online at https://www.english-corpora.org/coca/.

Davies, Mark. (2004) *British National Corpus* (from Oxford University Press). Available online at https://www.english-corpora.org/bnc/.

あとがき

　本書の目的は，すべての前置詞を扱うことでも，特定の前置詞の全体像を示すことでもなく，前置詞学習のヒントとなるような盲点的な言語事実を指摘したり，前置詞との健全な向き合い方がどのようなものかを示したりすることでした。中でも一番のポイントは，抽象知識だけを覚えても母語話者が使うような表現を自分で使えるようにはならないということでした。

　たとえば of という前置詞に「…から」という分離・起点の意味があるという抽象知識だけを持っていても，within minutes of ...「…から数分としないうちに」のような言い方を自分で編みだすことはほぼ不可能で，結局は within minutes of ... などの具体的な表現に触れて，それを覚えるというプロセスが必要になります。前置詞 to に部分－全体関係を導く用法があるという抽象知識を持っているだけでは，「人生は…ばかりではない」の意味で there's more to life than ... と言おうとは思えないでしょう。もし何かとてつもない偶然が起こって言おうと思ったタイミングがあったとしても，これが完全に自然なよくある言い回しであると確信して言うということはありえないはずです。自信を持って there's more to life than ... と言うためには there's more to life than ... に触れて覚えている必要があります。

　となると，英語母語話者が使うような英語を自分も使えるようになりたいと思った場合には，実例に触れて，こうした具体的な知識を大量に覚える必要があります。もちろん，本書で示してきたように，他の具体的表現と関連付けながら覚えることになるので，最も狭い意味での丸暗記とは異なりますが，それでも膨大な量を覚えるということに変わりはありません。

　本書をお読みになられた方は，この「膨大」がいかに膨大かおわかりい

ただけたと思います。いくつかの前置詞のほんのごくわずかの意味にしか注目していないのに，母語話者の使う英語と同じような英語を使えるようになるにはこんなにもたくさん覚えないといけないのか，きりがないじゃないかと思われたのではないでしょうか。

　そうなんです。きりがないんです。ただしそれは「英語母語話者が使うような英語を自分も使えるようになりたいと思った場合には」の話です。文法的に正しくて意味も通じる英語を話したり書いたりできるようになれればそれでいいという考え方だって，十分に成り立ちますし，それでも英語を楽しめます。その場合には，単語と文法を一生懸命やれば —— もちろんここにも健全なやり方とそうでないやり方があるわけですが —— その目標を比較的若い年齢のうちに達成できる可能性はかなり高いです。

　しかし，「英語母語話者みたいに」という目標を持ってしまったら，単語と文法をみっちりやった後，さらに理解可能な実例に大量に触れて，膨大な量の具体知識を身につける必要が生じます。その必要性からはどうにも逃げられないわけです。そこまでのことを本当にしたいでしょうか？最近の日本の英語教育の風潮として，この「ネイティブみたいに」という目標を日本人の大半に掲げさせようとしているように思われますが，一日中英語の勉強をするような生活をずっと続けるとなると，健全な社会生活もできなくなれば就職先も英語関係以外なくなってしまうし，全然良くないと思います。「ネイティブみたいに」という目標は，あくまでも選択肢の1つとして与えられるにとどめておくべきではないでしょうか。もしも日本全体がある種のジョークか枕詞か何かのつもりで「ネイティブみたいに」と言っているだけだったのに私が勝手に真に受けてしまっていただけなのだとしたら，すみません。

　私の場合には，英語の学習は一生上達し続けられる趣味としてやっています（ただ好きでやっている趣味なので，努力とか苦労とかいった発想とは無縁です）。もし覚えるべき表現や言い回しの量が常識的な量（？）だったら，あるところで「完成」してしまうわけですが，この本で示したよう

にその量は想像しえないほど多いし，英語自体もどんどん変わっていくので覚えるべき表現の側がどんどん増えていってくれますから，たぶん死ぬまで楽しめます。

　これは，達成できるかわからない目標を掲げながらも楽しんでいる，ということでもあります。世の中には色々な「目標」があって，中には達成しなければ意味がないようなものもあるかもしれませんが，本気で目指す「ネイティブみたいに」は，達成できるかどうかわからなくても，それに向けて進んでいくプロセスが最高に楽しい，掲げ甲斐のある目標です。私が本書を通して伝えたいことは，達成できないかもしれない目標を掲げるのは良くないということではなく，その目標に一歩でも近付くために必要になる膨大な記憶というものに，真摯に向き合う必要があるということです。

　私の身の回りには，英語母語話者が「あの人は教養ある母語話者と同等かそれ以上だ」と評するような，英語の達人といってまず間違いない人が複数いますが，その人たちは例外なく毎日新しく英語に触れて，知らなかった表現に出会って，面白がっています。たとえば，私が博士号を取得するまで8年ほどお世話になっていた指導教授は，日本を代表する英語学者ですが，「今朝英語を勉強していてこういうフレーズを覚えた」といった話を頻繁に（それも楽しそうに！）してくださっていました。

　どんなに上手になっても，まだまだ上達できる。英語の習得というのはそういう世界なんです。際限がない。だからずっと楽しめる。もしもみなさんの中に，自分の英語を母語話者の英語のようにしたいと本気で思っている方がいらっしゃったら，ぜひ（単語と文法のトレーニングをした上で）実例が語ってくれる膨大な具体知識の世界に飛び込んでください。そこには一生の成長という楽しみが必ず待っていますから。

2021 年 11 月 29 日

平沢　慎也

■謝辞

本書の執筆にあたって，たくさんの方々にご協力をいただきました。

まず，慶應義塾大学と東京大学で「前置詞研究」の授業を受講してくださった学生さんたちに感謝します。いただいた質問やコメントは本書の原稿の執筆に大いに役立ちました。

上記の東京大学での授業でティーチング・アシスタントを務めてくださった福田樹生さんには，授業内容と本書の原稿の両方を同時にチェックしていただきました。大変な作業をお願いしてしまいましたが，毎回丁寧な仕事をしてくださり，大変感謝しています。

古我征道さんにはタイトルの選定に協力していただきました。実例の側から真実を教えてもらえるまでひたすら実例に触れ続けるというのが私の学習・研究のスタイルなので，それにぴったりのタイトルに落ち着いて，とても満足しています。また，「土台訳」という発想について何年もかけて議論した経験は，本書の様々なところに活かされています。

古典日本語に関連する箇所については，大西咲希さんに内容のチェックをお願いしました。私の不正確な知識と理解を正していただき，ありがとうございました。

アメリカ文学が専門でありながら前置詞マニアである阿部幸大さんに，本書のコンセプトに関して意見を頂戴できたのは幸運でした。ここに感謝いたします。

すべての原稿に目を通しコメントをくださった東京大学の学部生の奥脇健太さんにも感謝を申し上げます。（語彙と文法の基礎を身に着けたうえで）毎日大量の実例に触れて勉強している彼は，私が「こんな例に出会った」と実例を紹介すると，それから 1 〜 2 週間もすれば必ずといっていいほど「僕も類例に出会いました」と紹介返しをしてくれます。第 13 章で登場する on の混乱の実例は，そんな日頃の実例交換の中で教えてもらったものです。

萩澤大輝さんと野中大輔さんには，ご自身の研究・教育活動もある中，前著の『前置詞 by の意味を知っているとは何を知っていることなのか』に引き続き，原稿全体のチェックを快く引き受けていただきました。いくら感謝

してもしきれません。

　英語母語話者の Ash Spreadbury さん，Sandi Aritza さん，Carey Benom さんにも協力していただきました。例文の自然さや解釈に関してたくさんの有益なコメントを下さり，ありがとうございました。

　イラストレーターの村山宇希さんには，本文と例文の理解を補助してくれるかわいらしいイラストを提供していただきました。ありがとうございました。動詞 illustrate の意味の 1 つが to make the meaning of something clearer by using examples, pictures, etc.(https://www.oxfordlearnersdictionaries. com/definition/english/illustrate?q=illustrate；下線は引用者) であることをしみじみと噛み締めました。

　デザイナーの仁井谷伴子さんには，装丁，本文と隅々に至るまでご担当いただきましたこと，心より感謝申し上げます。実例が前面に出て，読む者の目を優しくとらえて離さないこのデザインは，『実例が語る前置詞』にとって最高のデザインです。また，実を言うと本書の文体が定まったのは，原稿の内容をもとに仁井谷さんからご提案いただいたデザインを拝見したときでした。自分が本当に書きたかった文章がどのような文章なのか，デザインによって気付かされたのです。デザインが持つ力というものを学ばせていただきました。

　前著『前置詞 by の意味を知っているとは何を知っていることなのか』に引き続き編集をご担当いただいたくろしお出版の薮本祐子さんには，たくさんの有益なコメントをいただきました。毎度精緻で正確な理解に基づく修正案を返してくださる編集者と出会えたことを奇跡のように感じると同時に，まるで同じ志を持つ共著者を得たように心強く感じておりました。深く感謝申し上げます。

　最後に，永遠の師匠であり追うべき背中を見せてくださっている西村義樹先生と柴田元幸先生に感謝を申し上げます。卓越して英語ができるお二方が常に英語を不思議がり，面白がって探求している姿を，大学・大学院を通して間近で見られたことは，私にとって決定的に重要でした。

［著者紹介］

平沢慎也 (ひらさわ しんや)

1986 年，神奈川県生まれ。2016 年東京大学にて博士（文学）の学位を取得。現在，慶應義塾大学准教授，東京大学非常勤講師。専門は，英語学，認知言語学。
主要業績：“Why is the *wdydwyd* construction used in the way it is used?”（*English Linguistics* 33(2)，2017 年），『メンタル・コーパス—母語話者の頭の中には何があるのか—』（共編，分担翻訳，くろしお出版，2017 年），「英語の接続詞 when—「本質」さえ分かっていれば使いこなせるのか—」（『認知言語学を紡ぐ』，くろしお出版，2019 年），『前置詞 by の意味を知っているとは何を知っていることなのか—多義論から多使用論へ—』（くろしお出版，2019 年），Native speakers are creative and conservative: What *Explain Me This* reveals about the nature of linguistic knowledge（西村義樹氏との共著，*English Linguistics* 38(1)，2021 年），「「自分で」を表す for oneself：「自分のためになる」の意味を含むというのは本当か」（『東京大学言語学論集』第 44 号電子版，2022 年），「認知文法から考える「意訳／直訳」問題：「直訳」は本当に「直」なのか？」（野中大輔氏との共著，『慶應義塾大学日吉紀要　英語英米文学』第 77 号，2023 年），『スローでディープな英文精読：〈ことば〉を極限まで読み解く』（今井亮一氏との共著，研究社，2023 年）
※ほか業績については「平沢慎也 researchmap」（https://researchmap.jp/shiraresearch）をご参照ください。著者の無料ダウンロードできる公開論文・雑誌記事のリンク情報も掲載しています。月刊誌『英語教育』での野中大輔氏との共著連載「実例から眺める「豊かな文法」の世界」を 1 年分ダウンロードすることもできます。

実例が語る前置詞

初版第 1 刷 ———— 2021年 12月 28日
　　第 2 刷 ———— 2024年　4月 17日

著　者 ———————— 平沢慎也

発行人 ———————— 岡野秀夫

発行所 ———————— 株式会社 くろしお出版

〒102-0084　東京都千代田区二番町4-3
［電話］03-6261-2867　　［WEB］www.9640.jp

印刷・製本　亜細亜印刷株式会社

本文・装丁デザイン　仁井谷伴子

イラスト　村山宇希 (ぽるか)

©Shinya Hirasawa, 2021
Printed in Japan

ISBN978-4-87424-887-4 C1082